MARY BERRY'S BAKING BIBLE

メアリー・ベリー

ベーキング

バイブル

伝統菓子から新しいお菓子まで
250以上のレシピを網羅

BBC BOOKS

CONTENTS

INTRODUCTION
AND
TECHNIQUES

イントロダクション & テクニック

INTRODUCTION
はじめに

1994年、私が初めて本格的なケーキ作りの本『Ultimate Cake Book』を出版したのは、「より多くの人に家庭でお菓子作りを始めてほしい、そして経験の浅い人にもケーキ作りは見た目ほど難しくないということを伝えたい」という願いからでした。この本は大きな成功を収め、30年近くたった今でも、多くの人がこの本を参考にしてくれています。

2003年、『Ultimate Cake Book』改訂版の挨拶を書いた際、「ケーキ作りを学びたい」という需要が変わらず続いていることに驚いたのを今でも覚えています。そして料理コンテスト番組『グレート・ブリティッシュ・ベイクオフ』の人気と相まって、家庭でのお菓子作りへの関心がさらに高まっているようです。

家庭でのお菓子作りへの関心の高まりを受け、私は新しい『Baking Bible』を執筆する時が来たと感じました。本書は『Baking Bible』の新版で、**レッドヴェルベットケーキ、レインボーケーキ、サワードウローフ、フラットブレッド**などといった最新の人気レシピを盛り込んでいます。この本が、新しい世代の料理人の方にインスピレーションを与え、お菓子作りのベテランの方々のお役にも立てることを願っています。

この本の目的は、お菓子作りのニーズすべてを満たすために、使いやすいお菓子のレシピを集めることでした。パンのセクションには、私の新しいレシピも掲載しました。また、**ズッキーニ・ローフ**のような珍しいケーキや、**カップケーキ**のような人気のレシピもあります。

この本は「お菓子のバイブル」ですから、できるだけ伝統的な定番レシピを掲載するように心がけました。イースター、クリスマス、洗礼式、誕生日、結婚式などの伝統的なお祝いケーキや、**ヴィクトリアサンドイッチ、チョコチップクッキー**など、よく知られたレシピもたくさん紹介しています。お子様でも作れる簡単なものから、**ガトー・サントノレ**のようなパティスリー風のデザートのようにタイミングや技術が必要なものまで、幅広いレシピをご紹介しています。あらゆるレベルの料理人が、何か作りたいもの、挑戦したいものをこの本の中で見つけることができるはずです。

私が初めてレシピを書き始めた頃と比べ、調理器具は格段に進化し、改良されています。今ではコンベクションオーブン、フードプロセッサーや電動ミキサー、テフロン加工の型やトレイ、パン焼き器などがあります。これらの助けを借りることでお菓子作りは素早く、簡単に、ストレスなくできるようになりました。必要なのは、材料を慎重に計量し、手順に沿って調理することだけです。

本書では、あらゆるシーンに対応できるレシピを掲載するよう心がけました。好みに合ったお菓子がたくさん見つかるはずです。そして、私のお気に入りレシピを集めたこの本がが、家庭でのお菓子作りを楽しむためのお役に立てればと願っています。ケーキはみんなでシェアするものです。レシピをマスターしたら、お友達やご家族を誘って、おいしい紅茶と一緒にその成果をお楽しみください。

プチフール
ケース

マフィン
ケース

フェアリー
ケース

カップケーキ
ケース

BAKING EQUIPMENT
必要な道具

お菓子作りには高価な道具がたくさん必要だと思って敬遠される方もいらっしゃるかもしれませんが、実はそんなことはありません。電動の器具は時間と労力を節約してくれますが、必須ではありません。本書に掲載されている多くのレシピ、例えばトレイベイク、ヴィクトリアスポンジ、クッキー、ビスケットなどは、「オールインワン・メソッド」なので、計り、材料を混ぜる木べら、ボウル、ケーキ型や天板があれば十分です。ほとんどの道具はすでにお持ちでしょうし、中にはありあわせのものでよいものもあります。新しい器具を購入する場合は、できるだけ良いものを購入しましょう。質の良い道具は長く使えるので、投資する価値はあると思います。

計量
小さじ、小さじ1/2、小さじ1/4、大さじ、デザートスプーンなど、計量スプーン一式が必要です。レシピに記載されている分量は、特別な記載がない限り、すべてスプーンすりきり1杯分の分量です。液体の計量には、メートル法とヤード・ポンド法の両方が表示されている透明で耐熱の計量カップを使用します（英語版）。

はかり
完璧なお菓子作りを実現するために欠かせない器具のひとつが、はかりです。昔ながらの重りのついた天秤ばかりがいいという人もいますが、場所をとります。ばねばかりは、量の大きいものの計量には適していますが、少量の計量には不向きです。現在では、信頼性の高い電気式や電池式のデジタルスケールが数多くあります。小麦粉や砂糖など

の未開封の袋で、重さが印刷されたものを載せて、はかりの正確さをテストしましょう。

スプーン
木製のスプーンは欠かせませんが、ボウルのカーブにうまく沿わせるためには、丸みを帯びたエッジが必要です。卵白を何かに混ぜ合わせるときは、金属製の大きなスプーンが便利です。エッジが鋭いので、木製のスプーンよりも泡立てた卵白がつぶれにくくなります。型に入れる時は、ゴムやシリコン製のヘラを使って、混ぜ合わせたものをボウルの側面からすべて落とします。

泡立て器
ホイッパーまたはハンドミキサーを使います。バルーンウィスクは、卵を泡立てるための大きなものと、少量のものを混ぜ合わせるための、らせん状にワイヤーがまかれたタイプの小さなものと、2サイズあると便利です。

ボウル
私は、大きさの異なるボウルをいくつか持っていますが、それぞれが内側に収まるので、簡単に収納できます。初めてお菓子作りをする場合は、大小1つずつ、できればパイレックス（Pyrex）製の底が丸いボウルを購入すると、ホイッパーやスプーン、ヘラで隅々までしっかりと混ぜ合わせることができます。オールインワンケーキの場合、ボウルは1つで十分ですが、レシピによっては卵白を別に泡立ててから、別で混ぜ合わせておいた材料に加えたりするものもあるため、少なくとも2つはあったほうが便利です。

フードミキサー

卓上型のミキサーは必須ではありませんが、時間と手間を省くことができます。ケーキの生地の材料を混ぜ合わせたり、パン生地をこねたり、卵白を泡立てたり、ホイップクリームを作ったりするのにも使えるように、いろいろなアタッチメントが付属しているものを選びましょう。卓上型のテーブルミキサーは、大きなケーキに適していて、お手入れも簡単ですが、場所をとります。そこで、代わりに電動ハンドミキサーを使うこともできます。私は、混ぜ合わせ（beat）とホイップ（whisk）用のアタッチメントしか使いません。ハンドミキサーは安価で、時間の節約にもなるのが大きな利点です。

フードプロセッサー

時間を節約できる便利な機器ですが、油断するとナッツやフルーツを細かく刻み過ぎしまうことがあるので注意が必要です。ナッツやフルーツは手で細かくするのがベストです。フードプロセッサーは、フードミキサーのように混ぜているものに空気を含ませるのではなく、材料を混ぜ合わせるだけなので、メレンゲやバターを入れないのスポンジ作りには不向きです。

型

品質が良く、しっかりしたケーキ型は、一生使えるものです。安いケーキ型は薄くて、使っているうちにゆがんできたり、均等に熱が伝わらなかったりすることがあります。レシピに合った正しいサイズの型を選ぶことは、お菓子作りを成功させる上で極めて重要で、特にスポンジ作りには欠かせません。型が浅いとケーキが型からあふれ出てしまいますし、逆に大きすぎると薄く平らなケーキになってしまいます。

本書で使用するすべての型のリストを掲載しましたが、初めてお菓子作りをされる方は、あまり気にしないで大丈夫です。まずは、いろいろな丸いケーキが作れる18cmか20cmの底が外れるタイプのサンドイッチ型2つ、30×23cmのトレイベイク型（正しいサイズのロースト型があれば代用可）、450gのローフ型、900gのローフ型、マフィン型（12個取り）から購入しましょう。

お菓子作りの頻度が増えたら、ここに挙げた他の型もコレクションに加えてください。テフロン加工の型の方が洗いやすいですが、テフロン加工のものでも、レシピに書かれている通り、油脂を塗ったり、ベーキングペーパーを敷いたりする方が無難です。熱を効率よく伝える黒いケーキ型を選びましょう。底が厚く、断熱性のある型は避けてください。ケーキの底が焦げるのを防ぐためのものですが、最近のオーブンではケーキが均一に焼けません。

天板（オーブントレイ）

少なくとも3枚の天板が必要です。これらは、平たくて、硬く、重たいものでなければいけません。オーブンに収まるかどうかも確認しましょう。

本格お菓子作りのためのケーキ型
深さ4cmの丸型ケーキ型：
　　15cm、18cm、20cm、23cm、30cm
深さ4cmの底が外れるタイプ又はバネ式のケーキ型：
　　18cm、20cm、23cm、25cm
深さ4cm角型ケーキ型：18cm
深さ4cmのトレイベイクまたはロースト型：
　　30×23cm
角型ケーキ型：18cm
角型オーブン用耐熱皿：28cm
スイスロール型：33×23cm
ローフ型：450g、900g
深さ5cmの底が外れるタイプの波型（菊型）の
　　フラン型：18cm、20cm、23cm、25cm
深さ5cmのオーブン用耐熱皿：
　　18×23cm、18×27cm
マフィン型（12個取り）
バン(bun)型（12個取り）
ミニマフィン型（12個取り）
リング型：1.75ℓ
フレンチマドレーヌトレイ1枚
ダリオール流し型10個
浅いパイ皿：900ml
浅いオーブン用耐熱皿：
　　900ml、1.5ℓ
プディング型4つ：175ml
スフレ皿（スフレカップ）4つまたは大きなスフレ皿1つ：
　　225mlまたは1.2ℓ

ベーキングペーパー

時代とともに進化してきた便利なアイテムです。本書で使用しているベーキングペーパーは、油脂を塗る必要のないノンスティックシリコンペーパーです。サイズや形もさまざまで、ケーキ型やトレイに簡単に敷けます。耐油紙を使う場合は、型に油を塗ってから、紙を型に敷き、その後にも、油を塗る必要があります。

また、テフロン加工をしたシートもあります。再利用可能で、さまざまなサイズの型に対応します。簡単にはがすことができ、洗って乾燥させ、保管するときは平らにします。ほとんどのレシピでは、型の底面だけベーキングペーパーを敷きますが、中には側面と底面の両方にペーパーを使用するものもあります。本書では、最もよく使われる形の型にペーパーを敷く方法を紹介していきます。

丸いケーキ型の底にベーキングペーパーを敷く

ベーキングペーパーロールからペーパーを出して、その上にケーキ型の底を置き、鉛筆で周囲を描いて鉛筆の線のちょうど内側で切り取ります。ケーキ型に合った大きさの丸型の紙を購入することもできます。

丸いケーキ型の側面にベーキングペーパーを敷く

ベーキングペーパーを型の側面に足りるように切りますが、両端を重ねるので円周の長さより少し余分に切ります（必要なら2本にします）。

ペーパーの幅は、型の深さより5cmほど広くします。下端を2.5cmほど折りたたみ、しっかり折り目をつけます。折り目を開いて折った部分に約2.5センチ間隔で切り込みを入れます。油を塗った型の側面にベーキングペーパーをフィットさせます（型に油を塗るとベーキングペーパーがくっつきやすくなります）。切り込みを入れることで、どんな形の型底にもぴったりと紙が収まります。切り込みの部分を覆うように、底用のベーキングペーパーを敷いて、ハケでよく油を塗ります。

スイスロール型にベーキングペーパーを敷く

ベーキングペーパーの上に型を置き、型より5cmほど大きい長方形にカットする。各角を切り取り、油を塗った型にペーパーを押し当て、端を折ってペーパーバスケットを作ります。

ローフ型にベーキングペーパーを敷く

長い方の辺に合わせてローフ型を覆い、ベーキングペーパーをカットします。この時長い方の両辺から約5cmずつ長めにカット。油を塗った型にペーパーを押し入れます。型から出す前に、パレットナイフでケーキを型から離せば大丈夫なので、型の先端が覆われていなくてもOK。

トレイベイク型／ロースト型に クッキングペーパーを敷く

スイスロール型にベーキングペーパーを敷く方法と同様、またはアルミホイルを型の形に敷いて、油脂をよく塗ります。

グリドル

本書では、ドロップ・スコーンとシンギング・ヒニーを作るのに使用しています。グリドルパンがない場合は、厚手のテフロン加工のフライパンで代用できます。

ワイヤークーリングラック

焼き上がったケーキを冷ますために使用。冷ましながらケーキやクッキーの下を空気が通ります。ワイヤーラックがない場合は、グリルパンのラックを使ってもよいです。

ナイフ

パレットナイフは、刃の先端が丸く、柔軟性があるため、ケーキ型に入れたケーキミックスを広げたり滑らかにしたり、ケーキの上にアイシングをのせるのに最適です。また、トレイに乗せたビスケットを持ち上げたり、ケーキを型から出してワイヤーラックに乗せる前に、型の側面からケーキを剥がしたりするのにも便利です。また、フライ返しは、トレイベイクを持ち上げたり、ビスケットをベーキングトレイから離すのに便利です。ケーキを何層にもカットするレシピの場合は、長くて鋭い波刃を使うときれいに仕上がります。

ふるい

小麦粉やアイシングシュガーをふるいにかけたり、ジャムをこして種や固い実を取り除いたりするのに使用します。ステンレス製の丈夫なふるいは、サイズが豊富で食洗機にもかけられるのでおすすめです（ワイヤー製のふるいは形が崩れることがあります）。

串

焼き上がったケーキの状態を確認するためには、細長い竹串または金属製の串が不可欠です。一番密度が高いケーキの中心部に刺します。串がきれいに抜ければ、ケーキは焼けている状態です。串は平らな面を持つものを使用します。

アイシングシュガー・シェーカー

細かいメッシュのふるいになった蓋か、小さな穴の開いた蓋が付いた筒状の容器です。スポンジやタルトの上に粉糖を振るのに最適です。

めん棒

ペイストリー作りには、持ち手部分のない長い木製のめん棒が最適です。

シリコン製のヘラ（カード）

混ぜ合わせたケーキの材料を無駄なくボールから型に入れるのに使用します。

ペイストリーブラシ（刷毛）

型に油を塗ったり、タルトにジャムを塗ったり、焼く前のスコーンにミルクを塗ったりするときに使用します。

タルトストーン（重石）

ペイストリーのレシピで空焼きをする（フィリングを入れずに、パイ生地だけ焼く）時、セラミックまたは金属のタルトストーンを使用します。茹でていない乾燥パスタや豆類で代用もできます。

ケーキ・スムーサー

ケーキの上部と側面のアイシングを滑らかにするのに使います。

カッター（抜き型）

ビスケット、クッキー、スコーンに使用します。丸型や菊型で様々なサイズの抜型がセットになったものや、ジンジャーブレッドマンなどの変わり種ビスケットを作るための楽しい抜型も用意しておくとよいです。丸型で最も便利なサイズは、5cm、7.5cmです。金属製の抜型が最適ですが、よく乾かしてから保管することが大切です。抜き型がない場合、適当な大きさのグラスの縁で代用できます。

回転台

ケーキにアイシングを塗る際、より滑らかで均一な仕上がりをサポートします。

アイシング・ノズル（口金）

私は大小さまざまな口金を一式を持っていますが、本書のレシピで必要なのは、5mmと1cmの丸い口金と、大と中の星型の口金のみです。プラスチック製と金属製があり、絞り袋に取り付けて使用します。

絞り袋

アイシングやホイップクリームでケーキをデコレーションする際に使用します。ナイロン製の絞り袋は、簡単に洗えるので便利です。小さなプラスチック製食品用袋を別の袋の中に入れて二重にし、一箇所だけ角を切り落とすと、自分で絞り袋を作ることもできます。また、使い捨ての絞り袋を購入することもできます。

デジタル温度計

シュガーシロップやチョコレートのテンパリングに使用します。

BAKING TERMINOLOGY
お菓子作り用語

新しい技術の登場により、クリーム状にしたり泡立てるといったお菓子作りの手法が、複数のやり方でできるようになり、混乱することもあります。本書では以下のような専門用語が出てきますので、その意味を簡単に説明したものを載せます。

ALL-IN-ONE METHOD（オールインワン・メソッド）
最も簡単なケーキの作り方で、ほとんどのケーキやトレイベイクに適しています。材料をすべてボウルに入れ、卓上型またはハンドミキサーやフードプロセッサーで混ぜ合わせます。冷蔵庫で冷やした製菓用マーガリンを使うと、うまくいきます（低脂肪のスプレッドは、液体が加えられているため、出来が悪くなるので使わないでください）。バターを使う場合は、必ず柔らかくしてください。

BAKING BLIND（空焼き）
フィリングを入れる前にペイストリーを焼く方法で、ペイストリーがサクサクに仕上がります。空焼きをする場合、オーブンを200℃（コンベクションオーブン180℃/ガスオーブン マーク6）に予熱しておきます。フラン型にペイストリーを敷き、ベーキングペーパーで覆い、セラミックまたは金属のタルトストーン（または豆類）を入れて、10〜15分焼きます。ベーキングペーパーとタルトストーンを取り除き、さらに5分焼いて、生地を完全に乾燥させます。オーブンから取り出して、選んだフィリングを入れます。

BEAT（混ぜ合わせる）
ケーキを作る時には、木製のスプーンでも、卓上型ミキサーまたはハンドミキサーやフードミキサーでも混ぜ合わせることができます。ケーキの材料がよく混ざるまで混ぜ合わせますが、機器を使うときは混ぜ合わせ過ぎないように注意します。ケーキの材料をなめらかになるまで混ぜ合わせるには、2、3分ほどです。卵は金属のフォークで溶いて、黄身をほぐして卵白と混ぜ合わせます。

COMBINE/MIX（混ぜる）
ビスケットなど、空気を入れる必要があまりない材料を混ぜることです。木製のスプーンやフードプロセッサーを使って行います。

CREAMING METHOD（クリーム状にする）
バターと砂糖が軽くなってクリーム状になるまで混ぜ合わせることです。木製のスプーンまたはフードミキサーでバターと砂糖の色が薄くなり、ふわふわになるまで混ぜます。オールインワン・メソッドのケーキでは必要ありません。

CRIMP（圧着する）
ペイストリーやパイ作りに使われ、湿らせたペイストリーの縁を押し付けて閉じ合わせることを意味します。指やナイフの柄、フォークなどを使って行います。

DUST（ふりかける／まぶす）
ふるいやシュガーシェーカーなどを使って、ケーキやパンに粉糖やココアパウダー、小麦粉などをふりかけて薄くコーティングすることです。

FOLD（包み込むように混ぜ合わせる）
ふるった小麦粉や泡立てた卵白などの材料を加える際に、ケーキミックスの中の空気をたっぷり保つ

ために使う手法です。金属製のスプーンやヘラを使って、材料を丁寧に混ぜ合わせ、端のほうの材料をボウルの中央に折り返すようにしたり、真ん中を切るようにしながら、均一になるように混ぜ合わせます。

GREASE（油脂を塗る）

キッチンペーパーを使い、ケーキ型の内側にバターまたは製菓用マーガリンを塗り、ケーキが焼けるときにくっつかないようにします。ペイストリーを焼く場合は、生地に十分な脂肪分があってくっつかないため、型に油を塗ったり、ベーキングペーパーを敷く必要はありません。

KNEAD（こねる）

パン作りに欠かせない作業で、手作業でも、パンこね用の羽根が付いたフードミキサーでも可能です。材料を混ぜ合わせ、滑らかで弾力のある生地を作ります。生地を温めて伸ばすことで、パンを焼いたときに気泡を保持することができます。生地のこねが足りないと気泡が十分にできず、目が詰まった生地になります。

KNOCK BACK / PUNCH DOWN（ガス抜き）

こねるのと同様ですが、発酵させた後で、焼く前に生地の中にある大きな気泡を取り除くために行います。

LINE（敷き紙をする）

ケーキがくっつくのを防ぎ、焼いた後に型から取り出しやすくするために、型にベーキングペーパーを敷きます。ケーキによっては、型の底と側面の両方に敷くのが必要なものと、底面だけに敷くのが必要なものがあります。ペイストリーは高脂肪・低糖質であるため、ベーキングペーパーを敷く必要はありません（型にベーキングペーパーを敷く方法については13ページの注参照）。

MELTING（溶かす）

通常、ゴールデンシロップやモラセスは、砂糖や脂肪分と一緒に鍋で溶かし、そこに他の材料を加えられ、混ぜ合わせます。混ぜ合わせたものを型に流し入れます。

PROVE（発酵）

パン生地をこねた後、油を塗ったラップで覆って暖かい場所に置くと、イースト菌によってブドウ糖などの炭水化物から二酸化炭素が生じ、生地を膨らませることができます。また、イーストはアルコールを生成させ、生地に風味を与えます。生地は2倍に膨らむはずです。

RUBBING IN（すり混ぜる）

私はこの方法をスコーンやペイストリーに使います。バターなどの脂肪分は、さいの目に切り、指先、あるいは電動ミキサーやフードプロセッサーで、細かいパン粉のようになるまで小麦粉とすり混ぜます。

WHISK / WHIP（泡立てる）

泡立て器を使って手作業で行うこともできますし、電動ハンドミキサーやフードプロセッサーで行うこともできます。ダブルクリームや卵白を固めに泡立てることを指すことが多いです。

主な材料

ここに掲載した材料は、この本の中で最も頻繁に使用されるものです。それぞれがお菓子作りの中でどのような役割を担っているのかを知っておくと、材料を選ぶのに役立つと思います。

バターや製菓用マーガリン

ビスケット、ショートブレッド、ジェノワーズスポンジなど、本書の中の多くのレシピでは、バターを使用しています。私は有塩か薄塩のバターを使うことが多いのですが、無塩でも同じようにうまくできるので、お好きなほうをお使いください。バターは他の材料に加える前に、適切な温度と固さにしておくことが重要です。

ケーキ作りでは、冷蔵庫から直接出した製菓用マーガリンを使ったオールインワン・メソッドを用いています。代わりにバターを使う場合は、クリーム状にする前に柔らかくする必要がありますが溶かさないでください。もし時間があれば、バターを使う前に少なくとも30分は室温に置いておきます。その場合でも、砂糖を加える前に、バターだけをクリーム状に柔らかくしておく方が良いです。オールインワン・メソッドにも、柔らかくしたバターを使います。

冷蔵庫で冷やしたバターを適温にするための私なりのコツは、角切りにしたバターを、冷水またはぬるい水道水（約28℃）の入ったボウルに入れることです。10分ほど置くか、角切りのバターが簡単に指で押し潰せるようになるまで置いておきます。水を切ったら、柔らかいバターの出来上がりです。

ペイストリー作りの場合は、冷たいバターを細かく切るか、おろして、小麦粉にすり混ぜます。特に

バターの風味が必要な場合を除き、お菓子作りに必ずしもバターを使用する必要はありません。国内ではマーガリンに代わって製菓用マーガリンが普及し、バターよりも経済的です。本書で紹介しているどのレシピにもお使いいただけます。ただし、**フォーク・ビスケット**（218ページ）や**ベリーベスト・ショートブレッド**（210ページ）のようにバターの風味を生かすのが大切なレシピの場合は、必ずバターを使用してください。

マーガリンは製菓用のものを購入するよう注意してください。低脂肪のマーガリンは水分を多く含むため、適していません。マーガリンは、冷蔵庫から取り出してそのまま使います。

レシピによっては、ラードやマーガリン、油を使うものもあります。油を使って作るケーキはとても簡単で、しっとりとした仕上がりになりますが、重くならないようにベーキングパウダーや卵白を泡立てたものなど、膨らませるものが少し多めに必要です。ひまわり油や植物油など、なるべく風味の少ない油を選ぶとよいです。

FLOURS AND RAISING AGENTS
小麦粉と膨張剤

小麦粉には、お菓子作りに適したさまざまな性質を持つものがあります。主な違いはそれぞれに含まれているグルテンの量で、中にはベーキングパウダーが予め加えられているものもあります。レシピに記載されている種類の粉を使用することが重要で、間違った粉を使用すると、ケーキ、ペイストリーやパンの食感やできあがりに大きく影響します。小

麦粉は時間が経つと劣化しますので、使用期限に注意してください。小麦粉、オートミール、セモリナ粉などは、袋やパックを開けたら4ヶ月以内に使用するようにしましょう。

理論的には、お菓子作り、特にケーキを作るときには、空気を取り込んで小麦粉を軽くするために、常に小麦粉をふるいにかける必要があります。でも、正直なところ、私はほとんど小麦粉をふるいません！小麦粉をふるうのは、スポンジケーキを作る時だけ。振ることで小麦粉を均一に混ぜ合わせることができます。

小麦粉とセルフレイジングフラワー

ケーキを作るには、グルテンの含有量が少ない小麦粉を使う必要があります。でんぷん質が多いので、脂肪をよく吸収し、より軽い食感になります。その名の通り、セルフレイジングフラワー※にはベーキングパウダーが含まれているので、ケーキ作りに最もよく使われています。

焼く時に膨らませる必要のないレシピの場合（通常はビスケットやペイストリー）、普通の小麦粉を使用します。全粒粉の小麦粉やセルフレイジングフラワーも購入できます。**ジェーンのフルーツケーキ**（72ページ）や**クラシック・スティッキージンジャーブレッド**（70ページ）などのフルーツレシピに使っています。

全粒粉は、ふすまや胚芽が取り除かれていないため、粗い食感で、カラントやレーズンなどの密度の高いフルーツや、リンゴ、プラム、アプリコットなどを加熱したストーンフルーツ（核果類）を引き立てます。

※セルフレイジングフラワーは日本では手に入らないため、本書では、「小麦粉150gあたりベーキングパウダー小さじ2、塩少々の比率で混ぜ合わせて使用」としています。

パン用小麦粉（強力粉）

パンを作るときには、正しい小麦粉を使うことが重要です。本書で使用する主なパン用小麦粉は、普通の強力粉と全粒粉の強力粉の2種類です。これらは、水を混ぜるとグルテンを形成するタンパク質の割合が高い小麦粉です。このため、パンを

膨らませるための気泡ができます。

また、グラナリーフラワー※を使って、**クイック・グラナリーロール**（286ページ）も作ります。これらの小麦粉の名称はメーカーによって異なり、製パン用小麦粉として明確に表示されているわけではありませんので、正しい小麦粉を購入しているかどうか、二重に確認してください！

※グラナリーフラワー＝麦芽が入った強力粉。日本では入手できないため、本書では麦芽パウダーなどを加えて代用することを推奨します。

その他の粉類

私は、セモリナ粉、コーンフラワー、米粉など、他の種類の粉も使います。これらの粉を使うことにより、ショートブレッドに適した、よりサクサクした食感になります。また、ジャガイモ粉やそば粉も使用していますが、こちらは風味が強く、**ズッキーニ・ローフ**（318ページ）で使うとおいしいです。

ベーキングパウダー

ケーキの生地に加えるのに最もよく使用される膨張剤で、酸（通常はクリームオブタータ）とアルカリ（重曹）に乾燥デンプンまたは小麦粉を混ぜたものです。液体を加えると化学反応が起こり、二酸化炭素が発生し、それによってケーキを膨らませることができます。ベーキングパウダーを入れすぎると、最初は膨らみますが、その後崩れてしまうので注意しましょう。最近のベーキングパウダーは効果がゆっくりなので、ケーキを作ったけどすぐにオーブンに入れられないという場合でも大丈夫です。スコーンやロックケーキを作るときは、セルフレイジングフラワーにベーキングパウダーを多めに入れると、よく膨らみます。

イースト

パン作りに使う膨張剤です。私はインスタントドライイーストを使用していますが、便利な7gの小袋に入っています。使い方は簡単で、粉と混ぜてから液体を加えるだけです。普通のドライイーストを使う場合は、液体を加える際にメーカーの指示に従いましょう。より長時間の工程が必要になります。

クリームオブタータ

クリームオブタータは単独で膨張剤としては使用されませんが、ベーキングパウダーの酸成分として重曹と混ぜ合わせることができます。

重曹
ベーキングソーダとしても知られるこの膨張剤ですが、苦味があるので、ジンジャーブレッドのような強い風味を持つレシピに最適です。モラセス、レモン汁、バターミルクなど、材料に天然の酸が含まれているレシピで最も効果的です。

市販のパイ生地
時間がないときは、市販のものを使っても罪悪感を感じる必要はありません。バターを使ったとても美味しいパイ生地がたくさん売っています。スーパーの冷蔵コーナーや冷凍コーナーに置いてあります。

SUGARS
砂糖

風味がよりよいことから、私はケーキ作りでゴールデンカスターシュガーやゴールデングラニュー糖など、精製されていない砂糖を使うことを好みます。白いカスターシュガーは、白くできるので、メレンゲに使うときだけ使います。

カスターシュガー
ケーキ作りに最もよく使われ、特にスポンジを泡立てたり材料をクリーム状にするときや、メレンゲに適しています。小粒で粒が揃っているため、滑らかに混ぜ合わさって、均一な質感になります。バニラのさやを2、3本、カスターシュガーの入った容器に入れれば、バニラシュガーを作ることができます。2週間ほど置いて、バニラを染み込ませます。砂糖が減ってきたら補充します。

グラニュー糖
カスターシュガーよりも粗い質感で、溶かしたりすり混ぜたりするときに使用するのが適しています。クリーム状にした材料に使用すると、食感が少しザラついたり斑点ができたりします。また、ボリュームが減ることもあります。

粉糖
ケーキの表面が固く仕上がり、ボリュームが減るので、一般的にケーキの生地の材料には使いません。アイシングを作るのに使ったり、ケーキの上に振りかけたりするのに使います。

マスコバド糖（黒砂糖）
原料は粗糖で、糖蜜の含有量によって色や風味が異なります。薄い色のマスコバド糖はきれいにクリーム状になるので、多くのケーキ作りに使えます。自然な味なので、私はブラウンシュガーよりこちらの方が好きです。ブラウンシュガーのメレンゲには、薄い色のマスコバド糖とカスターシュガーを半々で使用します。濃いマスコバド糖は風味が強すぎるかもしれませんが、ジンジャーブレッドやリッチなフルーツケーキにはよく合います。マスコバド糖が湿気るのを防ぐために、袋や容器の中にキッチンシートを入れてから、密閉しましょう。

デメララシュガー
デメララシュガー※は昔から未精製ですが、マスコバド糖より糖蜜の含有量が少ないのが特徴です。大きな結晶を溶かすメルティング・メソッドで作るケーキや、ケーキの上に振りかけたり、チーズケーキの土台に加えたりして歯ごたえを出すのに適しています。

※本書では「デメララシュガーまたはカスナード」と表記しています。

ニブ・シュガー
「ニブ」は、粗く刻んだという意味の昔ながらの言葉です。角砂糖を切ったときにできる粗い形の「削りカス」のことです。私は焼く前のケーキのトッピングに使いますが、ニブ・シュガーは手に入りにくいので、角砂糖を砕いたもので代用できます。

ゴールデンシロップ、モラセス、ハチミツ

甘くて明るい色のゴールデンシロップも、糖蜜を加えた濃くて風味の強いモラセスも、砂糖の結晶化、精製の過程で作られます。はちみつは世界で最も古い自然の甘味料です。透明なハチミツや粘性の低いハチミツは早く溶けるので、レシピに使用します。

麦芽エキス

粉末状の麦芽から作られ、シロップに濃縮されたものです。パンに加えて甘みを加えたり、二酸化炭素の効果を助けたりします。

コンデンスミルク(練乳)

牛乳から水分を半分ほど取り除き、砂糖を加えたもので、缶や袋に入って販売されています。ファッジのような味を出すために、いくつかのレシピで甘味料として使用されています。バターとマスコバド糖と一緒に加熱すると、とろっとしたキャラメルになり、**ミリオネア・ショートブレッド**(253ページ)で使用しています。

MILK, CREAM AND CHEESE
牛乳、生クリーム、チーズ

牛乳

レシピでは、特別に記載がない限り、低脂肪牛乳を使用しています。普通(全脂肪)の牛乳を使うとお菓にコクがでますが、低脂肪牛乳でも十分おいしくできます。

生クリーム

生クリームは冷たい状態から泡立てるのが一番です。ダブルクリームよりもヘルシーで安価なので、ケーキのフィリングにホイップクリームを使うという選択肢もありますが、どちらを使ってもかまいません。ダブルクリーム※はホイップクリームより形が崩れないので、絞り出しに最適です。ブランデーなど他の香料を加える場合は、ホイップしたダブルクリームを使用します。ホイップクリームは、ムースをより軽い食感に仕上げることができます。

より経済的でヘルシーなケーキのフィリングとして、私はよくホイップクリームと低脂肪ヨーグルトを半分ずつ混ぜたものを使います。ヨーグルトはクリームよりも水分が多いので、より固いフィリングにしたい場合は普通(全脂肪)のヨーグルトを使うことをお忘れなく。

※乳脂肪分48%以上の生クリームのこと。本書では「生クリーム47%で代用可」としています。

チーズ

チーズケーキには普通(全脂肪)のクリームチーズを使用します。少し酸味のあるカードチーズ※も便利ですし、リコッタチーズでも代用できます。本書では、チェダーチーズやパルメザンチーズを中心に固形のチーズも使用しており、**パフペイストリー・チーズストロー**(232ページ)や**ドルチェスター・ビスケット**(228ページ)など、セイボリースコーンやビスケットにも使用します。

※日本では入手できないので、本書では「カッテージチーズで代用」としています。

EGGS
卵

特別に記載のない限り、全体的にLサイズの卵を使い、フリーレンジかオーガニックのものを使用しています。卵は使う前に室温に戻しておきます。残った卵白は、ラップで覆った容器に入れ、冷蔵庫で保管します。残った卵黄は、皮ができてしまうのを防ぐため、少量の冷水をかけてラップで覆います。1週間は保存可能です。

CHOCOLATE
チョコレート

ダークチョコレート

ココアパウダーの割合がとても高いチョコレートは、そのまま食べると美味しいのですが、苦くなりすぎてしまうのでお菓子作りには向きません。最高級のチョコレートブロックは、常にココアバターの割合が高いのが特徴です。ココアバターが多いほど、チョコレートは柔らかくクリーミーになります。安価なブランドでは、ココアバターの代わりにパーム油や植物油を使用しているものもあります。

ココアパウダーとココアバターの含有量は、ケーキやアイシングの固さに影響します。ケーキがうまく膨らまなかったり、アイシングが分離したり、固まらなかったり、焼くときに脂肪分が十分でないためチョコレートチップのような重い材料が底に沈んでしまったりすることがあります。また、ココアの風味が強すぎてしまうこともあるかもしれません。

ココアパウダー約39パーセントのダークチョコレートを使用することをお勧めします。そうすることで、ケーキやアイシングに適切な固さと風味をもたらすココアパウダーとココアバターの比率を確保することができます。レシピで指定されていない限り、お菓子作りに高価なメーカーのものを購入する必要はありません。

ミルクチョコレート

ミルクチョコレートは、牛乳と砂糖が加えられているため、より甘く、ココアの風味もマイルドです。ミルクチョコレートは、焼くとチョコレートの風味が失われるため、デコレーションにのみ適しています。

ホワイトチョコレート

ココアバターは含まれていますが、ダークココアパウダーは含まれていません。ココアバターの使用量はメーカーによって異なり、安価なものではココアバターの代わりに植物油を使用しているものもあります。料理用にミルクチョコレートやホワイトチョコレートを購入する際は、ベルギー産のものを選び、植物油が含まれていないことを確認してください。

ココアパウダー

ココアパウダーはお菓子作りの材料としてとても便利で安価ですが、必ず他の粉類と一緒にふるいにかけるか、少量の熱湯で混ぜてから使います。チョコレートドリンクパウダーは、砂糖が加えられていて、お菓子作りに適さないマイルドさと甘さが加わってしまうので、ココアパウダーの代わりには使用しないでください。

溶かす／刻む／おろす

チョコレートを溶かすときは、過熱させないことが肝心です。チョコレートを小さく砕き、耐熱ボウルに入れ、沸騰しない程度のお湯を張った鍋にぴったりフィットさせます。お湯が沸騰してしまうと、チョコレートが固くなって輝きが失われてしまうことがあります。また、ボウルの底が水に触れないように注意します。溶けたチョコレートに液体を加えると、チョコレートがぼそぼそになって固まってしまうことがあるので、液体を加える場合はチョコレートを溶かしながら一緒に加熱します。ホワイトチョコレートは加熱すると分離しやすいので、弱火で加熱してください。電子レンジでチョコレートを溶かすこともできますが、その場合も焦げないように、設定は解凍か弱めでゆっくり加熱します。

レシピで刻んだりおろしたチョコレートを使うことになっている場合、まずチョコレートバーを冷蔵庫に入れて冷やし、おろし金やナイフが冷たく、完全に乾いていることを確認します。フードプロセッサーでチョコレートを刻むこともできますが、やり過ぎるとチョコレートが溶けたりくっついたりすることがあるので注意します。

BAKING TIPS
お菓子作りのヒント

本書で紹介するすべてのレシピには、丁寧な作り方の解説を記載しています。また、知っていると便利なヒントやケーキ作りをするうえで役に立つ基本のアドバイスも載せてあります。

必ずレシピをよく読んで、作り始める前に十分な時間があることと、すべての材料がそろっていることを確認します。

—

材料ははかりを使って正確に計り、レシピの順番を守り、見落としがないようにします。材料や手順にはチェックを入れていくと見落としを防ぐことができます。

—

材料は、手やフードプロセッサーで指定された色や質感になるまで混ぜます。材料を混ぜ合わせる（beat）、泡立てる（whisk）、包み込むようにして混ぜる（fold）という指示がある場合は、正しい道具を使って正しいやり方で進めてください。手法を間違えるとできあがりに大きな影響を与えます。

—

ケーキを作り始める前に、必ずオーブンを予熱します。電気オーブンであれば、コンベクションオーブンかどうか確認してください。ケーキを入れるまでに適切な温度になっている必要があります。事前にオーブントレイが正しい位置にあるかを確認します。特に指定がない限り、ケーキはオーブンの中央で焼きます。

—

焼き上がりの最初の段階でオーブンのドアを開け

たり、ケーキを動かしてしまうと、ケーキの中央が沈んでしまうことがあるので、開けないで気長に待つようにしましょう。

—

ビスケットを乗せた天板を一度に何枚も入れると均一に焼けません。高い位置やトレイの端にあるビスケットは早く焼けてしまい、他のビスケットはまだ焼けていない状態になってしまいます。焼くときは、空気の循環をよくする必要があります。一度に複数のケーキをオーブンに入れる時は、焼くのに通常よりも少し長い時間がかかります。

—

一般的なケーキは、ケーキ型の側面からケーキが少し縮んだようになり、中心を指で軽く押した時に弾力があるようなら焼き上がりです。

—

ケーキやビスケットを焼き上げる際の色については、各レシピを確認してください。フルーツケーキは、ケーキの中心に串を刺して、何も付いてこないかを確認します。串にケーキの中身が付着する場合は、もう少し焼く必要があります。ビスケットやスコーンは、上部に軽く均等に色がついたら完成です。ビスケットの裏側は軽く色が付き、スコーンの裏側は黄金色になっているはずです。

—

焼き色がつくのが早い場合はホイルで覆い、オーブンの温度を少し下げると良いです。オーブンの温度設定は様々です。

—

冷まし方については、各レシピを参照してください。一般的に、スポンジケーキは数分間冷ましてから型から出してワイヤーラックにのせます。ケーキの側面が型から離れ、取り出しやすくなります。スポンジケーキの場合、正しい面を上にしてワイヤーラックに乗せ、ケーキ型をかぶせます。こうすることで、ケーキが冷めていく間に水分が蒸発するのを防ぐのと同時に、ベタベタにもなりません。フルーツケーキは、型に入れたまま完全に冷まします。

——

ビスケットやクッキーは、くっつくことがあるので、トレイに置いたまま完全に冷まさないようにします。温かいうちにパレットナイフで取り出します。

——

底が外れるタイプや、バネ式のケーキ型からケーキを取り出す時は、底を何か太めの缶のようなものの上に置き、型の底にケーキを立たせたまま型の側面を下にずらして外します。

——

ケーキ、トレイベイク、ビスケットは、レシピに特に指示がない限り、デコレーションする前に完全に冷めていることを確認してください。提供する準備が整ったところでフィリングを入れます。私はデコレーションはシンプルにするのが好きですが、今はたくさんのオプションがあるので、いろいろなトッピングを試してみることができます。

——

ケーキにアイシングをする前に、アプリコットグレーズを塗っておくとよいです。温めたアプリコットジャムを漉してグレーズをつくります。このグレーズは、アイシングにケーキのくずが入るのを防ぎ、またケーキが水分を吸収しないのでアイシングの光沢が保たれます。アプリコットグレーズはマジパンをケーキに付ける時にも便利で、「接着剤」の役割を果たします。

——

ほとんどのケーキは製造後、すぐに食べた方がよ

いですが、もし保存する場合は密閉容器に入れたり、ホイルやラップに包んだりして保存して早めに食べてください。脂肪分が少ない、あるいは脂肪分がないスポンジ（スイスロールなど）はあまり保存がきかないので、その日のうちに食べるか、しっかりと包んでおいて、翌日には食べるようにします。生クリームのフィリングやアイシングを使ったケーキは、冷蔵庫で保存します。メルティング・メソッドで作ったビスケット、フラップジャック、オートミールバーなどは密閉容器で保存してください。

——

デコレーションしていないケーキやビスケットは、ホイルやラップ、フリーザーバッグなどでしっかりと包んで、冷めたらすぐに冷凍すると鮮度が保たれます。冷凍保存は3ヶ月以内です。

——

アイシングで覆ったり、デコレーションしたケーキは、固まるまでオープンフリーズ（包まないで冷凍）し、その後しっかり冷凍保存します。スコーンなど小さなものは、解凍後中温のオーブンで温めます。

——

ケーキとビスケットは同じ容器に入れないようにします。ケーキから出る水分によって、ビスケットが湿ってしまいます。もしビスケットが湿ってしまったら中温のオーブンで5〜10分加熱後、冷ましてから食べます。

——

フルーツがケーキの底に沈んでしまう場合は、ケーキの生地が軽くてフルーツを支えられないか、フルーツが重いか、油脂の量が適切でないかのいずれかです（お菓子作りに使用する油脂量については19ページを参照）。油脂の量が少ないと、ケーキがドライな仕上がりになってしまう場合があります。

——

焼いている間にケーキが割れるのは、オーブンの温度が高すぎるか、ケーキを置く天板の位置が高すぎるためです。

———

ベーキングパウダーの使用量が多すぎたり、火が通る前にオーブンから取り出したり、オーブンの扉を開けてしまったりすると、ケーキがしぼむことがあります。また、生地を混ぜ過ぎたり（空気が抜けてしまうため）、ベーキングパウダーの量が少なかったりすると、うまく膨らまないことがあります。

———

クッキーやタルト生地を作る時は、手で混ぜてもフードプロセッサーを使ってもいいですが、フードプロセッサーの場合、回し過ぎると生地が硬くなって口溶けが悪くなることがあるので注意してください。

———

タルト生地は型に生地を敷いて冷凍保存しておけば、必要なときに冷凍庫から出してすぐに使えるので便利です。

———

パン生地を発酵させるとき、暑すぎる場所で行うとイースト菌が死んでしまい、膨らまなくなってしまうので注意してください。

———

換算表

重さ

メートル法	ヤードポンド法
5g	⅛oz
10g	¼oz
15g	½oz
20g	¾oz
30g	1oz
35g	1¼oz
40g	1½oz
55g	2oz
65g	2½oz
75g	3oz
80g	3¼oz
90g	3½oz
115g	4oz
125g	4½oz
150g	5oz
175g	6oz
180g	6¼oz
200g	7oz
225g	8oz
250g	9oz
275g	10oz
300g	10½oz
325g	11½oz
350g	12oz
375g	13oz
400g	14oz
425g	15oz
450g	1lb
500g	1lb 2oz
550g	1¼lb
600g	1lb 5oz
650g	1lb 7oz
675g	1½lb
700g	1lb 9oz
750g	1lb 10oz
800g	1¾oz
850g	1lb 14oz
900g	2lb
1.3kg	3lb
1.8kg	4lb
2.25kg	5lb

oz＝オンス　lb＝ポンド

長さ

メートル法	ヤードポンド法
5mm	¼in
1cm	½in
2cm	¾in
2.5cm	1in
3cm	1¼in
4cm	1½ in
5cm	2in
6.5cm	2½in
7cm	2¾in
7.5cm	3in
9cm	3½in
10cm	4in
11cm	4½in
12.5cm	5in
15cm	6in
18cm	7in
20cm	8in
23cm	9in
25cm	10in
28cm	11in
30cm	12in
33cm	13in
35cm	14in

(in＝インチ)

容量

メートル法	ヤードポンド法
30ml	1fl oz
50ml	2fl oz
75ml	2½fl oz
85ml	3fl oz
100ml	3½fl oz
125ml	4fl oz
150ml	5fl oz (¼ pint)
175ml	6fl oz
200ml	7fl oz (⅓ pint)
225ml	8fl oz
240ml	8½fl oz
250ml	9fl oz
300ml	10fl oz (½ pint)
350ml	12fl oz
400ml	14fl oz
450ml	15fl oz (¾ pint)
500ml	18fl oz
600ml	1 pint / 20fl oz
700ml	1¼ pints
900ml	1½ pints
1 litre	1¾ pints
1.2 litres	2 pints
1.25 litres	2¼ pints
1.5 litres	2½ pints
1.75 litres	3 pints
2 litres	3½ pints
2.25 litres	4 pints
2.5 litres	4½ pints
2.75 litres	5 pints
3.4 litres	6 pints
3.9 litres	7 pints
4.5 litres	8 pints (1 gallon)

oz=オンス　pint=パイント　gallon=ガロン

オーブンの温度

摂氏	ファン	華氏	ガスマーク
120	100	250	½
140	120	275	1
150	130	300	2
160	140	325	3
180	160	350	4
190	170	375	5
200	180	400	6
220	200	425	7
230	210	450	8
240	220	475	9

CHAPTER ONE

CLASSIC CAKES

クラシックケーキ

とても有名で皆んなが大好きなケーキです。
ここで紹介する「オールインワン・メソッド」を使えば、バターをクリーム状にしたりする手間もなく、
簡単に、そして失敗せずに美味しく作れます。マーガリンを使うのであまり日持ちはしません。

LARGE ALL-IN-ONE VICTORIA SANDWICH
大きなオールインワン・ヴィクトリアサンドイッチ

直径20cm1台分
ベーキングスプレッド ………… 225g
　　　　　　（冷たいまま使用）
グラニュー糖 ………………… 225g
卵（L玉）……………………… 4個
セルフレイジングフラワー … 225g
ベーキングパウダー ……… 小さじ1

＜フィリングとトッピング用＞
イチゴジャム ………………… 大さじ4
ダブルクリーム …………… 150ml
　　　　　　（泡立てたもの）
グラニュー糖 ……少々（仕上げ用）

[日本で作る場合の注意]
※ベーキングスプレッド
　製菓用マーガリンを使用
※セルフレイジングフラワー
　小麦粉150gあたりベーキングパウダー
　小さじ2、塩少々を混ぜ合わせて使用
※ダブルクリーム
　乳脂肪分48％以上の生クリームのこと
　（47％で代用可）

オーブンを180℃（コンベクションオーブン160℃/ガスオーブンマーク4）で予熱しておく。直径20cmのケーキ型（底が外れるタイプ）2台を用意し、周囲と底に油脂を塗る。そこにはさらに紙を敷いて準備する。

───

材料すべてを大きなボウルに入れ、ハンドミキサーで色が薄くなるまで混ぜ合わせる（約2分。混ぜ合わせる時間は、ミキサーの効率によって異なる）。混ぜ合わせたものを型に均等に分け、表面を平らにする。

───

予熱したオーブンに入れて約25分焼成。しっかりと膨らんで、焼き色がつき、ケーキの側面が縮んで型から離れるまで焼く。数分間冷ましてから型から取り出し、ベーキングペーパーをはがしてワイヤーラックの上で冷ます。

───

完全に冷めたら、ケーキの間にジャムと泡立てたクリームを塗り、もう1枚のケーキでサンドする。トップにグラニュー糖を振りかけて仕上げる。

ヒント
小さめのケーキを作る場合の材料と焼き時間は下記の通り。作り方は上記レシピに従ってください。

直径18cmの型を使用する場合:ベーキングスプレッド175g、グラニュー糖175g、卵（L玉）3個、セルフレイジングフラワー 175g、ベーキングパウダー小さじ3/4。焼き型2台に油脂を塗り、底に敷き紙をする。焼成約25分。

直径15cmの型を使用する場合:ベーキングスプレッド115g、グラニュー糖115g、卵（L玉）2個、セルフレイジングフラワー 115g、ベーキングパウダー小さじ1/2。焼き型2台に油脂を塗り、底に敷き紙をする。焼成約20分。

コーヒータイムにぴったりのシンプルで美味しいケーキ。
ヴィクトリアサンドイッチの応用編です。

COFFEE VICTORIA SANDWICH
コーヒー・ヴィクトリアサンドイッチ

直径20cm 1台分
卵(L玉) ······························4個
インスタントコーヒー顆粒
······························小さじ山盛り2
ベーキングスプレッド ·········225g
　　　　　　　　　　（冷たいまま使用）
グラニュー糖 ·····················225g
セルフレイジングフラワー ··· 225g
ベーキングパウダー ········ 小さじ1

＜フィリングとトッピング用＞
バター ·····55g（柔らかくしたもの）
粉糖 ············175g（ふるっておく）
コーヒー液 ····················· 大さじ1
牛乳 ·················· 大さじ1（好みで）

[日本で作る場合の注意]
※ベーキングスプレッド
　　製菓用マーガリンを使用
※セルフレイジングフラワー
　　小麦粉150gあたりベーキングパウダー
　　小さじ2、塩少々を混ぜ合わせて使用

オーブンを180℃（コンベクションオーブン160℃/ガスオーブン マーク4）で
予熱しておく。底が外れるタイプの直径20cmのサンドイッチ型（深め）2つ
に薄くバターを薄く均等に塗り（分量外）、それぞれの底にベーキングペー
パーを敷いておく。

——

大きなボウルに卵を割り入れ、フォークで混ぜる。インスタントコーヒーを
入れ、溶けるまで混ぜ合わせる。残りのケーキの材料をハンドミキサーでき
れいに滑らかになるまで2分ほど混ぜ合わせる（所要時間はハンドミキサー
によって異なる）。生地を型に均等に流し入れ、表面を平らにする。

——

予熱したオーブンで約25分焼成。よく膨らみ、端が少し縮んで型から離れ
るくらいまで焼く。そのまま数分間冷まして型から出し、ベーキングペーパー
をはがしてワイヤーラックの上で冷ます。

——

バタークリームを作る。バター、粉糖、コーヒー液を滑らかになるまで混ぜ
合わせ、必要であれば牛乳を足す。ケーキが完全に冷めたら、バタークリー
ムの半量をケーキに挟む。残りのバタークリームをケーキの上に塗って仕上
げる。

ヒント
コーヒー液は、小さじ山盛り1杯のコーヒーを大さじ1杯の熱湯に溶かして作ります。

軽いタイプのチョコレートケーキ。
白いバタークリームをサンドして見た目も美しく仕上げます。

CHOCOLATE VICTORIA SANDWICH
チョコレート・ヴィクトリアサンドイッチ

直径20cm 1台分
ココアパウダー ……………… 大さじ2
熱湯 ………………………… 大さじ3
ベーキングスプレッド ……… 225g
　　　　　　　　　（冷たいまま使用）
グラニュー糖 ………………… 225g
卵（L玉）……………………… 4個
セルフレイジングフラワー … 225g
ベーキングパウダー ……… 小さじ1

＜フィリングとトッピング用＞
バター …… 55g（柔らかくしたもの）
粉糖 ………… 175g（ふるっておく）
牛乳 ……………………… 大さじ1
粗めに削ったダークチョコレート
　………………………… 少々（飾り用）

[日本で作る場合の注意]
※ベーキングスプレッド
　製菓用マーガリンを使用
※セルフレイジングフラワー
　小麦粉150gあたりベーキングパウダー
　小さじ2、塩少々を混ぜ合わせて使用

オーブンを180℃（コンベクションオーブン160℃/ガスオーブンマーク4）で予熱しておく。直径20cmの底が外れるタイプのサンドイッチ型（深め）2つに薄くバターを薄く均等に塗り（分量外）、それぞれの底にベーキングペーパーを敷く。

——

大きなボウルにココアと熱湯を入れて混ぜ合わせ、少し冷ましておく。残りの材料をすべてボウルに入れ、ハンドミキサーを使って混ぜ合わせる（所要時間はハンドミキサーによって異なる）。混ぜ合わせた生地を型に均等に流し入れ、表面を平らにする。

——

予熱したオーブンで約25分焼成。よく膨らみ、端が少し縮んで型から離れるくらいまで焼く。そのまま数分間冷まして型から出し、ベーキングペーパーをはがしてワイヤーラックの上で冷ます。

——

バタークリームの作り方。バター、粉糖、コーヒー液を滑らかになるまで混ぜ合わせ、必要であれば牛乳を足す。ケーキが完全に冷めたら、バタークリームの半量をケーキに挟む。残りのバタークリームをケーキの上に塗って仕上げる。削ったチョコレートを飾って仕上げる。

オレンジ・ヴィクトリアサンドイッチ／レモン・ヴィクトリアサンドイッチを作る場合は、34ページで紹介した「大きなオールインワン・ヴィクトリアサンドイッチ」のレシピを使用します。それぞれ材料におろしたオレンジ／レモン（1個分／すりおろした皮）を加えます。いちごジャムの代わりにマーマレード／レモンカードと泡立てた生クリームを挟みます。トップにグラニュー糖を少々をふりかけて仕上げます。

人気の定番ケーキ。
バタークリームで仕上げればクリスマスの"ブッシュ・ド・ノエル"に。

CHOCOLATE SWISS ROULADE
チョコレート・ルーラード（ロールケーキ）

長さ約23cmのケーキ1本分
卵（L玉）‥‥‥‥‥‥‥‥‥‥‥4個
グラニュー糖‥‥‥‥115g（飾り用別）
セルフレイジングフラワー‥‥‥65g
ココアパウダー‥‥‥40g（飾り用別）

＜フィリング用＞
ダークチョコレート‥‥‥‥‥‥115g
　　　　　　　　　　（砕いたもの）
ラズベリージャム‥‥‥‥‥‥大さじ3
ダブルクリーム‥‥‥‥‥‥‥‥300ml
　　　　　　　　　　（泡立てたもの）

[日本で作る場合の注意]
※**セルフレイジングフラワー**
　小麦粉150gあたりベーキングパウダー
　小さじ2、塩少々を混ぜ合わせて使用
※**ダブルクリーム**
　乳脂肪分48%以上の生クリームのこと
　（47%で代用可）

オーブンを220℃（コンベクションオーブン200℃/ガスオーブンマーク7）に予熱しておく。33×23cmのロールケーキ型にバターを薄く均等に塗り（分量外）、ベーキングペーパーを敷く。

―――

大きなボウルに卵と砂糖を入れて泡立てる（ホイッパーを持ち上げると跡が残るくらいまで泡立てる）。小麦粉とココアをふるい入れ、丁寧に混ぜ合わせる。あらかじめ準備しておいた型に流し入れ、型を作業台に軽く打ち付けて、生地が平らに広がり、型の端まで均等にいきわたるようにする。

―――

予熱したオーブンで約10分焼成。スポンジの周りが型から少し縮んでくるくらいまで焼く。

―――

ケーキを焼いている間に、型より少し大きめのベーキングペーパーを作業台の上に置き、グラニュー糖を振るっておく。焼き上がったケーキを直ぐに用意したベーキングペーパーの上にそのままひっくり返す。ケーキの底の敷紙をはがす。スポンジの両端を鋭利なナイフで切り落とし髪も一緒にケーキをしっかりと巻き込みそのまま冷めるまで置く。短い辺の手前から2.5cmのところに切り込みを入れる（切り落としてしまわないように注意する）。紙も一緒にケーキをしっかりと巻き、冷めるまで置いておく。

―――

耐熱性の小さなボウルにチョコレートを入れ湯せんで溶かす（ボウルの底がお湯に触れないように注意）。ジャムを小さな鍋で軽く温め、塗りやすくする（温めすぎると直接スポンジにしみこんでしまうので注意）。

―――

ケーキが冷めたら注意しながら広げてペーパーを取り除き、ジャムを塗り、次に泡立てたクリームを塗り広げる。溶かしたチョコレートの1/2量をクリームの上に線を描くように垂らしてから、クリームに渦を巻くようにして広げる。スポンジを巻き直し、残りのチョコレートを上から線を描くように垂らしかけ、ココアパウダーを振りかけて完成。

リッチでしっかりとした食感のスポンジケーキ。
大切なのは、材料を混ぜ合わせる前にバターを垂れるくらいの柔らかさにしておくことです。

MADEIRA CAKE
マデイラケーキ

直径18cmの丸型1台分
バター… 175g（柔らかくしたもの）
グラニュー糖 ……………………… 175g
セルフレイジングフラワー… 225g
アーモンドプードル ……………… 55g
卵（L玉）…………………………… 4個
レモンの皮（すり下ろし）…… 1個分
薄切りのレモンピール‥ 1スライス

[日本で作る場合の注意]
※**セルフレイジングフラワー**
　小麦粉150gあたりベーキングパウダー
　小さじ2、塩少々を混ぜ合わせて使用

オーブンを180℃（コンベクションオーブン160℃/ガスオーブン マーク4）に予熱する。直径18cmの丸いケーキ型（深め）の底にベーキングペーパーを敷く。

—

レモンピール以外の材料をすべて大きなボウルに入れる。ハンドミキサーを使ってきれいに混ぜ合わせる。

—

生地を型に流し入れ、表面を平らにする。中央にレモンピールを置く。予熱したオーブンに入れて1〜1時間15分ほど焼成。よく膨らみ、きれいな焼き色が付いたら、中心に串を差してみて何もついてこなければOK。そのまま10分ほど置いて粗熱が取れたら型から出し、ベーキングペーパーをはがしてワイヤーラックで冷ます。

ヒント
フルーツケーキやマデイラケーキをオーブンから出したとき、中央が少しくぼんでいたら、ベーキングペーパーをワイヤーラックに敷いて、ケーキを逆さまにして置きます。冷ましている間にケーキの重みで上部が平らになります。

ティータイムにおすすめ。油脂を使わない軽いケーキです。
フィリングを工夫すればロールケーキも立派なデザートとしてお出しできます。

SWISS ROLL
スイスロール（ロールケーキ）

8人分
卵（L玉）……………………… 4個
グラニュー糖 ……… 115g（飾り用別）
セルフレイジングフラワー … 115g

＜フィリング用＞
イチゴまたはラズベリージャム
……………………… 大さじ4

[日本で作る場合の注意]
※**セルフレイジングフラワー**
　小麦粉150gあたりベーキングパウダー
　小さじ2、塩少々を混ぜ合わせて使用

オーブンを220℃（コンベクションオーブン200℃/ガスオーブン マーク7）に予熱する。33×23cmのロールケーキ型に油脂を塗って、ベーキングペーパーを敷く。

———

大きなボウルに卵と砂糖を入れて泡立てる。ホイッパーを持ち上げると跡が残るくらいまでしっかりと泡立てる。小麦粉をふるい入れ、包み込むように丁寧に混ぜ合わせる。あらかじめ準備しておいた型に流し入れ、型を作業台に軽く打ち付けて、生地が平らに広がり、型の端まで均等にいきわたるようにする。

———

予熱したオーブンで約10分焼成。スポンジの周りが型から少し縮んでくるくらいまで焼く。ケーキを焼いている間に、型より少し大きめのベーキングペーパーを作業台の上に置き、グラニュー糖を振るっておく。

———

オーブンから出したケーキを、砂糖をまぶした紙の上にそのままひっくり返す。ケーキの底にあるペーパーをはがす。スポンジの端を鋭利なナイフで切り落とし、短い方の端の一つから2.5cmのところに、切り込みを入れておく（切り落としてしまわないように注意）。

———

少し冷ましてから、ジャムを塗る。ケーキが熱すぎると、ジャムがスポンジに直接しみこんでしまうので注意。切り目をいれたケーキの端からしっかりと巻いていく。

小さめのロールケーキ：卵(L玉)3個、砂糖と小麦粉各75gを使用。バターを薄く均等に塗り（分量外）、28×18cmのロールケーキ型で焼く。

コーヒーロールケーキ：基本のロールケーキに、柔らかくしたバター 75g、ふるった粉糖225g、牛乳小さじ2、コーヒー液小さじ2で作ったコーヒーバタークリームをフィリングに使う。

ラズベリーまたはストロベリーロールケーキ：基本のロールケーキに300mlの泡立てたクリームとスライスしたストロベリーまたは粒のままのラズベリー、あるいはその両方をフィリングに使用する。

レモンの代わりにオレンジを使っても美味しくできます。
その場合はレモンカードの代わりにオレンジマーマレードを使います。

LEMON SWISS ROLL

レモン・スイスロール

8人分
卵（L玉）…………………………… 4個
グラニュー糖 ……… 115g（別飾り用）
レモンゼスト …………………… 1個分
セルフレイジングフラワー … 115g

＜フィリング用＞
レモンカード ………………… 大さじ4

[日本で作る場合の注意]
※**セルフレイジングフラワー**
　小麦粉150gあたりベーキングパウダー
　小さじ2、塩少々を混ぜ合わせて使用

オーブンを220℃（コンベクションオーブン200℃/ガスオーブン マーク7）に予熱する。33×23cmのロールケーキ型に軽く油脂を塗り、ベーキングペーパーを敷く。

———

大きなボウルに卵、砂糖、細かくおろしたレモンの皮を入れ、泡立て器を持ち上げると跡が残るようになるまで泡立てる。小麦粉をふるい入れ、包み込むように丁寧に混ぜ合わせる。あらかじめ準備した型に混ぜ合わせたものを入れ、軽く振って、混ぜ合わせたものが自然に水平になるようにし、隅々まで均一に広がるようにする。

———

予熱したオーブンで約10分焼成。スポンジの周りが型から少し縮んでくるくらいまで焼く。ケーキを焼いている間に、型より少し大きめのベーキングペーパーを作業台の上に置き、グラニュー糖を振るっておく。

———

焼き上がったケーキを直ぐに用意したベーキングペーパーの上にそのままひっくり返す。ケーキの底の敷紙をはがす。スポンジの両端を鋭利なナイフで切り落とし紙も一緒にケーキをしっかりと巻き込みそのまま冷めるまで置く。短い辺の手前から2.5cmのところに切り込みを入れる（切り落としてしまわないように注意する）。

———

粗熱が取れたらレモンカードを塗る。ケーキが焼きたてで熱いとレモンカードがスポンジに染みこんでしまうので注意。切り目をいれたケーキの端からしっかりと巻く。

私の家族に長年愛されてきたケーキです。中心が少しくぼんでいるのが特徴。
コーヒーのお供に、また生クリームを添えてデザートとしても。温かいうちに食べるのがおすすめ。

AMERICAN APPLE AND APRICOT CAKE
アメリカンアップル・アプリコットケーキ

8人分
セルフレイジングフラワー … 250g
ベーキングパウダー ……… 小さじ1
グラニュー糖 ………………… 225g
卵（L玉）………………………… 2個
アーモンドエッセンス … 小さじ1/2
バター ……… 150g（溶かしたもの）
クッキングアップル …………… 225g
（正味/皮をむき、芯を取り除いて
厚めにスライスする）
ドライアプリコット …………… 115g
　（ハサミで小さくカットしておく）
フレーク状アーモンド ………… 30g

[日本で作る場合の注意]
※セルフレイジングフラワー
　小麦粉150gあたりベーキングパウダー
　小さじ2、塩少々を混ぜ合わせて使用

オーブンを160℃（コンベクションオーブン140℃/ガスオーブン マーク3）に
予熱する。直径20cmの底が外れるタイプの丸いケーキ型（深め）に薄く油
脂を塗り（分量外）、底にベーキングペーパーを敷く。

——

小麦粉、ベーキングパウダー、砂糖、卵、アーモンドエッセンス、溶かし
バターを計りながら大きなボウルに入れる。よく混ぜ合わせたら、1分ほど
よく泡立てるように混ぜる。リンゴとアプリコットを加え、スプーンで軽く混ぜ
合わせる。

——

スプーンを使って生地を型に入れ、表面を軽く平らにしてアーモンドスライ
スを散らす。予熱したオーブンで1時間～1時間半ほど焼く（ケーキに焼き色
がつき、触ると弾力があり、ケーキが型より少し縮むくらいまで）。型に入れ
たまま数分置いて冷ましてから型から外し、底紙を剥がして、皿に載せて温
かいうちにいただく。

特別な日のおもてなしにぴったりなこのケーキは、カナダのケーキからひらめきを得たもの。
ケーキをクリームで飾ったらしばらく置き馴染ませると、ケーキのしっとりとした食感を保てます。

MAPLE SYRUP CAKE
メープルシロップケーキ

大きめスライス6〜8枚分

バター…225g（柔らかくしたもの）
ブラウンシュガー ……………… 225g
オレンジの皮 ……………… 1個分
卵（L玉） ……………………… 4個
メープルシロップ ………… 100ml
セルフレイジングフラワー … 350g
ベーキングパウダー ……… 小さじ1
ジンジャーパウダー …… 小さじ1/2
ピーカンナッツ（刻んだもの） 55g

＜フィリングとトッピング用＞
ダブルクリーム ……………… 450ml
メイプルシロップ ………… 大さじ2
オレンジの皮 ……… 1個分（飾り用）

[日本で作る場合の注意]
※**セルフレイジングフラワー**
　小麦粉150gあたりベーキングパウダー
　小さじ2、塩少々を混ぜ合わせて使用
※**ダブルクリーム**
　乳脂肪分48%以上の生クリームのこと
　（47%で代用可）

オーブンを160℃（コンベクションオーブン140℃/ガスオーブン マーク3）に予熱する。直径20cmの丸いケーキ型（深め）に油脂を薄く塗り（分量外）、底にベーキングペーパーを敷く。

———

ピーカンナッツ以外のケーキの材料を計りながらボウルに入れ、均一に混ざるまで混ぜ合わせる。刻んだピーカンナッツを入れて混ぜる。

———

スプーンを使って生地を型にいれ表面を平らにする。予熱したオーブンで約1時間半焼く（よく膨らんで、触ると弾力がある状態になるまで）。型に入れたまま数分置いて冷ましてから型から外し、底紙を剥がして、ワイヤーラックの上で冷ます。

———

フィリングとトッピングを作る。生クリームをほんのり角がたつ程度に泡立て、メイプルシロップを加えて包み込むように混ぜる。

———

波刃ナイフまたはブレッドナイフを使ってケーキを3枚にスライスする。皿にスライスしたものを1枚置き、クリームを端まで塗る。その上に1枚重ねて、クリームを塗り、3枚目のスライスを重ねる。ケーキ全体（上面と側面）に均一にクリームを塗り、上面をオレンジの皮で飾る。冷蔵庫で保存する。

クルミがとても大切な役割を果たしているケーキ。コーヒーの風味を引き立て、
またしっとりとしたスポンジと滑らかなバタークリームのなかでその食感が際立ちます。

COFFEE AND WALNUT SPONGE CAKE
コーヒー&ウォールナッツ・スポンジケーキ

6人分
バター … 115g（柔らかくしたもの）
グラニュー糖 …………………… 115g
卵（L玉）………………………… 2個
セルフレイジングフラワー … 115g
ベーキングパウダー ….. 小さじ1/2
クルミ………… 55g（刻んだもの）
コーヒー液 …………………… 大さじ1
（濃く入れたもの）

＜フィリングとトッピング用＞
バター …… 75g（柔らかくしたもの）
粉糖 ………… 225g（ふるっておく）
牛乳 ……………………………… 小さじ2
コーヒー液 …………………… 小さじ2
クルミ（半分にカット）………… 6個
（飾り用）

[日本で作る場合の注意]
※セルフレイジングフラワー
　小麦粉150gあたりベーキングパウダー
　小さじ2、塩少々を混ぜ合わせて使用

オーブンを180℃（コンベクションオーブン160℃/ガスオーブン マーク4)に
予熱する。直径18cmのサンドイッチ型2つに油脂をを薄く塗り（分量外）、
それぞれの型の底にベーキングペーパーを敷く。
——
ケーキの材料のすべてを計りながらボウルに入れ、滑らかになるまでしっか
りと混ぜ合わせる。
——
生地をサンドイッチ型2つに流し入れ、表面を平らにする。予熱したオーブ
ンで20〜25分、または、ケーキがしっかりと膨らみ、指で軽く押す弾力が
残るくらいまで焼く。型に入れたまま数分置いて冷ましてから型から外し、
底紙を剥がして、ワイヤーラックの上で冷ます。
——
フィリングとトッピングを作る。バター、粉糖、牛乳、コーヒーをボウルで滑
らかになるまで混ぜ合わせる。ケーキが完全に冷めたら、フィリングの半分
を間にサンドし、残りはケーキの上にのせる。半分に切ったクルミで飾り付
けをする。

ヒント
コーヒー液は顆粒のインスタントコーヒー小さじ2杯にお湯を大さじ1杯混ぜて作ります。

このケーキはよく膨らむので、必ず深いケーキ型を使用してください。

カプチーノケーキ

8人分
ココアパウダー ······················ 55g
沸騰したお湯 ·············· 大さじ6
卵（L玉）···························· 3個
牛乳 ······························ 50ml
セルフレイジングフラワー ··· 175g
ベーキングパウダー ····· 小さじ3/4
バター ··· 115g（柔らかくしたもの）
グラニュー糖 ····················· 275g

＜フィリングとトッピング用＞
ダブルクリーム ················ 300ml
インスタントコーヒー ········· 小さじ1
（顆粒・小さじ2のお湯で溶かす）
粉末ココアーまたはドリンク用で
も可 ····················· 適量（飾り用）

[日本で作る場合の注意]
※セルフレイジングフラワー
　小麦粉150gあたりベーキングパウダー
　小さじ2、塩少々を混ぜ合わせて使用
※ダブルクリーム
　乳脂肪分48%以上の生クリームのこと
　（47%で代用可）

オーブンを180℃（コンベクションオーブン160℃/ガスオーブン マーク4）に予熱する。直径20cmのサンドイッチ型（底が外れるもの）2つに油脂を薄く塗り（分量外）、それぞれの型の底にベーキングペーパーを敷く。

———

大きなボウルにココアパウダーを測って入れ、熱湯を加え、ペースト状になるまでよく混ぜ合わせる。残りの材料をすべて加えて混ぜ合わせる。かなり重い感じの生地になる（混ぜ合わせすぎないように注意）。

———

あらかじめ準備した型に混ぜ合わせたものを分け入れ、表面を軽く平らにする。予熱したオーブンで25〜30分、ケーキがよく膨らんで、側面が型から離れ始めるまで焼く。そのまま数分間冷まして型から出し、ベーキングペーパーをはがしてワイヤーラックで冷ます。

———

仕上げ。生クリームを軽く角が立つまで泡立て、溶かしたコーヒーを混ぜ合わせる。半量のクリームを2枚のケーキの間に挟み、残りのクリームをケーキのトップにのせる。パレットナイフを使って表面を軽くならし、粉末ココアを上にふるって仕上げる。

ヒント
このケーキは作りたてを食べるのがベストです。保存は冷蔵庫で。

しっとりと美味しいケーキ。保存は冷蔵庫で。1週間以内に召し上がれ。

LEMON YOGHURT CAKE
レモンヨーグルトケーキ

8人分
グラニュー糖 ………………… 300g
バター ……55g(柔らかくしたもの)
卵(L玉) ………………… 3個
　　　(卵白と卵黄に分けておく)
グリークヨーグルト ………… 225g
レモンゼスト ………………… 1個分
セルフレイジングフラワー … 175g

＜アイシング用＞
粉糖 ………………………… 115g
レモンのしぼり汁 …… 約大さじ1.5

[日本で作る場合の注意]
※**セルフレイジングフラワー**
　小麦粉150gあたりベーキングパウダー
　小さじ2、塩少々を混ぜ合わせて使用
※**グリーク(ギリシャ)ヨーグルト**
　通常のプレーンヨーグルトに比べて水
　分が少なく濃厚な味わい。無糖ヨーグ
　ルトをキッチンペーパーを敷いたざる
　の上にあけ、冷蔵庫に入れて3〜4時
　間置き、水分を取り除いて使用する

オーブンを160℃(コンベクションオーブン140℃/ガスオーブン3)に予熱する。直径20cmの丸いケーキ型(深め)にバターを薄く均等に塗り(分量外)、ベーキングペーパーを敷く。

———

ボウルに砂糖、バター、卵黄を計って入れ、よく混ぜ合わせる。ヨーグルトと細かくおろしたレモンの皮を加え、なめらかになるまで混ぜ合わせる。(かき混ぜたり泡立てたりせず)小麦粉を包み込むようにして混ぜる。

———

卵白を柔らかい角がたつまで泡立て、先に混ぜ合わせた材料に包み込むように注意して混ぜる。

———

予熱したオーブンで1〜1時間15分、またはケーキがしっかり膨らんで、触った時にしっかりとした感触になるまで焼く。そのまま数分間冷まして型から出し、ベーキングペーパーを剥がしてワイヤーラックで冷ます。

———

アイシングは、ふるった粉糖とレモン汁を混ぜ合わせ、冷めたケーキの上にかける。パレットナイフで表面をならし、固まるまで置いておく。

有名なチェッカーボード（格子）柄のケーキです。
ケーキを包むのはマジパンでも自家製または市販のアーモンドペーストでも大丈夫。

BATTENBERG CAKE
バッテンバーグケーキ

8人分
バター… 115g（柔らかくしたもの）
グラニュー糖 ………………… 115g
卵（L玉）………………………… 2個
アーモンドプードル ………… 55g
セルフレイジングフラワー … 115g
ベーキングパウダー ….. 小さじ1/2
アーモンドエッセンス ……… 数滴
食用赤色色素 ………………… 適量

＜仕上げに＞
アプリコットジャム …… 大さじ3〜4
アーモンドペーストまたはマジパン
………………………………… 225g
（アーモンドペーストのレシピは
398ページ参照）

ヒント
バッテンバーグケーキ型がない
場合は、18cm角のケーキ型に
油脂を塗る。ベーキングペーパー
を、型の一辺より7.5cm長く切る。
紙を横半分に折る。紙を広げ、
中央の折り目を押し上げた状態
で、4cmのひだを作る。型の底
にこの紙を敷き、ひだが型枠の
中心に沿うように調整する。

[日本で作る場合の注意]
※セルフレイジングフラワー
　小麦粉150gあたりベーキングパウダー
　小さじ2、塩少々を混ぜ合わせて使用

オーブンを160℃（コンベクションオーブン140℃/ガスオーブン マーク3）に
予熱しておく。18cmのバッテンバーグ型に油脂を薄く塗り（分量外）、底に
ベーキングペーパーを敷く。

———

バター、砂糖、卵、アーモンドプードル、小麦粉、ベーキングパウダー、アー
モンドエッセンス計りながら大きめのボウルに入れ、滑らかになるまで2分
ほど混ぜ合わせる。

———

型の右半分に、できた生地の半量を入れる。残りの生地に赤い食用色素
を数滴加えて濃いピンク色にする。これを型枠の左半分に入れる。このと
き中心の紙のひだが真っ直ぐになるように整える。それぞれの表面をなめ
らかにする。

———

予熱したオーブンで35〜40分、またはケーキがよく膨らみ、触ると弾力が
あり、少し縮むまで焼く。型に入れたまま数分置いて冷ましてから底紙を剥
がしてワイヤーラックで冷ます。

———

ケーキの端を切り落とし、ピンク2本、プレーン2本の計4本に整えて切る。

———

アプリコットジャムを小さな鍋に入れて弱火で温める。温めたジャムを接着
剤にして、4本のケーキを貼り合わせる（格子柄になるように）。ケーキの上
面にアプリコットジャムを塗る。

———

アーモンドペーストまたはマジパンの長さはケーキと同じ長さ、幅はケーキ
を包むのに十分な大きさに伸ばす。ケーキをその上にひっくり返して置き、
残りの3面にアプリコットジャムを塗る。接合部は底の一角にくるようにして、
ケーキをカバーする。ケーキの上部に十文字の切り込みを浅く入れ、両端
を指でつまんでデコレーションする。

定番の大人気ケーキは、バザーや家族の集まりなどにぴったり。
名前からするとヘルシーなイメージですが実は……

キャロットケーキ

8人分
セルフレイジングフラワー … 225g
ベーキングパウダー ……… 小さじ1
ブラウンシュガー …………… 150g
刻んだクルミ ………………… 55g
粗くおろしたニンジン ……… 115g
熟したバナナ ……… 2本（つぶす）
卵（L）……………………… 2個
植物油 ……………………… 150ml

＜トッピング用＞
クリームチーズ ……………… 175g
バター …… 55g（柔らかくしたもの）
粉糖 ………………… 115g（ふるう）
バニラエッセンス …………… 数滴
クルミの半割 ………… 適量（飾り用）

[日本で作る場合の注意]
※セルフレイジングフラワー
　小麦粉150gあたりベーキングパウダー
　小さじ2、塩少々を混ぜ合わせて使用

オーブンを160℃（コンベクションオーブン140℃/ガスオーブン マーク3）に予熱する。直径20cm丸いケーキ型（深め）に油脂を薄く塗り（分量外）、底にベーキングペーパーを敷く。

———

大きなボウルにケーキの材料すべてを入れ、滑らかになるまでしっかりと混ぜ合わせる。

———

準備した型に入れ、表面を平らにする。熱したオーブンで約50〜60分、ケーキがよく膨らんで、ケーキが型から少し縮むくらいまで焼く。そのまま数分間冷ましてから型から出し、底紙を剥がしてワイヤーラックの上で冷ます。

———

トッピングを作る。クルミ以外のすべての材料をボウルまたはフードプロセッサーに入れ、なめらかになるまで混ぜ合わせる。ケーキの上にのせてパレットナイフで渦を巻くように塗り広げる。半分に切ったクルミを飾る。食べる前に少し冷やす。柔らかいトッピングなので、冷蔵庫で保存する。

シンプルな「アメリカン・フロスティング」を使った、とてもクラシックなケーキです。
キャンディ温度計があればアメリカン・フロスティング（401ページ）のレシピも試してみてください。

FROSTED WALNUT LAYER CAKE

フロステッドウォールナッツ・レイヤーケーキ

8人分
バター … 225g（柔らかくしたもの）
グラニュー糖 …………………… 225g
卵（L玉）………………………… 4個
セルフレイジングフラワー … 225g
ベーキングパウダー ……… 小さじ1
クルミ ……………………………… 115g
（細かく刻む）

＜フロスティング用＞
卵白（L玉）……………………… 2個
グラニュー糖 …………………… 350g
水 ………………………………… 大さじ4
クリームタータ ………… 小さじ1/4

＜デコレーション用＞
クルミ（半分に切ったもの）‥数粒

[日本で作る場合の注意]
※セルフレイジングフラワー
　小麦粉150gあたりベーキングパウダー
　小さじ2、塩少々を混ぜ合わせて使用

オーブンを160℃（コンベクションオーブン140℃/ガスオーブン マーク3）に予熱する。直径20cmのサンドイッチ型3つに油脂を薄く塗り（分量外）、底にベーキングペーパーを敷く。

———

大きなボウルにケーキの材料すべてを入れ、しっかりと混ぜ合わせる。

———

生地を3つの型に均等に流し入れ、表面を平らにする。予熱したオーブンで20〜25分、または、ケーキがキツネ色になり、触ると弾力がある状態になるまで焼く。そのまま数分間冷ましてから型から出し、底紙を剥がしてワイヤーラックの上で冷ます。

———

フロスティングを作る。すべての材料を計りながら耐熱ボウルに入れ、湯煎にかけて10〜12分、濃度がつくまで泡立てる。

———

ケーキの間にフロスティングを塗って層にする。残りのフロスティングでケーキ全体をカバーし、パレットナイフを使ってアイシングを渦巻きのようにして、角をたてるように塗る。アイシングは固まるのが早いので、手早く作業する。冷蔵庫には入れず、涼しい場所に置いて固める。半分に切ったクルミを飾る。

ヒント
ベーキングパウダーを規定量より多く使うと、ケーキがいったん膨らんでもその後、へこんでしまうので注意します。このオールインワン・メソッドでは、セルフレイジングフラワーとベーキングパウダーを一緒に使うことで、ケーキがちゃんと膨らむようにしています。短時間で作ることにより、従来の作り方よりも空気を含ませずに作ることができます。

成功のポイントはドレンチェリーの下準備をしっかりとすること。
四等分に切った後に流水でよく洗って乾かします。
こうすることでチェリーがケーキの底に沈んでしまうのを防ぐことができます。

ENGLISH CHERRY CAKE
イングリッシュ・チェリーケーキ

8人分
ドレンチェリー ･･･････････････････ 200g
セルフレイジングフラワー
　･････････････ 275g プラス大さじ1
アーモンドプードル ････････････ 75g
ベーキングパウダー ･･･････ 小さじ1
バター ･･･225g（柔らかくしたもの）
グラニュー糖 ････････････････ 225g
卵（L玉） ･･･････････････････････ 4個

[日本で作る場合の注意]
※**セルフレイジングフラワー**
　小麦粉150gあたりベーキングパウダー
　小さじ2、塩少々を混ぜ合わせて使用

オーブンを180℃（コンベクションオーブン160℃/ガスオーブン マーク4）に予熱する。直径20cmの丸いケーキ型（深め）に油脂を薄く塗り（分量外）、底にベーキングペーパーを敷く。

────

チェリーは4等分に切り、ざるに入れて流水で洗う。水気をよく切り、キッチンペーパーで水気をよく拭き取る。大さじ1の小麦粉にまぶしておく。

────

大きなボウルに残りすべての材料を入れ、1分間ほどしっかりと混ぜ合わせる。チェリーを入れて包み込むように混ぜる。

────

あらかじめ準備した型に流し入れ、表面を平らにする。予熱したオーブンで1時間半〜1時間45分、または中心に刺した串になにも付いてこなくるまで焼く。そのまま10分ほど冷ましてから型から出し、がきれいになって抜けるまで焼く。型に入れたまま10分ほど冷ましてから、底紙を剥がしてワイヤーラックの上で冷ます。

このクランチートッピングは他のトレイベイクやティーブレッドにも応用可。
ポイントはケーキがまだ温かいうちに用意しておいたトッピングを上からかけること。
そうすることでレモン汁はケーキのなかに染み込み、砂糖のシャリシャリ感だけが残ります。

CRUNCHY TOP LEMON CAKE
クランチートップ・レモンケーキ

8人分
バター … 115g（柔らかくしたもの）
グラニュー糖 …………………… 175g
セルフレイジングフラワー … 175g
ベーキングパウダー ……小さじ3/4
卵（L玉）……………… 2個（溶いたもの）
牛乳 ……………………… 大さじ4
レモンの皮 ………………… 1個分

＜トッピング用＞
レモン汁 ……………………… 1個分
グラニュー糖 …………………… 115g

[日本で作る場合の注意]
※**セルフレイジングフラワー**
　小麦粉150gあたりベーキングパウダー
　小さじ2、塩少々を混ぜ合わせて使用

オーブンを180℃（コンベクションオーブン160℃/ガスオーブンマーク4）に予熱する。直径18cmの丸いケーキ型（深め）の底にベーキングペーパーを敷く。

———

大きなボウルにケーキの材料すべてを計りながら入れ、滑らかになってよく混ざるまで約2分混ぜ合わせる。

———

準備をしておいた型に生地を入れ、表面を平らにする。予熱したオーブンで約35〜40分、またはケーキが型の周囲からわずかに縮み、指で軽く押すと弾力が出るまで焼く。

———

ケーキを焼いている間に、クランチートッピングを作る。レモン汁と砂糖をボウルに入れ、混ぜ合わせる。ケーキが焼けたらまだ熱いうちにレモンペーストを上に塗る。そのまま完全に冷まして、型から出してベーキングペーパーをはがす。

ヒント
もし柔らかいケーキの真ん中が無残にもへこんでしまった場合は、その部分を切り取り、ホイップクリームとフルーツなどを飾ってデザートとしてどうぞ。

軽い食感のこのケーキはいつも大人気。作ったその日に食べるのがベストです。

DOUBLE ORANGE CAKE
ダブルオレンジケーキ

8人分
バター…175g（柔らかくしたもの）
グラニュー糖………………175g
卵（L玉）………3個（溶いたもの）
セルフレイジングフラワー…175g
ベーキングパウダー……小さじ3/4
オレンジの皮と果汁……大1個分

＜仕上げに＞
アプリコットジャム……大さじ2程度
粉糖………………………115g
オレンジの皮（細かくおろす）
果汁……………………1/2個分

[日本で作る場合の注意]
※セルフレイジングフラワー
　小麦粉150gあたりベーキングパウダー
　小さじ2、塩少々を混ぜ合わせて使用

オーブンを180℃（コンベクションオーブン160℃/ガスオーブン マーク4）に予熱する。直径20cmの丸いケーキ型(深め)に油脂を薄く塗り、底にベーキングペーパーを敷く。

———

大きなボウルにケーキの材料すべてを計りながら入れ、よく混ざるまで混ぜ合わせる。

———

あらかじめ準備をしておいた型に生地を入れ、表面を平らにする。予熱したオーブンで約35分、ケーキが十分に膨らみ、またはケーキが型の周囲からわずかに縮み、指で軽く押すと弾力が出るまで焼く。そのまま数分間冷まして型から出し、底紙を剥がしてワイヤーラックの上で冷ます。

———

アプリコットジャムを小鍋に入れ、弱火で温める。ハケを使ってジャムをケーキの上面に塗る。

———

ボウルに粉糖をふるい入れ、オレンジジュースを混ぜ入れ、ケーキをカバーするのに良い固さにする。ケーキの上にかけて、小さなパレットナイフを使って広げる。アイシングが固まるまで置き、用意しておいたオレンジの皮を全体にあしらって仕上げる。

CHAPTER TWO

SPICED CAKES

スパイスケーキ

"ジンジャーブレッド"は世界で最も古いケーキのひとつと言われており、
ヨーロッパ諸国にはさまざまなレシピがあります。
家庭で作るジンジャーブレッドの大きな利点のひとつは、保存することで美味しさが増すことです。

ICED GINGERBREAD WITH STEM GINGER

ステムジンジャーアイシング入りジンジャーブレッド

16切れ分

バター … 115g（柔らかくしたもの）
ブラウンシュガー …………… 115g
卵（L玉）……………………… 2個
モラセス ……………………… 150g
ゴールデンシロップ ………… 150g
小麦粉 ………………………… 225g
ジンジャーパウダー ……… 小さじ1
ミックススパイス ………… 小さじ1
重曹 ……………………… 小さじ1/2
牛乳 ……………………… 大さじ2

＜アイシング用＞

粉糖 …………………………… 175g
シロップ漬けにした生姜 ……… 1個
生姜のシロップ …………… 大さじ3
（細かく刻む）

オーブンを160℃（コンベクションオーブン140℃/ガスオーブンマーク3）に予熱する。18cmの角型ケーキ型（深め）の底に油脂を薄く塗り（分量外）、底にベーキングペーパーを敷く。

———

ボウルにバター、砂糖、卵、モラセス、ゴールデンシロップを計りながら入れ、しっかりと混ぜ合わせる。小麦粉とスパイスを一緒にふるい、包みこむように混ぜ合わせる。牛乳に重曹を加え、混ぜ合わせた生地を加えて混ぜる。

———

あらかじめ準備した型に流し入れ、表面を平らにする。予熱したオーブンで1時間焼く。

———

オーブンの温度を150℃（コンベクションオーブン130℃/ガスオーブンマーク2)に下げ、さらに15〜30分焼くか、十分に膨らんで、触るとしっかりとした感触になるまで焼く。型に入れたまま10分冷ましてから型から出し、底のベーキングペーパーを剥がしてワイヤーラックの上で冷ます。

———

アイシングを作る。ボウルに粉糖をふるい入れ、しょうがのシロップを入れて混ぜ、さらにケーキの上に塗ることができる固さになるよう（小さじ3程度）加えて調整し、滑らかになるまで混ぜる。細かく刻んだシロップ漬けのしょうがを加える。ケーキにアイシングをかける。アイシングが固まったら、正方形にカットする。

"パーキン"は英国北部で人気のケーキ。焼いた後、日にちが経つほどに美味しくなります。
最低でも1週間は待ってからカットしましょう。

トラディショナルパーキン

角切り16等分

モラセス	175g
バター	150g
ブラウンシュガー	115g
小麦粉	175g
ジンジャーパウダー	小さじ2
シナモンパウダー	小さじ1
すりおろしたナツメグ	小さじ1
オートミール	275g
卵(L玉)	1個
牛乳	150ml
重曹	小さじ1

オーブンを180℃(コンベクションオーブン160℃/ガスオーブン マーク4)に予熱する。18cmの角型ケーキ型(深め)の底に薄く油脂を塗り、底にベーキングペーパーを敷く。

中くらいの大きさの鍋にモラセス、バター、砂糖を入れ、バターと砂糖が溶けるまで弱火で加熱する。少し冷ましておく。

大きなボウルに小麦粉とスパイスをふるい入れ、オートミールを加える。卵と牛乳を一緒に混ぜたものに重曹を加えてかき混ぜ、粉類の中に入れる。次に準備しておいたモラセスを混ぜたものを加え、よくかき混ぜる。

あらかじめ準備しておいた型に流し入れ、予熱したオーブンで約1時間、または、触るとしっかりとした感触になるまで焼く。そのまま10分ほど冷ましてから型から出し、底紙を剥がしてワイヤーラックの上で冷ます。

ケーキが覚めたらベーキングペーパーで包み、ケーキ型の中に入れて1週間保存する。その後、16個の正方形に切り分ける。

中心に甘いアーモンドペーストを薄い層にして入れて焼いたケーキ。
シナモンとクローブの優しい香りとよく合います。

アーモンドスパイスケーキ

8人分

アーモンドペーストまたはマジパン
················· 115g
（アーモンドペーストのレシピは
398ページを参照）
バター … 175g（柔らかくしたもの）
グラニュー糖 ···················· 175g
卵（L玉）···························· 3個
セルフレイジングフラワー … 225g
ベーキングパウダー ········ 小さじ1
シナモンパウダー ········ 小さじ1/2
クローブパウダー ········ 小さじ1/4
スライスアーモンド ············· 115g
（空焼きしたもの）

＜トッピング用＞
バター ······························· 55g
ブラウンシュガー················· 115g
ダブルクリーム ················ 大さじ2

[日本で作る場合の注意]
※セルフレイジングフラワー
　小麦粉150gあたりベーキングパウダー
　小さじ2、塩少々を混ぜ合わせて使用
※ダブルクリーム
　乳脂肪分48%以上の生クリームのこと
　（47%で代用可）

オーブンを180℃（コンベクションオーブン160℃/ガスオーブン マーク4）に
予熱する。直径18cmの丸いケーキ型（深め）に油脂を薄く塗り、底にベー
キングペーパーを敷く。

———

アーモンドペーストまたはマジパンを18cmの円形に伸ばしておく。

———

ボウルにバター、砂糖、卵、小麦粉、ベーキングパウダー、スパイスを計
りながら入れ、しっかりと混ぜ合わせる。空焼きしたスライスアーモンドのう
ち75gを包み込む。

———

あらかじめ準備しておいた型に生地の半分を入れ、表面を平らにする。そ
の上に丸く伸ばしたアーモンドペーストをのせ、残りの生地を入れて、表面
を平らにする。

———

予熱したオーブンで1〜1時間15分、または、しっかりと膨らんでキツネ色に
なり、表面を指で軽く押すと弾力が出るまで焼く。そのまま5分置いてから
型から取り出してベーキングペーパーを剥がして、ワイヤーラックの上で冷
ます。

———

トッピングを作る。鍋にバター、砂糖、生クリームを入れ、弱火で混ぜな
がら加熱する。よく混ざったら沸騰させる。天板の上にケーキを載せたワイ
ヤーラックを置き、上からアイシングをかける。残しておいたスライスアー
モンドフレークを振りかける。そのまま10〜15分置いて固める。

このケーキは焼いた後にベーキングペーパーとアルミホイルに包み、
2日間置いてからアイシングをした方がケーキが熟成され、しっとり&もっちりとした食感になります。

スティッキージンジャー&オレンジのケーキ

8人分
ゴールデンシロップ ············· 115g
モラセス ···························· 115g
水 ······························· 250ml
バター … 115g(柔らかくしたもの)
グラニュー糖 ····················· 115g
オレンジゼスト ················· 1個分
溶き卵(L玉) ····················· 1個
小麦粉 ····························· 275g
重曹 ························· 小さじ1.5
シナモンパウダー ··········· 小さじ1
ジンジャーパウダー ········ 小さじ1

＜アイシング用＞
粉糖 ······························· 115g
オレンジ果汁 ·················· 1個分

オーブンを180℃(コンベクションオーブン160℃/ガスオーブン マーク4)に予熱する。直径23cmの丸いケーキ型(深め)に油脂を薄く塗り、底と側面にベーキングペーパーを敷く。

鍋にゴールデンシロップとモラセスを計りながら入れ、火にかけて沸騰させる。

残りのケーキの材料をボウルに入れ、しっかりと混ぜ合わせる。そこにシロップとモラセス、水を混ぜたものを加え、滑らかになるまでよく混ぜ合わせる。

用意した型に生地を流し入れ、表面を平らにする。予熱したオーブンで約50分、または中心に刺した串に何も付いてこない状態になるまで焼く。そのまま10分置いてから型から取り出してベーキングペーパーを剥がし、ワイヤーラックの上で冷ます。

アイシングを作る。ボウルに粉糖をふるい入れ、オレンジ果汁を加えて混ぜながら滑らかで程よい固さになるよう調整する。ケーキを載せたワイヤーラックを天板の上に置き、上からアイシングをかける。アイシングが固まるまで1時間ほど置く。

賞味期間が長く、また冷凍保存しても美味しいケーキ。ケーキの中央がへこむことがありますが、これはシロップやモラセスの分量が多いから。美味しくできたという証です!

クラシック・スティッキージンジャーブレッド

16等分

バター ·························· 225g
ブラウンシュガー ············· 225g
ゴールデンシロップ ············ 225g
モラセス ······················· 225g
セルフレイジングフラワー ··· 225g
全粒粉セルフレイジングフラワー
··································· 225g
ジンジャーパウダー ········ 小さじ4
卵(L玉) ······················ 2個
牛乳 ·························· 300ml

[日本で作る場合の注意]
※セルフレイジングフラワー
　小麦粉150gあたりベーキングパウダー
　小さじ2、塩少々を混ぜ合わせて使用

オーブンを160℃(コンベクションオーブン140℃/ガスオーブン マーク3)に予熱する。約30 x 23cmのトレイベイクまたはロースト型に油脂を薄く塗り、底と側面にベーキングペーパーを敷く。

鍋にバター、砂糖、ゴールデンシロップ、モラセスを計りながら入れ、全体が均一に溶けるまで混ぜながら加熱する。少し冷ましておく。

大きなボウルに小麦粉とジンジャーパウダーを入れ、軽く混ぜ合わせる。牛乳と卵を混ぜ合わせておく。バターとシロップを混ぜて冷ましたものと、牛乳と卵を混ぜたものを小麦粉に注ぎ入れ、滑らかになるまで混ぜ合わせる。

あらかじめ準備しておいた型に混ぜ合わせたものを流し入れ、軽く傾けて表面を平らにする。予熱したオーブンで50分焼き、よく膨らんで、焼き色がつき、触ると弾力が出るまで焼く。そのまま数分置いてから型から取り出し、ベーキングペーパーを剥がしてワイヤーラックの上で冷ます。

冷めてから16等分にカットする。

家庭で楽しめるケーキ。全粒粉を使うので焼き上がりの色が濃くなります。

ジェーンのフルーツケーキ

8人分

バター…200g（柔らかくしたもの）
ブラウンシュガー……………… 350g
卵（L玉）……………………… 3個
全粒粉セルフレイジングフラワー
……………………………… 450g
ジンジャーパウダー……… 小さじ1
バターミルク……………… 150ml
サルタナレーズン ………… 350g
カランツ …………………… 350g
スライスアーモンド…………… 55g
（仕上げ用）

[日本で作る場合の注意]
※**セルフレイジングフラワー**
　小麦粉150gあたりベーキングパウダー
　小さじ2、塩少々を混ぜ合わせて使用

オーブンを140℃（コンベクションオーブン120℃/ガスオーブン マーク1）に予熱する。直径23cmの丸いケーキ型（深め）の底と側面に油脂を薄く塗り、ベーキングペーパーを二重に敷く。

—

大きなボウルに、スライスアーモンド以外の材料を計りながら入れ、しっかりと混ぜ合わせる。その後、全体にツヤが出るまで2〜3分さらによく混ぜ合わせる。

—

用意した型に生地を流し入れ、表面を平らにする。スライスアーモンドをふりかける。予熱したオーブンで3〜3時間半、または中心に刺した串に何も付いてこないくらいまで焼く。型に入れたまま冷ましてから、型から取り出す。ケーキについたベーキングペーパーは剥がさず、そのままにしておく方がケーキが乾燥しないので良い。

—

ケーキをさらにベーキングペーパーで包み、その上からアルミホイルで包んで、涼しい場所で保存する。

時間がない時でもこのケーキならあっという間にできて、
熟成させる必要もない最高のケーキです。

BOOZY FRUIT CAKE
ブージー（洋酒漬け）フルーツケーキ

8人分
バター … 150g（柔らかくしたもの）
ゴールデンシロップ ………… 175g
牛乳 ……………………………… 175ml
ドライデーツ ………………… 115g
（粗く刻む）
サルタナレーズン …………… 150g
レーズン ……………………… 150g
カランツ ……………………… 55g
ピールの砂糖漬け …………… 55g
クルミ ………… 115g（粗くきざむ）
小麦粉 ………………………… 225g
ミックススパイス ………… 小さじ2
重曹 …………………… 小さじ1/2
卵（L玉）……………………… 2個
ブランデー、ラム酒、シェリー酒の
いずれか ………………… 大さじ4
（ケーキに染みこませる）

オーブンを150℃（コンベクションオーブン130℃/ガスオーブン マーク2）に
予熱する。直径20cmの丸いケーキ型（深め）の底と側面に油脂を薄く塗り、
ベーキングペーパーを二重に敷く。

———

鍋にバター、シロップ、牛乳、ドライフルーツ、刻んだピールとナッツを計
りながら入れ、バターが溶けるまで時々かき混ぜながらゆっくり加熱する。
静かに沸騰させながら5分間加熱する。少し冷ましておく。

———

ボウルに小麦粉、スパイス、重曹をふるい入れ、ドライフルーツと卵を加え、
しっかり混ぜ合わせる。

———

用意した型に流し入れ、表面を平らにする。予熱したオーブンで1時間半
から1時間45分、または、触るとしっかりとした感触で、中心に刺した串に
何も付いてこないくらいまで焼く。型に入れたまま10分間冷ます。

———

ケーキを型から取り出してベーキングペーパーをはがし、串を使ってケーキ
の上部を数カ所刺す。スプーンを使って洋酒（ブランデー、ラム酒、またはシェ
リー酒）を少し注ぐ。ケーキが乾燥しないように、ケーキの底のベーキング
ペーパーを再び戻し、全体をベーキングペーパーで包んだ後、さらにアル
ミホイルで覆い、涼しい場所で保存する。

———

その後、間隔を置いてこの作業（洋酒のトップから、そして〜底面から染み
込ませる）。プレゼントする際はセロファンでラッピングして大きなリボンをつ
けてどうぞ。

"カット&カムアゲイン"という名前の通り、美味しすぎて誰もがお代わりをほしがるでしょう。
食欲旺盛な家族にもぴったり。リッチなケーキではないので早めに食べ切ってください。

CUT AND COME AGAIN CAKE

カット&カムアゲイン・ケーキ

8人分
セルフレイジングフラワー … 350g
ミックススパイス ………… 小さじ1
バター … 175g（柔らかくしたもの）
グラニュー糖 ………………… 175g
卵（L玉）………………………… 3個
カランツ ……………………… 175g
サルタナレーズン …………… 115g
レーズン ……………………… 115g
牛乳 …………………………… 大さじ3

[日本で作る場合の注意]
※**セルフレイジングフラワー**
　小麦粉150gあたりベーキングパウダー
　小さじ2、塩少々を混ぜ合わせて使用

オーブンを180℃（コンベクションオーブン160℃/ガスオーブン マーク4）に
予熱する。直径20cmの丸いケーキ型（深め）に油脂を薄く塗り、底にベー
キングペーパーを敷く。

———

大きなボウルにすべての材料を計りながら入れ、しっかりと混ぜ合わせる。

———

あらかじめ準備しておいた型に流し入れ、表面を平らにする。予熱したオー
ブンで1時間15分〜1時間半、またはケーキの中心に刺した串に何も付い
てこないくらいまで焼く。そのまま10分冷まして型から取り出し、ベーキング
ペーパーを剥がしてワイヤーラックの上で冷ます。

19世紀、ヴィクトリア時代、ケーキは現在よりも大きなサイズで焼かれていました。
当時、材料はパウンド（1パウンド=454g）という単位で計られていたことが、
"パウンドケーキ"という名前の由来です。ここでは使う材料はその半分量になっています。

パウンドケーキ

8人分
赤または天然色素の
ドレンチェリー ………………… 115g
　　　　　　　　（1/4にカット）
バター … 225g（柔らかくしたもの）
ブラウンシュガー ……………… 225g
卵（L玉）……………………… 4個
セルフレイジングフラワー … 225g
レーズン ………………………… 225g
サルタナレーズン …………… 225g
ミックススパイス ………… 小さじ1
ブランデー ………………… 大さじ1

[日本で作る場合の注意]
※**セルフレイジングフラワー**
　小麦粉150gあたりベーキングパウダー
　小さじ2、塩少々を混ぜ合わせて使用

オーブンを150℃（コンベクションオーブン130℃/ガスオーブン マーク2）に予熱する。直径20cmの丸いケーキ型（深め）に油脂を薄く塗り、底にベーキングペーパーを敷く。

———

ドレンチェリーはカットしてからザルに入れて流水でよく洗う。水気をよく切った後、キッチンペーパーでよく水気を拭き取っておく。大きなボウルにすべての材料を計りながら入れて、しっかりと混ぜ合わせる。

———

あらかじめ準備しておいた型に入れ、表面を平らにする。予熱したオーブンで2〜2時間15分焼く（1時間後にベーキングペーパーで覆い、ケーキに焼き色がつきすぎないようにする。ケーキの表面に触るとしっかりとした食感で、また、中心に刺した串に何も付いてこないくらいまで焼く。型に入れたまま30分ほど置いてから取り出し、底紙を剥がしてワイヤーラックの上で完全に冷ます。

CHAPTER THREE

CHOCOLATE BAKES

チョコレートベイク

小さめのケーキなのでピクニックに持っていくのに最適です。
甘党のゲストには大きなスライスを！

ホワイトチョコレートチップ入り
ブラウニーローフケーキ

ローフ2個分

アーモンドパウダー ……………… 55g
ベーキングスプレッド ………… 225g
　　　　　　　　（冷たいまま使用）
セルフレイジングフラワー … 175g
ブラウンシュガー　…………… 225g
ココアパウダー ………………… 55g
卵（L玉）………………………… 5個
ベーキングパウダー ……… 小さじ1
ホワイトチョコレートチップ … 150g

＜アイシング用＞
ダークチョコレート …………… 175g
　　　　　　　　（細かく砕いたもの）
バター ……………………………… 50g

[日本で作る場合の注意]
※ベーキングスプレッド
　　製菓用マーガリンを使用
※セルフレイジングフラワー
　　小麦粉150gあたりベーキングパウダー
　　小さじ2、塩少々を混ぜ合わせて使用

オーブンを180℃（コンベクションオーブン160℃/ガスオーブン マーク4）に予熱しておく。450gのパウンド型2つに薄く油脂を塗り、ベーキングペーパーを敷く。

———

大きなボウルにホワイトチョコレートチップ以外のブラウニーローフケーキの材料を計りながら入れる。ハンドミキサーを使い、生地が軽くふわっとした状態になるまで泡立てる。チョコレートチップを125gだけ入れて混ぜる。

———

あらかじめ準備しておいた型に流し入れ、表面を平らにする。約1時間、または、よく膨らみ、軽く押すと弾力が出るまで焼く。そのまま数分間冷ましてから型から取り出し、ワイヤーラックの上に置き、ベーキングペーパーをはがす。

———

アイシングを作る。耐熱ボウルにダークチョコレートとバターを入れ、湯せんで溶かす。そのまま少し冷ます。残りのホワイトチョコレートチップを入れて軽く混ぜ、ケーキの上にのせてパレットナイフを使って渦巻を描くように塗る。

———

スライスしてどうぞ。

ヒント
このケーキは冷凍保存に向いています。

とてもシンプルで簡単なブラウニーのレシピです。材料を計ってボウルに入れて混ぜるだけ。
焼きすぎには注意。ブラウニーの特徴であるもちっとした食感が失われます。
砂糖の割合が多いので外側はサクサクに仕上がります。

CHOCOLATE CHIP BROWNIES
チョコチップブラウニー

24等分
バター…275g（柔らかくしたもの）
グラニュー糖 ………………… 375g
卵（L玉）………………………… 4個
ココアパウダー ………………… 75g
セルフレイジングフラワー … 115g
ダークチョコレートチップ …… 115g

[日本で作る場合の注意]
※**セルフレイジングフラワー**
　小麦粉150gあたりベーキングパウダー
　小さじ2、塩少々を混ぜ合わせて使用

オーブンを180℃（コンベクションオーブン160℃/ガスオーブン マーク4）に予熱する。縦30×横23cmのトレイベイクまたはロースト型に油脂を薄く塗り、底と側面にベーキングペーパーを敷く。

—

大きなボウルにすべての材料を入れ、均一に混ざるまで混ぜ合わせる。

—

準備しておいた型にゴムベラを使って生地を流し入れる。型の隅々まで行き渡るように広げ、表面を平らにする。予熱したオーブンで40〜45分、またはブラウニーの表面がサクサクになり、中心に刺した串に何も付いてこなくなるまで焼く（焼き色が早くつきすぎるようなら最後の10分間はアルミホイルで上面をゆるく覆う）。型にいれたまま冷ます。

—

24等分に切り分ける。保存は密閉容器に入れて。

少量のコーヒーと刻んだクルミ、そしてダークチョコレートチップを加えれば、
リッチな“大人の味わい”のブラウニーに。ジンジャーブレッドのように、
このブラウニーも焼くと真ん中がへこむことがありますが、それがまたご愛嬌です。

DARK INDULGENT CHOCOLATE AND WALNUT BROWNIES
ダークチョコレート&ウォールナッツ・ブラウニー

24個切り
ダークチョコレート ··············· 350g
　　　　　（細かく砕いたもの）
バター ······························· 225g
インスタントコーヒー顆粒
　　··························· 小さじ2
お湯 ······························· 大さじ2
卵（L玉） ···························· 3個
グラニュー糖 ······················· 225g
バニラエッセンス ············ 小さじ1
セルフレイジングフラワー ····· 75g
クルミ ········· 175g（刻んだもの）
ダークチョコレートチップ ····· 225g

[日本で作る場合の注意]
※セルフレイジングフラワー
　小麦粉150gあたりベーキングパウダー
　小さじ2、塩少々を混ぜ合わせて使用

オーブンを190℃（コンベクションオーブン170℃/ガスオーブン マーク5）で予熱しておく。縦30×横23cmのトレイベイクまたはロースト型に油脂を薄く塗り、底にベーキングペーパーを敷く。

大きな耐熱ボウルにチョコレートとバターを入れ、湯せんの鍋の上で時々かきまぜながら溶かす。そのまま冷ましておく。

大きなボウルにお湯を入れてコーヒーを溶かし、5分ほど冷ましておく。そこに卵、砂糖、バニラエッセンスを加え、混ぜ合わせる。

コーヒーの入ったボウルに、溶かしたチョコレートを混ぜ合わせたものを少しずつ入れながら混ぜ合わせ、そこに薄力粉、クルミ、チョコチップを入れて混ぜる。

あらかじめ準備しておいた型に生地を流し入れ、表面を平らにする。予熱したオーブンで40〜45分、またはブラウニーの表面がサクサクになり、中心に刺した串に何も付いてこなくなるくらいまで焼く。ブラウニーは型に入れたまま冷ます。

24等分にカットする。保存は密閉容器に入れて。

"Death by Chocolate"という名前の通り、
ケーキの間にも外側にもたっぷりとアイシングを使ったリッチで贅沢なケーキ。
アイシングは簡単に作れますが、加熱しすぎるとツヤがなくなるので注意。

DEATH BY CHOCOLATE CAKE
デス・バイ・チョコレートケーキ

8人分
薄力粉 ················· 275g
ココアパウダー ·············· 大さじ3
重曹 ················· 小さじ1.5
ベーキングパウダー ······ 小さじ1.5
グラニュー糖 ················· 200g
ゴールデンシロップ ········· 大さじ3
卵(L玉) ················· 3個
ひまわり油 ················· 225ml
牛乳 ················· 225ml

＜アイシング用＞
ダークチョコレート ·············· 450g
　　(細かく砕いたもの)
無塩バター ························ 200g

＜仕上げ用＞
ベルギー産ホワイトチョコレート
　　········ 55g(粗めに削ったもの)
ダークチョコレート ·············· 55g
　　(粗めに削ったもの)

ヒント
冷蔵庫での保存はNG。アイシングの輝
きが失われます。涼しい場所で保存して
ください。

オーブンを160℃(コンベクションオーブン140℃/ガスオーブン マーク3)に予熱する。直径20cmの底が外れるタイプの丸いケーキ型(深め)2つに油脂を軽く塗り、両方の底にベーキングペーパーを敷く。

大きなボウルに薄力粉、ココアパウダー、重曹、ベーキングパウダーをふるい入れる。砂糖を加えてよく混ぜる。粉類の中央にくぼみを作り、ゴールデンシロップ、卵、油、牛乳を加える。木べらを使って、滑らかになるまでよく混ぜ合わせる。

用意した型に流し入れ、表面を平らにする。予熱したオーブンで約35分、または、よく膨らみ、指で軽く押すと弾力が出るまで、刺した串に何もついてこなくなるくらいまで焼く。数分間冷まして、型から取り出してベーキングペーパーを剥がし、ワイヤーラックの上で冷ます。冷めたら、波刃ナイフまたはブレッドナイフを使ってケーキを2枚にスライスする。

アイシングを作る。大きな耐熱ボウルにチョコレートを入れ、熱湯を入れた鍋の上に置いて溶かす。その際、チョコレートのボウルの底が熱湯に当たらないこと。また、加熱しすぎないように注意する。溶けたら加熱を止め、バターを加えて溶かす。。

天板の上にワイヤーラックを置き、スライスしたケーキの間にアイシングを塗ってはサンドしていく。残りのアイシングをケーキの上からかけ、小さなパレットナイフを使ってケーキの上面と側面を均一にならす。固まるまで置いておく。

削ったホワイトチョコレートとダークチョコレートでデコレーションする。

デザートタイプのケーキ。作る工程に手間がかかるステップがあるのですが、
あらかじめ冷凍して作っておくこともできます。生地に粉を混ぜる時と溶かしバターを混ぜる時に、
やさしくざっくりと混ぜないと、バターが沈んで重たいケーキになってしまいます。

CHOCOLATE MOUSSE CAKE
チョコレートムースケーキ

8人分
バター ………………………………… 30g
卵（L玉） ……………………………… 6個
グラニュー糖 ………………………… 175g
セルフレイジングフラワー … 115g
ココアパウダー …………………… 30g
コーンフラワー ………………… 大さじ2

＜ムースフィリング用＞
プラチナグレードの
リーフゼラチン（1枚11g） …… 2枚
ダークチョコレート …………… 175g
　　　　　　　（細かく砕いたもの）
ブランデー ……………………… 大さじ2
卵（L玉） ……………………………… 2個
　　　　（卵黄と卵白を別々にする）
ダブルクリーム ………………… 300ml
　　　　　　　　　　　　　（8分立て）

＜デコレーション用＞
ダークチョコレート …………… 200g
ベルギー産ホワイトチョコレート
　　　　　　　　　　　　　　 150g

＜仕上げ用＞
ダブルクリーム ………………… 150ml
　　　　　　　　　（ホイップしたもの）
粉糖 ……………………………… 仕上げ用

[日本で作る場合の注意]
※**セルフレイジングフラワー**
　小麦粉150gあたりベーキングパウダー
　小さじ2、塩少々を混ぜ合わせて使用
※**ダブルクリーム**
　乳脂肪分48%以上の生クリームのこと
　（47%で代用可）

オーブンを180℃（コンベクションオーブン160℃/ガスオーブン マーク4）に
予熱する。直径23cmの底が外れるタイプの丸いケーキ型（深め）に油脂を
薄く塗り、底にベーキングペーパーを敷く。

———

小鍋にバターを入れ、弱火にかけて溶かし、少し冷ましておく。

———

ボウルに卵と砂糖を入れ、フルスピードで泡立てる。全体が白っぽいクリーム状になり、泡立て器を持ち上げたときに跡が残るくらいになるまでw泡立てる。

———

薄力粉、ココア、コーンフラワーを一緒にふるいにかける。

———

卵を泡立てたものに半量の薄力粉を丁寧に包むようにして混ぜる。冷ましたバターの半分をボウルの端に沿って流し入れ、丁寧に混ぜる。残りの薄力粉、残りのバターの順で混ぜる。

———

あらかじめ準備しておいた型に生地を流し入れ、表面を平らにする。予熱したオーブンで35〜40分、または、よく膨らみ、弾力が出るまで焼く。数分間冷ましてから型から取り出し、ベーキングペーパーをはがしてワイヤーラックの上で冷ます。ケーキ型を洗っておく。ケーキが冷めたら波刃ナイフかブレッドナイフでスライスし、下半分を型に戻しておく。

———

[次頁へ続く]

ムースフィリングを作る。小さなボウルに半分ほど水を入れる。板ゼラチンを入れて、5分ほど置いてやわらかくする。

その間に、耐熱ボウルにチョコレートとブランデーを入れ、ボウルを熱湯の鍋の上に持ってきて時々かき混ぜながらチョコレートを溶かす。その際、ボウルの底がお湯に触れないように注意する。溶かしたチョコレートが少し冷めたら、水を切ったゼラチン、卵黄をチョコレートに混ぜる。8分立てした生クリームと合わせる。

卵白を固くなるまで泡立て（ただし表面のつやがまだある状態）、チョコレートにやさしく包み込むように混ぜる。型に入れたケーキの上にできたムースを流し込む。表面を軽く平らにし、残りのケーキをのせる。ラップをして冷蔵庫で4時間以上寝かせる。

ムースを固めている間に、デコレーション用のダークチョコレートとホワイトチョコレートをピーラーで削り、分けて置いておく。

ムースが固まったら、小さなパレットナイフを使ってムースを型から外す。ケーキ型の底を大きな缶の上にのせて、ケーキ型の側面を下げて外す。ケーキを皿にのせる。

ケーキのトップとサイドをホイップしたクリームでカバーし、ダークチョコレートとホワイトチョコレートを削ったものでケーキ全体を覆うように飾る。お好きなデザインでどうぞ！ 仕上げに粉糖を少しふるう。

このパイの起源は定かではありませんが、今やカフェやビストロで大人気。
アメリカのスイーツはどれもかなりリッチな味わいなので、小さくスライスしてどうぞ。

ミシシッピ・マッドパイ

6〜8人分

＜ベース用＞
ダイジェスティブビスケット
　　………… 115g（砕いたもの）
バター ……… 55g（溶かしたもの）
ブラウンデメララシュガー …… 30g

＜フィリング用＞
ダークチョコレート …………… 200g
　　　　　　　　　　（砕いたもの）
バター ……………………………… 115g
インスタントコーヒー顆粒
　　………………………… 小さじ大盛1
沸騰したお湯 ……………… 大さじ1
シングルクリーム …………… 300ml
濃い色のマスコバド糖（黒糖）
　　………………………………… 175g
卵（L玉）…… 6個（溶いたもの）

＜仕上げ用＞
ダブルクリーム …………… 150ml
　　　　　　　　（泡立てたもの）

[日本で作る場合の注意]
※**シングルクリーム**
　乳脂肪分18%の生クリームのこと
　（20%で代用可）
※**ダブルクリーム**
　乳脂肪分48%以上の生クリームのこと
　（47%で代用可）

オーブンを180℃（コンベクションオーブン160℃/ガスオーブン マーク4）に予熱する。直径20cmの底が外れるタイプの丸いケーキ型（深め）または、バネ式の型に油脂を薄く塗る。

―

ベースを作る。砕いたダイジェスティブビスケットに、溶かしバター、砂糖を加えて混ぜる。あらかじめ準備しておいた型に入れ、金属のスプーンの背でビスケットを均等に押して固める。

―

フィリングを作る。チョコレート、バター、顆粒のインスタントコーヒー、水を大きな鍋に入れ、時々かき混ぜながらバターとチョコレートが溶けるまで弱火で加熱する。火から下ろし、生クリーム、砂糖、卵を入れて混ぜ合わせる。

―

混ぜ合わせたフィリングをビスケット生地に流し入れ、予熱したオーブンで約1時間15分、または固まるまで焼く。型に入れたまま完全に冷ましてから取り出し、上にホイップした生クリームを飾る。

これがあなたの一番お気に入りのチョコレートケーキレシピになること間違いなし！
簡単にできるフィリングはアイシングとしても使えます。しっとりとした"大人の味わい"です。

VERY BEST CHOCOLATE FUDGE CAKE
ベリーベスト・チョコレートファッジケーキ

8人分
ココアパウダー ······················ 55g
　　　　　　　　　　（ふるったもの）
沸騰したお湯 ··················· 大さじ6
卵（L玉）····························· 3個
牛乳 ································· 50ml
セルフレイジングフラワー ··· 175g
ベーキングパウダー ········· 小さじ1
バター ··· 115g（柔らかくしたもの）
グラニュー糖 ····················· 275g

＜フィリングとアイシング用＞
アプリコットジャム ·········· 大さじ3
ダークチョコレート ·············· 150g
　　　　　　　　（細かく砕いたもの）
ダブルクリーム ················ 150ml

[日本で作る場合の注意]
※**セルフレイジングフラワー**
　小麦粉150gあたりベーキングパウダー
　小さじ2、塩少々を混ぜ合わせて使用
※**ダブルクリーム**
　乳脂肪分48%以上の生クリームのこと
　（47%で代用可）

オーブンを180℃（コンベクションオーブン160℃/ガスオーブン マーク4）に予熱する。直径20cmのサンドイッチ型（深め）2つに油脂を薄く塗り、両方の底にベーキングペーパーを敷く。

――

大きなボウルにココアと沸騰したお湯を入れて混ぜる。そこに残りのケーキの材料を加え、滑らかでしっかりとした生地になるまで混ぜ合わせる。

――

あらかじめ準備しておいた型に生地を均等に分け入れ、表面を平らにする。予熱したオーブンで約25〜30分、または、ケーキの上部を指で軽く押したときに弾力があるくらいまで焼く。そのまま数分間冷まして型から取り出し、ベーキングペーパーをはがしてワイヤーラックの上で冷ます。

――

小鍋でアプリコットジャムを温め、1つのケーキは底に、もう1つのケーキには上部に少量ずつ塗る。

――

アイシングを作る。耐熱ボウルにチョコレートと生クリームを入れ、湯せんにかけ、時々かき混ぜながら溶かす。溶けたら湯せんから外し、アイシングが固まりかけたら両方のケーキの上に塗る。ケーキを2枚重ね（アプリコットジャムを底に塗ったほうが上に来るように）、パレットナイフを使ってアイシングを塗り広げる。食べるまで涼しい場所に置いておく。

ヒント
このケーキはアイシングをする前でも後でも冷凍保存が可能です（最長1ヶ月）。保存はケーキの直径より2.5cmほど大きい冷凍可能な容器で。蓋をひっくり返してケーキを置き、容器を上から被せます。密封し、ラベルを貼って冷凍すること。アイシングをしてから冷凍した場合、解凍したものは少しツヤがなくなります。解凍する際はフタの部分だけを外し、容器はそのままで、常温で4時間置きます。

ラム酒風味のしっとりとしたチョコレートケーキ。
ツヤのあるチョコレートアイシングは口の中でとろけ、チョコレート好きにはたまらないでしょう。
アフタヌーンティーの一品として、また生クリームを添えてデザートとしても。

CHOCOLATE RUM CAKE
チョコレートラムケーキ

8人分

ダークチョコレート ⋯⋯⋯⋯⋯ 200g
　　　　　（細かく砕いたもの）
無塩バター ⋯⋯⋯⋯ 115g（角切り）
卵（L卵）⋯⋯⋯⋯⋯⋯⋯⋯⋯ 3個
　　　　（卵黄と卵白を分けておく）
濃い色のマスコバド糖（黒糖）
⋯⋯⋯⋯⋯⋯⋯⋯⋯⋯⋯⋯ 115g
ダークラム酒 ⋯⋯⋯⋯⋯⋯⋯ 50ml
セルフレイジングフラワー ⋯⋯ 75g
　　　　　　　　（振るっておく）
アーモンドプードル ⋯⋯⋯⋯⋯ 55g

＜フィリングとアイシング用＞
ダークチョコレート ⋯⋯⋯⋯⋯ 225g
　　　　　（細かく砕いたもの）
無塩バター ⋯⋯⋯⋯ 115g（角切り）
アプリコットジャム ⋯⋯⋯⋯ 大さじ4

＜チョコレートガナッシュ用＞
（お好みで）
ダークチョコレート ⋯⋯⋯⋯⋯ 175g
　　　　　（細かく砕いたもの）
シングルクリーム ⋯⋯⋯⋯⋯ 大さじ4
バター ⋯⋯⋯⋯⋯⋯⋯ 55g（角切り）
卵黄（L玉）⋯⋯⋯⋯⋯⋯⋯ 2個分
ダークラム酒 ⋯⋯⋯⋯⋯⋯⋯ 大さじ1

[日本で作る場合の注意]
※セルフレイジングフラワー
　　小麦粉150gあたりベーキングパウダー
　　小さじ2、塩少々を混ぜ合わせて使用
※シングルクリーム
　　乳脂肪分18％の生クリームのこと
　　（20％で代用可）

オーブンを180℃（コンベクションオーブン160℃/ガスオーブンマーク4）に予熱する。直径20cmの丸いケーキ型（深め）に油脂を薄く塗り、底にベーキングペーパーを敷く。

———

耐熱ボウルにチョコレートとバターを入れ、湯せんに当てて時々かきまぜながらを溶かす。溶けたら少し冷ます。

———

大きなボウルに卵黄と砂糖を入れ、ホイッパーで白っぽくクリーム状になるまで混ぜる。冷ましたチョコレートとラム酒を加え、よく混ぜる。薄力粉とアーモンドプードルをやさしく包むようにして混ぜる。

———

別のボウルに卵白を入れ、ボソボソしない程度に泡立てる。上記のケーキ生地に入れて混ぜる。

———

あらかじめ準備しておいた型に入れ、表面を平らにする。予熱したオーブンで約45分、またはよく膨らんで、ケーキの上部を指で軽く押した時に弾力があるくらいまで焼く。そのまま数分間冷まして型から取り出し、ベーキングペーパーを剥がしてワイヤーラックの上で冷ます。

———

冷めたら、波刃ナイフやブレッドナイフで横半分にスライスする。

———

フィリングとアイシングを作る。耐熱ボウルにチョコレートを入れて、湯せんに当てて時々かきまぜながら溶かす。角切りにしておいたバターを加え、少しとろみが出るまでかき混ぜる。スライスしたケーキの間に、アイシングを少量はさむ。

アプリコットジャムを温め、ザルで濾す。これをハケでケーキのトップと再度に塗り、その上からアイシングを塗る。固まるまで置いておく。

チョコレートガナッシュを作る(使用する場合)。耐熱ボウルにチョコレートと生クリームを入れ、熱せんにかけて時々かきまぜながら溶かす。少し冷ましてから、バターを少しずつ加えて混ぜ合わせる。卵黄とラム酒を加えて混ぜ、時々かきまぜながら十分な固さになるまで冷ます。絞れるくらいの固さになったら、星口金をつけた絞り袋に入れ、ロゼットのデコレーションをする。

ヒント
絞り袋がない場合は、食品用のビニール袋を2枚使ってください。食品用ビニール袋を2枚重ねて丈夫にし、袋の片方の角を切り落とします。

チョコレートとオレンジは最強の組み合わせ。
軽い食感のスポンジで、誰もが喜ぶケーキです。

ORANGE CHOCOLATE CAKE
オレンジチョコレートケーキ

6〜8人分
セルフレイジングフラワー … 175g
ベーキングスプレッド ………… 175g
　　　　　　　　（冷たいまま使用）
ココアパウダー ………………… 20g
グラニュー糖 …………………… 175g
ベーキングパウダー ……… 小さじ1
卵(L玉) …………………………… 3個
オレンジの皮 ………………… 1個分

＜アイシング用＞
オレンジチョコレート ………… 250g
　　　　　　　（細かく砕いたもの）
バター … 125g（柔らかくしたもの）
粉糖 …………………………… 225g

【日本で作る場合の注意】
※セルフレイジングフラワー
　小麦粉150gあたりベーキングパウダー
　小さじ2、塩少々を混ぜ合わせて使用
※ベーキングスプレッド
　製菓用マーガリンを使用

オーブンを180℃（コンベクションオーブン160℃/ガスオーブン マーク4）に予熱する。直径20cmのサンドイッチ型2つに油脂を薄く塗り、ベーキングペーパーを敷く。

———

大きなボウルにケーキの材料をすべてを計りながら入れる。ハンドミキサーを使って軽くふわふわになるまで泡立てる。

———

用意した型に流し入れ、表面を平らにする。予熱したオーブンで25分、またはよく膨らみ、ケーキに弾力が出るまで焼く。そのまま10分ほど冷まして型から取り出し、ワイヤーラックの上にのせてベーキングペーパーをはがす。

———

アイシングを作る。耐熱ボウルにオレンジチョコレート200gだけを入れ、ボウルを熱せんで時々かきまぜながら溶かす。ボウルの底がお湯に触れないようにする。溶けたら火から外す。

———

大きなボウルにバターと粉糖を入れ、ハンドミキサーで軽くクリーム状にする。そこに溶かしたチョコレートを入れて混ぜ合わせる。

———

ケーキの間にアイシングを塗って2枚を重ね、残りのアイシングをトップに塗る。残りのオレンジチョコレートは荒く刻み、ケーキのトップに散らす。

ちょっと変わったゴールドカラーのバニラケーキ。
ホワイトチョコレートの甘いアイシングをサンドした三層のケーキなので、
ひと切れが小さくても大満足です。

WHITE CHOCOLATE AND VANILLA CAKE
ホワイトチョコレート&バニラケーキ

8〜10人分
グラニュー糖 ······················ 350g
セルフレイジングフラワー ··· 350g
ベーキングスプレッド ·········· 350g
　　　　　　　　（冷たいまま使用）
卵（L玉）······························ 6個
バニラエッセンス ·········· 小さじ3
ベーキングパウダー ········ 小さじ2

＜アイシング用＞
ホワイトチョコレート ··········· 300g
バター ··· 200g（柔らかくしたもの）
クリームチーズ
（低脂肪でないもの）····· 180g×2
粉糖 ······························· 275g
フリーズドライラズベリー
　　　　　　　　　　　······· 大さじ2

[日本で作る場合の注意]
※セルフレイジングフラワー
　小麦粉150gあたりベーキングパウダー
　小さじ2、塩少々を混ぜ合わせて使用
※ベーキングスプレッド
　製菓用マーガリンを使用

オーブンを180℃（コンベクションオーブン160℃/ガスオーブン マーク4）に予熱する。直径20cmのサンドイッチ型3つにベーキングペーパーを敷き込む。

──

大きなボウルにケーキの材料すべてを入れる。ハンドミキサーを使って全体が白っぽく軽くなるまで泡立てる。

──

用意した型に流し入れ、表面を平らにする。予熱したオーブンで約30〜35分、またはよく膨らみ、淡い焼き色がつくまで焼く。そのまま5分ほど冷まして型から取り出し、ワイヤーラックの上にのせてベーキングペーパーをはがす。

──

アイシングを作る。耐熱ボウルにチョコレートを入れ、ボウルを湯せんの鍋の上で時々かきまぜながら溶かす。ボウルの底がお湯に触れないようにする。ボウルを火からおろし、冷ましておく。

──

その間に、大きなボウルにバター、クリームチーズ、粉糖を入れて、軽くふわふわになるまで混ぜ合わせる。溶かしておいたチョコレートを加え、よく混ぜる。

──

大きな皿にケーキを1つのせ、絞り袋を使ってアイシングの3分の1ほどを表面にのせる。2段目のケーキをその上にのせ、さらに3分の1のアイシングを表面にのせる。最後のケーキをのせ、残りのアイシングをのせる。

──

フリーズドライのラズベリーを散らしてデコレーションする。

見た目が素晴らしいマーブル模様で、
食感もよいこのケーキは家族で過ごす週末にぴったり。

マーブルチョコレート・リングケーキ

8人分
バター …225g（柔らかくしたもの）
グラニュー糖 ……………………… 225g
卵（L玉）……………………………… 4個
セルフレイジングフラワー …225g
ベーキングパウダー ……… 小さじ1
ココアパウダー …………… 大さじ1.5
熱湯 ……………………… 大さじ1.5

＜アイシング用＞
ダークチョコレート …………… 150g
　　　　　　　　　　　（砕いたもの）
バター ………………………………… 115g
ベルギー産ミルクチョコレート
　………… 55g（細かく砕いたもの）

[日本で作る場合の注意]
※セルフレイジングフラワー
　小麦粉150gあたりベーキングパウダー
　小さじ2、塩少々を混ぜ合わせて使用

オーブンを180℃（コンベクションオーブン160℃/ガスオーブン マーク4）に予熱する。1.75リットルまたは直径24センチのリング型に油脂を薄く塗り、ベーキングペーパーを細く切ったものを敷いておく。

―

大きなボウルにココアと熱湯を除くケーキの材料を計りながら入れ、よく混ぜ合わせる。この生地の約半分を、スプーンですくって、用意しておいた型の底に置いていく。

―

ココアパウダーと熱湯を小さなボウルで混ぜ合わせ、残った生地に混ぜる。これを、型に入れたプレーンの生地の上や間に入れていく。

―

生地がすべて入ったらナイフで少し渦巻きを描くようにし、それから表面を丁寧に平らにする。予熱したオーブンで約40分、または、ケーキの上部を指で軽く押すと弾力があるくらいまで焼く。数分間冷まし、型から取り出してベーキングペーパーをはがしてワイヤーラックの上で冷ます。

―

アイシングを作る。耐熱ボウルにダークチョコレートと水（大さじ2）、バターを入れ、ボウルを湯せんの鍋の上に持ってきて時々かきまぜながら溶かす。アイシングをケーキにかけ、1時間程置いて固める。

―

ミルクチョコレートを小さな耐熱ボウルに入れ、湯せんの鍋の上に持ってきて時々かきまぜながら溶かす。ボウルの底がお湯に触れないようにする。スプーンを使って紙の絞り袋にチョコレートを入れ、袋の先を切り落とし、ダークチョコレートアイシングの上に細い線を描くように絞る。固まるまで置いておく。

美しい光沢を放つ鏡のようなケーキ。挑戦してみる価値ありです。
このケーキは冷蔵庫に入れても光沢はそのまま。日持ちもします。

CHOCOLATE MIRROR CAKE
チョコレートミラーケーキ

8人分
卵(L玉) ················· 4個
グラニュー糖 ················· 125g
セルフレイジングフラワー ··· 125g
　　（ふるったもの）
バター ················· 55g
　　（溶かしてから冷ましておく）

＜アイシング用＞
プラチナグレード板ゼラチン
　　················· 7シート
グラニュー糖 ················· 225g
ココアパウダー ················· 75g
ダブルクリーム ················· 75ml
水 ················· 125ml
ダークチョコレート ················· 55g
　　（細かく砕いたもの）

[日本で作る場合の注意]
※セルフレイジングフラワー
　小麦粉150gあたりベーキングパウダー
　小さじ2、塩少々を混ぜ合わせて使用
※ダブルクリーム
　乳脂肪分48%以上の生クリームのこと
　（47%で代用可）

ヒント
板ゼラチンには2種類あります。
このレシピでは1枚11gのものを
使用しています。

オーブンを180℃（コンベクションオーブン160℃/ガスオーブンマーク4）に予熱する。直径23cmのバネ式の丸型に油脂を薄く塗り、底にベーキングを敷く。

大きなボウルに卵と砂糖を入れる。ハンドミキサーを使い、リボン状になるまで泡立てる。そこに薄力粉をやさしく包み込むようにしてよく混ぜる。ボウルの縁からバターを流し入れ、丁寧に混ぜる。

あらかじめ準備しておいた型に流し入れ、表面を平らにする。予熱したオーブンで約30分、または淡い焼き色がついて、ケーキが型から少し縮むくらいまで焼く。そのまま数分間冷まし、型から取り出してベーキングペーパーをはがしワイヤーラックの上で冷ます。

アイシングを作る。板ゼラチンを冷水の入ったボウルに入れ、柔らかくなるまで5分ほど置く。ダークチョコレート以外の残りの材料を計量して鍋に入れる。弱火にかけて溶けたら沸騰させ、なめらかになるまでかき混ぜながら加熱する。火から下ろしてチョコレートを加え、溶かしながらよく混ぜ合わせる。5分ほど冷ます。

板ゼラチンを冷水から取り出し、余分な水を切る。先ほど混ぜ合わせた温かいチョコレートの中にゼラチンを入れ、溶けるまでかき混ぜる。ザルで濾してボウルに入れ、室温で約15分ほど、少しとろみがつくまで置く。キッチンの暑さによっては冷蔵庫で冷やす必要がある。

ワイヤーラックの上で冷ましたスポンジの下に天板を置き、表面と側面が完全に覆われるまで全体にアイシングを注ぐ。30分置いてアイシングが固まったら、お皿に移す。

CHAPTER FOUR

CUPCAKES
AND OTHER
SMALL BAKES

カップケーキ & 小さなケーキ

カップケーキはティータイムのお供に最適。
バースデーケーキやウェディングケーキの代わりに、ケーキスタンドにアレンジしても素敵になります。
カップケーキとフェアリーケーキは似ているように見えますがケースの形が違います。
カップケーキのケースは深く、側面の角度も緩やかなのです。

CUPCAKES
カップケーキ

12個分
バター … 100g（柔らかくしたもの）
セルフレイジングフラワー … 150g
グラニュー糖 … 150g
牛乳 … 大さじ3
卵（L玉） … 2個
バニラエッセンス … 小さじ1/2

＜アイシング用＞
（1つ選ぶか、材料を半分にして
両方のアイシングを作る）

　＜バターアイシング用＞
　バター … 100g
　　　　（柔らかくしたもの）
　粉糖 … 225g（ふるったもの）
　バニラエッセンス … 小さじ1/2

　＜シュガーアイシング用＞
　レモン汁 … 1個分（温める）
　粉糖 … 225g（ふるったもの）

＜デコレーション用＞
カール状に削ったまたは削った
チョコレートまたはホワイトチョコ
レート、シルバーハート、あられ
砂糖、マシュマロやシルバーボー
ルなど

[日本で作る場合の注意]
※セルフレイジングフラワー
　小麦粉150gあたりベーキングパウダー
　小さじ2、塩少々を混ぜ合わせて使用

オーブンを180℃（コンベクションオーブン160℃/ガスオーブン　マーク4）に予熱しておく。12個取りのマフィン型にマフィンケースを入れる。
—
大きなボウルにカップケーキの材料をすべて計りながら入れて、滑らかになるまでよく混ぜ合わせる。
—
混ぜ合わせたものをマフィンンケースに入れ、予熱したオーブンで20～25分、よく膨らみ、黄金色になるまで焼く。マフィンケースを型から取り出し、ワイヤーラックの上で完全に冷ましてからアイシングをする。
—
バターアイシングを作る。すべての材料を混ぜ合わせ、クリーム状にして、冷ましたカップケーキの上にのせて表面をならす。シュガーアイシングを作る。粉糖に温めたレモン汁を少しずつ加え、光沢のあるアイシングにする。
—
カール状に削ったまたは削ったチョコレート、シルバーハート、あられ砂糖、マシュマロやシルバーボールでデコレーションする。

フルーティーセレブレーションカップケーキの作り方は、リッチフルーツケーキの材料と作り方に従って（133ページ）、オーブン160℃（コンベクションオーブン140℃/ガスオーブン3）で約1時間焼きます。フォンダンアイシング（400ページ）でアイシングします。

ヒント
カップケーキを倍量作る場合や、小さい型を使う場合は、生地を一度に作ってケースに入れ準備をしておくことができます。最近は膨張剤の反応がゆっくりなので大丈夫です。

バターアイシングにココアパウダー大さじ2、またはコーヒー液小さじ1を加えると、チョコレートアイシングやコーヒーアイシングになります。シュガーアイシングを作るときは、レモン汁を温めてから粉糖と混ぜると、より固まりやすくなります。

パタフライケーキは短時間で簡単に作れるケーキ。
とても可愛らしいのでお子さんが主役のパーティーで大活躍するでしょう。

バタフライケーキ

12個分

バター…115g（柔らかくしたもの）
グラニュー糖 ……………………… 115g
卵（L玉）……………………………… 2個
セルフレイジングフラワー…115g
ベーキングパウダー…… 小さじ1/2

＜アイシング用＞
バター…175g（柔らかくしたもの）
粉糖 ………… 350g（ふるったもの）
（飾り用別）

[日本で作る場合の注意]
※セルフレイジングフラワー
小麦粉150gあたりベーキングパウダー
小さじ2、塩少々を混ぜ合わせて使用

オーブンを200℃（コンベクションオーブン180℃/ガスオーブン マーク6）に予熱しておく。フェアリーケーキ用のケースを12個取りのバン型（bun tin）に入れる。

——

大きなボウルにケーキの材料をすべて計りながら入れて、滑らかになるまで2〜3分よく混ぜ合わせる。

——

生地をケースに入れ、予熱したオーブンで15〜20分、よく膨らんでキツネ色になるまで焼く。ケースを型から取り出し、ワイヤーラックの上で冷ます。

——

アイシングを作る。バターと粉糖をよく混ぜ合わせる。ケーキの上部をスライスし、それを半分に切る。ケーキの中央にバタークリームを渦巻き状に絞り、その上に半分に切ったケーキを蝶の羽のようにのせる。仕上げに粉糖を振る。

チョコレートバタフライケーキを作るには、ケーキは上記レシピの通りで、アイシングをチョコレート味にします。ココアパウダー大さじ2と沸騰したお湯大さじ3を混ぜ、これを少し冷ましてから、柔らかくしたバター 175gとふるった粉糖350gを加えてよく混ぜ合わせます。全体をチョコレート味にするには、ケーキの材料のセルフレイジングフラワーのうち30gをココアパウダー 30gに置き換えます。

オレンジまたはレモンのバタフライケーキを作るには、ケーキ生地に、オレンジまたはレモン1個分のおろした皮を加えます。また、アイシングにオレンジまたはレモン汁少々を入れて作ります。

イングリッシュマドレーヌを作るには"ダリオール型"という円筒形の型が必要になります。
これは製菓器具店などで入手できます。

ENGLISH MADELEINES
イングリッシュマドレーヌ

マドレーヌ10個分
バター … 115g（柔らかくしたもの）
グラニュー糖 ……………………… 115g
卵（L玉）……………………………… 2個
セルフレイジングフラワー … 115g
ベーキングパウダー ……… 小さじ1/2
バニラエッセンス ………… 2〜3滴

＜仕上げ用＞
ラズベリージャムまたは
ストロベリージャム ………… 大さじ4
ココナッツファイン ……………… 55g
赤または天然色素の
ドレンチェリー …………………… 5つ
　　　　　　（半分にカットしたもの）

[日本で作る場合の注意]
※セルフレイジングフラワー
　小麦粉150gあたりベーキングパウダー
　小さじ2、塩少々を混ぜ合わせて使用

オーブンを180℃（コンベクションオーブン160℃/ガスオーブン マーク4）に予熱する。ダリオール型10個に油脂を薄く塗り、それぞれの底にベーキングペーパーを敷く。型を天板の上に置く。

—

大きなボウルにケーキの材料をすべて計しながら入れて、滑らかになるまでよく混ぜ合わせる。

—

生地をダリオール型の半分くらいまで入れる。予熱したオーブンで、よく膨らみ、触るとしっかりした感触になるまで約20分焼く。そのまま5分ほど冷ましてから型から取り出し、ベーキングペーパーをはがしてワイヤーラックの上で冷ます。

—

ケーキが冷めたら、底を平に切りそろえ、まっすぐ立つようにする。ラズベリージャムまたはストロベリージャムをザルでこして、小鍋で温める。大きな皿にココナッツを広げておく。フォークでケーキの底を差して、温めたジャムを塗った後、ココナッツをつけてコーティングする。マドレーヌの上に半分に切ったチェリーを飾る。

貝殻の形のマドレーヌ型を使って焼いたケーキ。
型からきれいに外れるように、型にしっかりと油脂を塗り、粉をはたいておくのがポイント。
焼いた日に食べるのがベストです。フランスでは紅茶に浸して食べるのが伝統的な食べ方です。

FRENCH MADELEINES
フレンチマドレーヌ

約30個分
セルフレイジングフラワー … 150g
　　　　（型にまぶす用に多めに）
バター ……………………… 150g
卵（L玉）…………………… 3個
グラニュー糖 ……………… 150g
ベーキングパウダー ….. 小さじ1/2
レモンの皮 ……………… 1個分
仕上げ用の粉糖 ……… お好みで

[日本で作る場合の注意]
※**セルフレイジングフラワー**
　小麦粉150gあたりベーキングパウダー
　小さじ2、塩少々を混ぜ合わせて使用

オーブンを220℃（コンベクションオーブン200℃/ガスオーブン マーク7）に予熱する。マドレーヌ型にしっかりと油脂を塗ってから粉をまぶし、余分な粉をはたいておく。

—

小鍋でバターを溶かし、少し冷ましておく。

—

大きなボウルに卵と砂糖を計りながら入れ、白っぽくもったりとなるまで泡立てる。

—

薄力粉の1/2量とベーキングパウダーをふるい入れ、レモンの皮も入れて、やさしく包み込むように混ぜる。溶かしたバターの半分をボウルの端から流し入れ、包み込むようにして混ぜる。残りの薄力粉とバターも同じ工程で混ぜ合わせる。

—

スプーンを使ってあらかじめ準備しておいた型に生地を入れる（縁のやや下あたりまで）。予熱したオーブンで8〜10分焼き、よく膨らんで焼き色がつき、触ると弾力が出るまで焼く。小さなパレットナイフを使って型から外し、ワイヤーラックの上で冷ます（貝殻の筋が上向きになるように）。

—

生地がなくなるまで型に再び油脂を塗って粉をまぶし、生地を流し入れて焼く。

—

好みで粉糖を振りかける。

アメリカンマフィンは大きくてとてもインパクトがあります。
焼いた当日に食べるのがベストです。

チョコチップ・アメリカンマフィン

12個分
セルフレイジングフラワー … 250g
ベーキングパウダー ……… 小さじ1
バター ….. 55g（柔らかくしたもの）
グラニュー糖 ………………… 75g
ダークチョコレートチップ ….. 175g
卵（L玉）………………… 2個
バニラエッセンス ………… 小さじ1
牛乳 ……………………… 250ml

[日本で作る場合の注意]
※**セルフレイジングフラワー**
　小麦粉150gあたりベーキングパウダー
　小さじ2、塩少々を混ぜ合わせて使用

オーブンを200℃（コンベクションオーブン180℃/ガスオーブン マーク6）に
予熱する。マフィン用ケースを12個取りのマフィン型に入れる。

———

大きなボウルに薄力粉とベーキングパウダーを計りながら入れる。バターを
加え、指先を使ってパン粉のような状態になるまですり合わせる。砂糖とチョ
コレートチップを加え、かき混ぜる。

———

卵、バニラエッセンス、牛乳を混ぜ合わせたら粉類の中に一度に流し込む。
木べらで手早く混ぜてなじませる。生地にはダマがあるような状態。

———

生地をケースに入れる（ケースのほぼ上まで）。予熱したオーブンで20〜25
分、よく膨らみ、触るとしっかりとした感触になるまで焼く。トレイのまま数分
間冷ましてから取り出してワイヤーラックの上で冷ます。

小さくて特別なケーキ。お子様のパーティに最適です。

アイシングで飾ったフェアリーケーキ

24個分
バター… 115g（柔らかくしたもの）
グラニュー糖 ………………… 115g
卵（L玉）………………………… 2個
セルフレイジングフラワー … 115g
ベーキングパウダー …… 小さじ1/2

＜アイシング用＞
粉糖 ……… 225g（ふるったもの）
ぬるま湯 ……………… 大さじ2〜3
スイーツ（飾り用）…………… 適量

[日本で作る場合の注意]
※セルフレイジングフラワー
　小麦粉150gあたりベーキングパウダー
　小さじ2、塩少々を混ぜ合わせて使用

オーブンを200℃（コンベクションオーブン180℃/ガスオーブン マーク6）に予熱する。フェアリーケーキ用ケースを12個取りのバン型（bun tin＝カップケーキ型より浅井もの）に入れる。

———

大きなボウルにケーキの材料をすべて入れて、滑らかになるまで2〜3分よく混ぜ合わせる。

———

生地をケースに入れ、予熱したオーブンで15〜20分、よく膨らみ、黄金色になるまで焼く。ケースを型から出し、ワイヤーラックで冷ます。

———

ボウルに粉糖を入れ、ぬるま湯を少しずつ加えながら、かなり固めのアイシングになるまで混ぜる。スプーンを使ってケーキの上にのせ、飾り用のお菓子でデコレーションする。

オレンジフェアリーケーキを作る場合は、上記のように生地を作り、他の材料と一緒にオレンジゼスト1個分を加えます。アイシングは、粉糖とオレンジ1個分の果汁を少しずつ混ぜ合わせ、かなり固めのアイシングを作ります。

サクサクの丸いペイストリーにスパイスが効いたカランツフィリングが入った
イングランド北部のお菓子。市販のパイ生地を使えばとても簡単に作れます。

エクルズケーキ

約8個分

<折りパイ生地用>
薄力粉 ······························ 225g
バター ······························ 175g
レモン汁 ·························· 一絞り
冷たい水 ·························· 大さじ8

<フィリング用>
バター ······ 55g（柔らかくしたもの）
ブラウンシュガー ··················· 55g
ミックススパイス ·········· 小さじ1/2
ピールの砂糖漬け ·················· 55g
　　　　　　　　　　　（刻んだもの）
カランツ ··························· 115g

<仕上げ用>
卵白（L玉）······· 1個（溶いたもの）
グラニュー糖 ······················ 少々

最初にパイ生地を作る。薄力粉を計量してボウルに入れる。バターを4等分し、そのうちの1つを指先を使って細かいパン粉のようになるまで薄力粉とすり合わせる。レモン汁と水を加え、ドレッチなどを使って混ぜ合わせ、柔らかい生地にする。

―

軽く打ち粉をした作業台で、生地が滑らかになるまでやさしくこねる。めん棒で幅の3倍の長さの長方形に伸ばす。生地の上3分の2に、4等分したバターの2個目を小さくしてちらすようにのせる。ペイストリーの下3分の1を中央の3分の1の上に折り重ね、上3分の1をその上に折り重ねて三つ折りにする。手のひらを使って端をしっかりと塞ぎ、バターが出てこないようにする。ラップで包み、冷蔵庫で15分ほど休ませる。

―

再びめん棒を使って生地を伸ばし、三つ折りにする。残りのバターを使い切るまで繰り返す（3回）。再びラップで包み、冷蔵庫で30分以上寝かせてから使用する。

―

オーブンを220℃（コンベクションオーブン200℃/ガスオーブン マーク7）に予熱する。

―

フィリングを作る。ボウルにバター、砂糖、スパイス、刻んだピール、カランツを入れて混ぜる。ペストリーを薄く伸ばし、直径約15cmの円形にカットする（お皿などを使う）。既製品のパイ生地を使う場合は、薄く伸ばさないと焼いたときに膨らみすぎて厚くなりすぎる。

ペイストリーの中央に大さじ1杯強のフィリングを置き、ペストリーの端を水で湿らせ、フィリングを包むようにペイストリーを引き合わせて閉じる。裏返してのし棒で軽く平らにし、カランツが透けて見えるくらいにする。手で丸く形を整え、ケーキの上部に小さな切り込み3つ入れ、溶いた卵白を塗り、グラニュー糖をふりかける。

天板の上にケーキを移し、予熱したオーブンで10〜15分、焼き色がつくまで焼く。トレイの上で数分間冷ました後、ワイヤーラックに移して完全に冷ます。

ヒント
ペイストリーを軽くするには、薄力粉を高いところからふるうことによってできるだけ空気を取り込みます。そしてバターはナイフで小さく切り、すり混ぜる作業は手をボウルから高く持ち上げながら行います。

伝統的なのは中央に赤いジャムを入れたもの。バター風味のとても美味しいケーキです。

アプリコットスイスケーキ

18個分
バター … 225g（柔らかくしたもの）
粉糖 ………… 75g（ふるったもの）
（＋飾り用）
セルフレイジングフラワー … 200g
コーンフラワー ………………… 55g

＜仕上げ用＞
アプリコットジャム …………… 少量

[日本で作る場合の注意]
※セルフレイジングフラワー
小麦粉150gあたりベーキングパウダー
小さじ2、塩少々を混ぜ合わせて使用

オーブンを180℃（コンベクションオーブン160℃/ガスオーブン マーク4）に予熱しておく。18個のフェアリーケーキ用ケースを12個取りのバン型(bun tin) 2つに入れる。

――

大きなボウルにバターを入れる。粉糖を加え、クリーム状になるまでよく混ぜ合わせる。薄力粉を入れてかき混ぜ、なめらかになるまで混ぜる。生地を大きな星口金をつけた絞り袋に入れる。

――

ケースの底に丸を描くように絞り出し、予熱したオーブンで15〜20分、または薄いキツネ色になるまで焼く。型からケースを取り出し、ワイヤーラックの上で冷ます。

――

ケーキの中央にアプリコットジャムを少量のせ、上から粉糖を振るう。

アメリカンマフィンは大人気（イングリッシュマフィンとは別物です）。
伝統的に朝食で食べるもの。温めて食べるのがおすすめです。

ブルーベリーマフィン

12個分
セルフレイジングフラワー … 250g
ベーキングパウダー …… 小さじ1
バター …… 55g（柔らかくしたもの）
グラニュー糖 …………………… 75g
ブルーベリー ………………… 175g
レモンゼスト ………………… 1個分
卵（L玉）………………………… 2個
牛乳 ……………………………… 250ml

[日本で作る場合の注意]
※セルフレイジングフラワー
　小麦粉150gあたりベーキングパウダー
　小さじ2、塩少々を混ぜ合わせて使用

オーブンを200℃（コンベクションオーブン180℃/ガスオーブン マーク6）に予熱しておく。マフィン用ケースを12個取りのマフィン型に入れる。

———

大きなボウルに薄力粉とベーキングパウダーを入れる。バターを加え、指先でパン粉のような状態になるまで薄力粉とすり混ぜる。砂糖、ブルーベリー、レモンゼストを入れてかき混ぜる。

———

卵と牛乳を混ぜ合わせ粉類が入ったボウルに一度に流し込む。手早く混ぜてなじませる。生地にダマがあるような状態。

———

生地をスプーンですくってケースに入れる（ケースのほぼ上まで）。予熱したオーブンで20〜25分、よく膨らみ、焼き色がついて触ると弾力があるようになるまで焼く。そのまま数分間冷ましてから取り出し、ワイヤーラックの上で数分間冷ます。温かいうちに食べる。

CHAPTER FIVE

CELEBRATION CAKES

セレブレーションケーキ

リッチな味わいの伝統的なフルーツケーキ。
長期間保存が可能で、最長3ヶ月前から作っておくことができます。
ケーキを焼いたあとに何度かブランデーをかけて染み込ませ、熟成させる時間が必要です。
ケーキの大きさに応じた材料の分量を次項にまとめてあるので参考にしてください。

CLASSIC RICH CHRISTMAS CAKE
クラシック・リッチ・クリスマスケーキ

12人分
赤または天然色素の
ドレンチェリー …… 115g(4つ切り)
ドライアプリコット …………… 115g
　　（ハサミで小さくカットしたもの）
カランツ ………………………… 275g
サルタナレーズン ……………… 175g
レーズン ………………………… 175g
ピールの砂糖漬け ……………… 55g
　　　　　　　（細かく刻んだもの）
ブランデー ………………… 大さじ3
薄力粉 …………………………… 225g
おろしたナツメグ ……… 小さじ1/4
ミックススパイス ……… 小さじ1/2
バター …225g(柔らかくしたもの)
濃い色のマスコバド糖(黒糖)
　………………………………… 225g
卵(L玉) ………………………… 4個
アーモンド ……… 55g(刻んだもの)
モラセス ………………… 大さじ1弱
レモンゼスト …………………… 1個分
　　　　　　（細かくおろしたもの）
オレンジゼスト ………………… 1個分
　　　　　　（細かくおろしたもの）

＜仕上げ用＞
ケーキにしみこませるブランデー
　……………………………………… 適量
アーモンドペーストまたはマジパン
　………………………………… 675g
　　（アーモンドペーストのレシピは
　　　　　　　　398ページを参照）
フォンダンまたは
アイシングペースト ………… 675g
　　　　　　　（400ページ参照）

焼く前日の夜から準備を始める。カットしたドレンチェリーをザルに入れ、流水で洗う。水気をよく切り、キッチンペーパーで水気を完全に拭き取る。大きなボウルにすべてのフルーツと刻んだピールを計りながら入れる。ブランデーをかけまわして混ぜ、カバーをして涼しい場所で一晩おく。

───

オーブンを140℃(コンベクションオーブン120℃/ガスオーブン マーク1)に予熱する。直径20cmの丸いケーキ型(深め)の底と側面に、ベーキングペーパーを二重に敷く。

───

大きなボウルに薄力粉、スパイス、バター、砂糖、卵、アーモンド、モラセス、レモンとオレンジの皮を計りながらたら入れる。よく混ぜ合わせ、前日の夜からブランデーに浸しておいたフルーツを混ぜ入れる。

───

あらかじめ準備しておいた型に生地を流し入れ、均一に広げる。ケーキの上をベーキングペーパーでゆるく二重に覆う。予熱したオーブンで約4時間半〜4時間45分、または触るとしっかりとした感触になり、中心に刺した串に何も付いてこなくなるまで焼く。型に入れたまま冷ます。

───

冷めたら、串を使ってケーキに何ヶ所か穴をあけ、その穴からブランデーを少量注ぎ入れてしみこませる。ケーキをベーキングペーパーで二重に包み、さらにアルミホイルで包む。間隔を置いてブランデーを何度か染み込ませながら、涼しい場所で保存する。保存するときはケーキの水分を保つためベーキングペーパーは剥がさない。アイシングで覆う1週間ほど前に、アーモンドペーストやマジパンでケーキを覆っておく。

───

[次頁へ続く]

<デコレーション用>
アーモンドペースト
（ケーキの上を覆った分の残り）
緑色の食用色素が入った粉糖
（ふるったもの）
リボン、ヒイラギなど、お好みの
　　飾り付け

フォンダンまたはアイシングペースト（ペースト状で販売されているもの）で覆う。アーモンドペースト（先にアーモンドペーストでケーキを覆ったときの残り）を濃い緑色に着色する。粉糖を軽くまぶした板の上に着色したアーモンドペーストを広げ、2.5cm幅の短冊に切る。これをひし形にカットし、口金の根元を使ってひし形の側面を半円でカットし、ヒイラギの葉の形にする。尖ったナイフで葉脈を描き、木製のスプーンの柄の上で葉を折り曲げ、乾燥させる。ケーキの上にアーモンドペーストで作ったヒイラギの葉を飾り、粉糖を軽くまぶし、ケーキの側面にリボンを結んで仕上げる。

	15cm 丸型 12.5cm 角形	18cm 丸型 15cm 角形	20cm 丸型 18cm 角形	25cm 丸型 23cm 角形	28cm 丸型 25cm 角形	15cm 丸型 12.5cm 角形	30cm 丸型 28cm 角形	33cm 丸型 30cm 角形
ドレンチェリー	55g	75g	115g	150g	175g	225g	275g	350g
ドライアプリコット	55g	75g	115g	150g	175g	225g	275g	350g
カランツ	150g	200g	275g	400g	450g	550g	750g	800g
サルタナ	75g	115g	175g	225g	275g	350g	450g	550g
レーズン	75g	115g	175g	225g	275g	350g	450g	550g
ピール	30g	40g	55g	65g	75g	115g	150g	175g
ブランデー	大さじ1½	大さじ2	大さじ3	大さじ4	大さじ5	大さじ6	大さじ7	大さじ8
薄力粉	115g	175g	225g	275g	400g	450g	500g	550g
ナツメグ	小さじ⅛	小さじ¼弱	小さじ¼	小さじ½弱	小さじ½	小さじ½	小さじ¾	小さじ1
ミックススパイス	小さじ¼	小さじ½弱	小さじ½	小さじ¾	小さじ¾	小さじ1	小さじ1¼	小さじ1½
バター（室温）	115g	175g	225g	275g	400g	450g	500g	550g
黒糖	115g	175g	225g	275g	400g	450g	500g	550g
卵（L玉）	2個	3個	4個	5個	7個	8個	9個	10個
アーモンド（刻み）	30g	40g (1½oz)	55g (2oz)	65g	75g	115g	150g	175g
モラセス	大さじ½	大さじ½少々	大さじ1弱	大さじ1	大さじ1½	大さじ2	大さじ3	大さじ4
レモンの皮	½個分	½個分	1個分	1½個分	2個分	2個分	3個分	3個分
オレンジの皮	½個分	½個分	1個分	1½個分	2個分	2個分	3個分	3個分
焼成時間	3½時間	4時間	4½時間	4¾時間	5時間	5½時間	6時間	6½時間

伝統的なクリスマスケーキとは異なり、軽いけれど満足感の高いケーキです。
パイナップルを入れることでしっとりとした美味しいケーキになります。

VICTORIAN CHRISTMAS CAKE
ヴィクトリアン・クリスマスケーキ

14人分
赤または天然色素の
ドレンチェリー …… 350g（4つ切り）
果汁漬けパイナップル缶
　………………… 1缶（227g）
　（水分を切って刻む）
ドライアプリコット …………… 350g
　（ハサミで小さくカットしたもの）
アーモンド ……………………… 115g
　（粗く刻んだもの）
レモンゼスト ………………… 2個分
サルタナレーズン …………… 350g
セルフレイジングフラワー … 250g
グラニュー糖 ………………… 250g
バター … 250g（柔らかくしたもの）
アーモンド ……………………… 75g
卵（L玉） ……………………… 5個

＜デコレーション用＞
ホールアーモンド ……………… 適量
赤または天然色素の
ドレンチェリー ………………… 適量
glacé pineapple
（健康食品店などで購入可）… 適量
粉糖 ………… 115g（ふるったもの）

[日本で作る場合の注意]
※セルフレイジングフラワー
　小麦粉150gあたりベーキングパウダー
　小さじ2、塩少々を混ぜ合わせて使用

オーブンを160℃（ガスオーブンの場合140℃/ガスオーブン マーク3）で予熱しておく。23cmの丸いケーキ型（深め）に油脂を薄く塗り、底と側面にベーキングペーパーを2重に敷く。

———

カットしたチェリーをザルに入れて流水で洗って水気をよく切る。チェリーとパイナップルの水気をキッチンペーパーで完全に拭き取る。アプリコット、刻んだアーモンド、レモンゼスト、サルタナレーズンと一緒にボウルに入れ、やさしく混ぜ合わせる。

———

大きなボウルに残りのケーキの材料を入れ、滑らかになるまで約1分、よく混ぜ合わせる。フルーツとナッツを軽く包み込むように混ぜ入れる。

———

あらかじめ準備しておいたケーキ型に生地を入れ、トップを平らにする。ホールアーモンド、半分に切ったドレンチェリー、カットしたパイナップルの砂糖漬けを上に飾る。予熱したオーブンで約2時間15分、またはキツネ色になってケーキの中央に串を刺して何も付いてこなくなるまで焼く。1時間後、ケーキの表面が黒くなりすぎないように、ホイルでゆるく覆う。焼けたら約30分ほど型に入れたまま冷ましてから型から取り出し、ベーキングペーパーをはがしてワイヤーラックの上で冷ます。

———

粉糖と少量の水を混ぜて、ケーキの上からかけて飾る。

一人暮らしの方や食の細い方へのプレゼントに、
小さなサイズのフルーツケーキが喜ばれるでしょう。

小さなフルーツケーキ

ケーキ3つ分
赤または天然色素の
ドレンチェリー ……… 40g（4つ切り）
レーズン ………………………… 55g
サルタナレーズン ……………… 55g
カランツ ………………………… 55g
ドライアプリコット …………… 30g
　（ハサミで小さくカットしたもの）
ピールの砂糖漬け ……………… 15g
　（刻んだもの）
ブランデー、ラム酒、シェリー酒
いずれか ………………… 小さじ2
　（+ケーキにしみこませる分）
アーモンド ……… 15g（刻んだもの）
アーモンドプードル …………… 15g
レモンゼスト ………………… 1/4個分
　（細かくおろしたもの）
薄力粉 …………………………… 75g
ミックススパイス ……… 小さじ1/2
濃い色のマスコバド糖（黒糖）
………………………………… 55g
バター ……… 55g（柔らかくしたもの）
モラセス ………………… 小さじ2
卵（L） …………………………… 1個
スライスアーモンド ……… 大さじ1

＜アイシング用＞
アプリコットジャム ………… 大さじ3
アーモンドペーストまたはマジパン
……………………………… 225g
　（アーモンドペーストのレシピは
　　398ページ参照）
フォンダンまたは
アイシングペースト ………… 225g
　（400ページ参照）

カットしたチェリーをざるに入れ、流水で洗う。水気をよく切り、キッチンペーパーで水気を完全に拭き取る。すべてのドライフルーツと刻んだピールを大きなボウルに入れる。洋酒（ブランデー、ラム酒、またはシェリー酒）を加えて混ぜ、ボウルにしっかり覆いをして一晩おく。

オーブンを160℃（ガスオーブンの場合140℃/ガスオーブン マーク3）で予熱しておく。7×6cmのケーキリング3個に油脂を薄く塗り、ベーキングペーパーをセットする。ベーキングペーパーを敷いた天板の上に置く。

大きなボウルに刻んだアーモンド、アーモンドプードル、レモンの皮、薄力粉、ミックススパイス、砂糖、バター、モラセスを計りながら入れ、卵と一緒に入れて混ぜる。滑らかになるまで約2分、しっかり混ぜ合わせる。そこに前日から洋酒に浸しておいたドライフルーツを加え、しっかりと混ぜ合わせる。あらかじめ準備しておいたリング型に分け入れる。表面を平らにし、スライスアーモンドをふりかける。

予熱したオーブンで約1～1時間15分、または中心に細い串を刺して何も付いてこなくなるまで焼く。型に入れたままケーキを冷ます。ケーキの上部を何ヶ所か串で刺し、洋酒（ブランデー、ラム酒、またはシェリー酒）を少量注ぐ。

ケーキからリングを外す。ただし、ベーキングペーパーは剥がさないようにする（ケーキの水分を保つのに役立つため）。さらにベーキングペーパーとアルミホイルで包み、涼しい場所で1週間保存する。

アプリコットジャムをざるでこして、少し温めてから、ハケを使ってケーキの表面に塗る。アーモンドペーストまたはマジパンで覆い、その後、アイシングでカバーする。デコレーションはお好みで。

このケーキは軽くてしっとり。何日も前に作る必要がなく、
何度もブランデーを染み込ませる手間もかからないので人気のレシピです。

FAST MINCEMEAT CHRISTMAS CAKE
素早くできるミンスミートのクリスマスケーキ

12人分
バター … 150g (柔らかくしたもの)
ブラウンシュガー ………… 150g
卵 (L玉) ………………… 2個
セルフレイジングフラワー … 225g
ミンスミート ……………… 400g
カランツ ………………… 175g
アーモンド …… 55g (刻んだもの)

＜デコレーション用＞
アーモンドペーストまたはマジパン
………………………… 675g
(アーモンドペーストのレシピは
398ページを参照)
ロイヤルアイシング ………… 1単位
(399ページ参照)

[日本で作る場合の注意]
※セルフレイジングフラワー
小麦粉150gあたりベーキングパウダー
小さじ2、塩少々を混ぜ合わせて使用

オーブンを160℃ (ガスオーブンの場合140℃/ガスオーブン マーク3) で予熱しておく。直径20cmの丸いケーキ型 (深め) に油脂を薄く塗り、底と側面にベーキングペーパーを敷く。

—

大きなボウルにケーキの材料をすべて計りながら入れ、完全に混ざるまで1分ほどよく混ぜ合わせる。

—

あらかじめ準備しておいた型に入れ、表面を平らにする。予熱したオーブンで約1時間45分、または中心に刺した串に何も付いてこない状態まで焼く。1時間後、もし焼き色が付きすぎ始めたらアルミホイルをかぶせる。そのまま約10分冷まして型から出し、ベーキングペーパーをはがしてワイヤーラックの上で冷ます。

—

アーモンドペーストでケーキを覆う。1週間ほど経ってからロイヤルアイシングを作り、まずケーキの側面に厚めにアイシングを塗り、パレットナイフでならす。さらにスプーンを使ってロイヤルアイシングをケーキの上に塗る。真ん中の部分は一筋分滑らかにし (これがリボンの位置)、残りの部分はスプーンの背を使って尖らせる。数時間おいてアイシングが固まったら、リボンでケーキを飾る。

"昔、おばあちゃんがよく作ってくれた、フルーツを煮て作る、コンデンスミルク入りの
ケーキの作り方を教えてほしい"とよく言われます。
このレシピではもう少し脂肪分を加えることで、さらに美味しくなっています。

QUICK BOILED FRUIT CAKE
素早くできるボイルドフルーツケーキ

10～12人分
コンデンスミルク……… 1缶（397g）
バター ……………………………… 150g
レーズン ………………………… 225g
サルタナレーズン …………… 225g
カランツ ………………………… 175g
赤または天然色素の
ドレンチェリー ……………… 175g
　　　　　　（粗く刻んだもの）
セルフレイジングフラワー … 225g
ミックススパイス ………… 小さじ2
シナモン ……………………… 小さじ1
卵（L玉）……………………… 2個

[日本で作る場合の注意]
※セルフレイジングフラワー
　小麦粉150gあたりベーキングパウダー
　小さじ2、塩少々を混ぜ合わせて使用

オーブンを150℃（ガスオーブンの場合130℃/ガスオーブン マーク2）で予熱
しておく。直径18cmの丸いケーキ型（深め）に油脂を薄く塗り、底と側面に
ベーキングペーパーを敷く。

———

厚手の鍋にコンデンスミルクを入れ、バター、ドライフルーツ、ドレンチェリー
を加える。弱火にかけてバターとコンデンスミルクを溶かす。よくかき混ぜ
てから、5分ほど静かに煮る。火から下ろし、時々かき混ぜながら約10分
冷ます。

———

大きめのボウルに薄力粉とスパイス類を計りながら入れ、中央にくぼみを
作る。そこに卵と冷ましたフルーツを混ぜ合わせたもの加え、よく混ざるま
で手早く混ぜ合わせる。

———

あらかじめ準備しておいた型に入れ、表面を平らにする。予熱したオーブン
で約1時間45分～2時間、またはケーキが良く膨らみ、黄金色になり、上
面がしっかりとした感触になるまで焼く（中心部に串を刺して何も付いてこな
いくらいまで）。そのまま10分ほど冷まして型から出し、ベーキングペーパー
を剥がしてワイヤーラックの上で冷ます。

現在ではすっかりイースターの定番ケーキとなった"シムネルケーキ"ですが、
もともとは使用人の少女たちがマザリング・サンデー（注*）に実家に帰るときに母親に贈ったものです。
トップに飾られたアーモンドペーストで作ったボールはユダを除く11人の使徒を表しています。

EASTER SIMNEL CAKE
イースター（復活祭）のシムネルケーキ

12人分
赤または天然色素の
ドレンチェリー …… 115g（4つ切り）
ベーキングスプレッド ……… 225g
　　　　　　　（冷たいまま使用）
ブラウンシュガー ……………… 225g
卵（L玉）…………………………… 4個
セルフレイジングフラワー … 225g
サルタナレーズン …………… 225g
カランツ ………………………… 115g
ドライアプリコット …………… 115g
　　（ハサミで小さくカットしたもの）
ピールの砂糖漬け …………… 55g
　　　　　　　　　　（刻んだもの）
レモンの皮 ………………… 2個分
ミックススパイス ………… 小さじ2

＜フィリングとトッピング用＞
アーモンドペーストまたはマジパン
……………………………………… 500g
　　（アーモンドペーストのレシピは
　　　　　　　　　 398ページ参照）
アプリコットジャム ……… 大さじ2
卵（L玉）………… 1個（溶いたもの）
　　　　　　　　　　（つや出し用）

[日本で作る場合の注意]
※ベーキングスプレッド
　製菓用マーガリンを使用
※セルフレイジングフラワー
　小麦粉150gあたりベーキングパウダー
　小さじ2、塩少々を混ぜ合わせて使用

オーブンを150℃（ガスオーブンの場合130℃/ガスオーブン　マーク2）で予熱しておく。直径20cmの丸いケーキ型（深め）に油脂を薄くを塗り、底と側面にベーキングペーパーを敷く。

—

カットしたチェリーをざるに入れ、流水で洗う。水気をよく切り、キッチンペーパーで水気を完全に拭き取る。

—

大きなボウルにケーキの材料をすべて計りながら入れてよく混ぜ合わせる。混ぜ合わせた生地の半分をあらかじめ準備しておいた型に入れ、表面を平らにする。

—

用意したアーモンドペーストまたはマジパンの3分の1量を、めん棒で型に合わせた大きさの円形に伸ばして、型に入れたケーキ生地の上に乗せる。

—

残りのケーキ生地を流し入れて表面を平らにする。予熱したオーブンで約2時間半焼き、よく膨らみ、均等に焼き色がついて、触るとしっかりした感触になるまで焼く。1時間後、もし焼き色がつくのが早すぎるようならアルミホイルで覆う。そのまま10分ほど冷まして型から出し、ベーキングペーパーをはがしてワイヤーラックの上で冷ます。

—

ケーキが冷めたら、上に少し温めたアプリコットジャムをハケで塗る。残りのアーモンドペーストの半分をいったん球状にし、めん棒で20cmの円形に伸ばす。ケーキの上面にしっかりと押し付け、縁にひだを作る。アーモンドペーストの表面に尖ったナイフで格子の模様をつける。残りのアーモンドペーストを11個のボール状にする。

—

アーモンドペーストにハケで溶き卵を塗り、ケーキの縁にアーモンドペーストボールを並べる。ボールの上にも溶き卵を塗り、ケーキを熱いグリルの下に置き、焼き色をつける。

注*：マザリング・サンデー：英国およびアイルランドで祝われる、母の日

このケーキはとてもしっかりとしたケーキなので、ピクニックなどにも向いています。
また、クリスマスケーキの代わりにもなります。
ドライクランベリーの代わりに、同量のドレンチェリーを使っても。
その場合は使用する前によく洗い、完全に水分を拭き取ってから使います。

CRANBERRY AND APRICOT FRUIT CAKE
クランベリーとアプリコットのフルーツケーキ

12〜14人分
果汁漬けパイナップル缶
.... 1缶（227g）
　　　　　　（水分を切って粗く刻む）
ドライアプリコット 350g
　　　（ハサミで小さくカットしたもの）
ドライクランベリー 350g
サルタナレーズン 350g
アーモンド .... 115g（粗く刻む）
アーモンドプードル 75g
レモンゼスト 2個分
　　　　　　　（細かくおろしたもの）
セルフレイジングフラワー ... 250g
グラニュー糖 250g
バター ... 250g（柔らかくしたもの）
卵（L玉） 5個

＜デコレーション用＞
ホールアーモンド 55g

[日本で作る場合の注意]
※セルフレイジングフラワー
　小麦粉150gあたりベーキングパウダー
　小さじ2、塩少々を混ぜ合わせて使用

オーブンを150℃（ガスオーブンの場合130℃/ガスオーブン マーク2）で予熱しておく。直径23cmの丸いケーキ型（深め）に油脂を薄めに塗り、底と側面にベーキングペーパーを敷く。

—

パイナップル缶はざるでジュースを切って、キッチンペーパーで完全に水気を拭き取る。大きなボウルに、フルーツすべて、アーモンド（刻んだもの）、アーモンドプードル、レモンの皮を入れてよく混ぜる。

—

残りの材料を計りながら、別の大きなボウルに入れ、滑らかになるまで混ぜ合わせる。先に混ぜておいたフルーツとアーモンドを包み込むようにして混ぜる。混ざった生地をあらかじめ準備しておいた型に入れる。上面を平らにし、ホールアーモンドを同心円状に等間隔に並べていく。

—

予熱したオーブンで約2時間半、またはケーキにきれいな焼き色がつくまで焼く。焼き上がる前に焼き色がつきすぎるようであれば、アルミホイルで上部をゆるく覆う。ケーキが縮んで型の側面から離れ、中心部に刺した串に何も付いてこなくなるくらいまで焼く。30分ほど冷まして型から出す（ベーキングペーパーはそのまま）。ワイヤーラックの上で冷ます。

ヒント
他のフルーツケーキと同様、保存することで美味しさが増すので、最長で1週間前に焼いておくことができます。ベーキングペーパーはそのままで、ラップでケーキをしっかりと包み、密閉容器に入れて保存します。

冷凍する場合は、上記のようにラップでしっかりと包んでから冷凍用のビニール袋に入れて密閉し（プラスチック容器にいれるよりも場所をとりません）、ラベルを貼って冷凍庫で最長3ヶ月まで保存可能です。解凍する時は、完全に包まれたまま冷蔵庫で一晩置くか、ビニール袋から取り出して室温で8時間置いて解凍します。

クリスマス、誕生日、特別な日のケーキに……私が使うのはこのレシピです。
ドライフルーツはブランデーに漬け込んで柔らかくする必要があるので、
ケーキを焼く前日から準備を始めます。

リッチフルーツケーキ

12〜14人分

赤または天然色素の
ドレンチェリー ……… 175g(4つ切り)
カランツ …………………………… 350g
サルタナレーズン …………… 225g
レーズン ………………………… 225g
ドライアプリコット …………… 175g
　（ハサミで小さくカットしたもの）
ピールの砂糖漬け …………… 75g
　　　　　　　　　　（細かく刻む）
ブランデー ………………… 大さじ4
　　　　　　（＋ケーキにかける分）
薄力粉 ……………………………… 400g
ナツメグ …………… 小さじ1/2杯
　　　　　　　　　　（おろしたもの）
ミックススパイス ……… 小さじ1/2
バター …400g(柔らかくしたもの)
濃い色のマスコバド糖(黒糖)
　　　　　　　　　　　　　……… 400g
卵(L玉) ……………………………… 5個
アーモンド …… 65g(刻んだもの)
モラセス ………………… 大さじ1
レモンゼスト ………………… 1個分
オレンジゼスト ……………… 1個分

＜デコレーション用＞
ホールアーモンド ……………… 55g
赤または天然色素の
ドレンチェリー …………………… 55g
　　　　　　（水洗いして乾かして、
　　　　　　　　　　半分に切ったもの）

焼く前日の夜から準備を始める。カットしたドレンチェリーをざるに入れ、流水で洗う。水気をよく切り、キッチンペーパーで水気を完全に拭き取る。大きなボウルにドレンチェリー、カランツ、サルタナレーズン、レーズン、アプリコット、刻んだピールを入れ、ブランデーを入れて混ぜ合わせ、カバーをして涼しい場所で一晩おく。

―――

翌日、オーブンを140℃（ガスオーブンの場合120℃/ガスオーブン マーク1）で予熱しておく。直径23cmの丸いケーキ型（深め）に油脂を薄く塗り、底と側面にベーキングペーパーを二重に敷く。

―――

大きなボウルに薄力粉、おろしたナツメグ、ミックススパイス、バター、砂糖、卵、刻んだアーモンド、モラセス、おろしたレモンとオレンジの皮を計りながら入れ、完全に混ぜ合わせる。そこに漬けておいたドライフルーツを包み込むようにして混ぜ、あらかじめ準備したケーキ型に入れ、表面を平らにする。ホールアーモンドと半分に切ったドレンチェリーを、ケーキ生地の上に軽く押し付けるように飾る。

―――

ケーキの上にベーキングペーパーを2枚重ねてゆるくかぶせ、予熱したオーブンで4〜4時間半、ケーキを触るとしっかりとした感触があり、中心部に刺した串に何も付いてこなくなるまで焼く。そのまま冷まし、ほぼ冷めたら型から取り出し、ベーキングペーパーをはがしてワイヤーラックの上で冷ます。

―――

ケーキの底に串を使って穴を開け（間隔をあけて）、ブランデー少々をしみこませる。ケーキが完全に冷めたら、ベーキングペーパーで二重に包み、さらにアルミホイルで包む。涼しい場所で最長3ヶ月間保存する（保存中、時々ブランデーを染み込ませる）。

フレンチスタイルの丸太の形をしたクリスマスケーキ。
デザートにコーヒーと共にどうぞ。

BÛCHE DE NOËL
ブッシュ・ド・ノエル

10人分
フィリングを入れる前のチョコレートスイスロール（38ページ参照）
……………………………… 1個

＜フィリング用＞
インスタントコーヒー（顆粒）
……………………………… 大さじ1
牛乳（温める）…………… 大さじ2
栗のピューレ（無糖）………… 225g
ブランデー ……………… 大さじ2
グラニュー糖 ……………………… 55g
ダブルクリーム …………… 150ml
　　　　　　　（泡立てたもの）

＜トッピング用＞
ダブルクリーム …………… 300ml
　　　　　　　（泡立てたもの）
ココアパウダー（仕上げ用）… 適量

[日本で作る場合の注意]
※ダブルクリーム
　乳脂肪分48%以上の生クリームのこと
　（47%で代用可）

まずはチョコレート・ルーラード（38ページ）を作り、ベーキングペーパーと一緒に巻いて冷ましておく。

———

冷ましている間に、フィリングを作る。温めた牛乳にコーヒーを入れて溶かす。栗のピューレを濾してボウルに入れ、ブランデー、砂糖を加え、滑らかになるまで混ぜる。そこに泡立てた生クリームを包み込むようにして混ぜ合わせる。

———

スイスロールを注意しながら広げる。ベーキングペーパーを取り除き、栗のフィリングをケーキ全体に広げ、再び巻く。片方の端から斜めに小さなスライスを切り落とす。スイスロールを皿やボードの上に置いて、切り落としたスライスを枝のようにケーキの横に添える。

———

泡立てたクリームでケーキ全体を覆い、パレットナイフで長い線を描いて樹皮のようにする。軽くココアを振りかけたあとは、クリスマス風のデコレーションで仕上げる。

洗礼式のお祝いにはレモンケーキがぴったり。
淡いピンクやブルー、淡いプリムローズイエローなどのアイシングでカバーしましょう。

SPONGE CHRISTENING CAKE
洗礼式のためのスポンジケーキ

10～12人分
バター ………………………………… 75g
卵(L玉) …………………………… 6個
グラニュー糖 ………………… 175g
セルフレイジングフラワー … 150g
コーンスターチ …………… 大さじ2

＜フィリング用＞
ダブルクリーム …………… 300ml
　　　　　　　　（泡立てたもの）
レモンカード ………………… 大さじ4

＜仕上げ用＞
粉糖 ……………………………… 適量
フォンダンまたは
アイシングペースト ………… 700g
　　　　（フォンダンのレシピは
　　　　　400ページを参照）
クリスタライズフラワー
（フラワーの砂糖漬け） ……… 適量
　　　　（401ページ参照）
飾り用リボン

[日本で作る場合の注意]
※セルフレイジングフラワー
　小麦粉150gあたりベーキングパウダー
　小さじ2、塩少々を混ぜ合わせて使用
※ダブルクリーム
　乳脂肪分48％以上の生クリームのこと
　（47％で代用可）

オーブンを180℃（ガスオーブンの場合160℃/ガスオーブン マーク4）で予熱しておく。直径23cmの丸いケーキ型（深め）に油脂を薄く塗り、底にベーキングペーパーを敷く。

———

小鍋でバターを溶かし、少し冷ましておく。

———

大きなボウルに砂糖と卵を入れ、湯せんにかけ、ハンドミキサーで、白っぽくクリーム状になり、泡立て器を持ち上げたときに表面に跡が残るようになるまで高速で泡立てる。熱湯から下ろし、冷めるまで泡立て続ける。

———

粉類を一緒にふるって1/2量を、卵を泡立てたものに包み込むように混ぜ合わせる。次に、冷ましたバターの半分を端に沿って丁寧に流し入れ、軽く包み込むようにして混ぜる。残りの薄力粉とバターも同様にして混ぜ合わせる。

———

あらかじめ準備しておいた型に流し入れ、表面を平らにする。予熱したオーブンで約40分、またはよく膨らみ、触るとしっかりした感触になり、ケーキの側面が縮んで型から離れ始めるまで焼く。そのまま数分冷まして型から出し、ベーキングペーパーをはがしてワイヤーラックの上で冷ます。

———

波刃ナイフまたはブレッドナイフでケーキを3枚にスライスする。泡立てた生クリーム大さじ3～4杯分を残し、残りはレモンカードと混ぜ合わせ、ケーキに挟むのに使用する。残しておいたクリームは、ケーキの側面と上面に塗る。

———

作業台に粉糖をまぶし、フォンダンアイシングをケーキが完全に隠れる大きさまで伸ばす。アイシングをめん棒にからめて持ち上げ、慎重にケーキの上にのせ、側面をやさしくなでて平らにする。ケーキの底の余分なアイシングは切り取る。クリスタライズフラワーとリボンで飾る。

このケーキは結婚式の披露宴のデザートに最適。約100人分の大きさです。
ラズベリーソースを添えてお出しします。大きなボウルがあれば一度に作ることができます。
大きさの異なる各段を作るための材料表を次項に記載しています。
冷凍で2ヶ月保存可能ですが、アイシングは前日に用意してください。

AMERICAN CHOCOLATE WEDDING CAKE
アメリカンチョコレート・ウェディングケーキ

100人分
全部に必要な材料
ダークチョコレート ‥‥‥‥‥ 1.6kg
　　　　（細かく砕いたもの）
卵（L玉）‥‥‥‥‥‥‥‥‥ 30個
　　　　（卵白と卵黄を分ける）
全卵（L玉）‥‥‥‥‥‥‥‥ 8個
グラニュー糖 ‥‥‥‥‥‥ 1.25kg
アーモンドプードル ‥‥‥‥840g
淹れたてのブラックコーヒー
　　‥‥‥‥‥‥‥‥‥‥ 小さじ7.5

＜フィリングとアイシング用＞
アプリコットジャム ‥‥‥‥‥ 225g
ダークチョコレート ‥‥‥‥ 1.25kg
無塩バター ‥‥‥‥‥‥‥‥ 450g

＜デコレーション用＞
エディブルフラワー・葉 ‥‥‥ 適量

各レイヤーを別々に作るには裏面の材料の分量を参照。

翌日、オーブンを190℃（ガスオーブンの場合170℃/ガスオーブン マーク5）で予熱しておく。直径15cm、23cm、30cmの丸いケーキ型（深め）に油脂を薄く塗り、底と側面にベーキングペーパーを敷く。

———

ケーキを作る。ボウルを湯せんの鍋の上に持ってきて、時々かき混ぜながらチョコレートを溶かす。ボウルの底がお湯に触れないように注意する。火からおろし、少し冷ましておく。

———

大きなボウルに砂糖を計量し、卵黄、全卵と一緒に入れ、白っぽくなるまで混ぜ合わせる。溶かしたチョコレートと、アーモンドプードル、コーヒーを加える。

———

別のボウルで、卵白を固くなるまで泡立てる（表面につやがある状態）。チョコレートを合わせた生地に丁寧に包み込むようにして混ぜる。

———

あらかじめ準備しておいた型に生地を分けて流し入れ、予熱したオーブンで焼く（一度に全部入れることが可能。大きなケーキは中段に、小さなケーキ2つは上段に置く）。小さいケーキは約45分、真ん中のサイズのケーキは1時間～1時間15分、大きいケーキは1時間半～1時間45分かかる（1時間後にホイルでゆるく覆う）。ケーキの中心を串して何も付いてこないようになるまで焼く。そのまま数分間冷まして型から出し、ベーキングペーパーを剥がしてワイヤーラックの上で冷ます。この時点でケーキを包み冷凍保存することが可能。

———

[次頁へ続く]

15cmケーキ
ダークチョコレート 175g
　　（細かく砕いたもの）
卵（L玉） 3個
　　（卵白と卵黄を分けておく）
全卵（L玉） 1個
グラニュー糖 150g
アーモンドパウダー 75g
淹れたてのブラックコーヒー
　　............................ 小さじ1/2

＜フィリングとアイシング用＞
アプリコットジャム 大さじ2
ダークチョコレート 225g
　　（細かく砕いたもの）
無塩バター 75g

23cmのケーキ用
ダークチョコレート 525g
　　（細かく砕いたもの）
卵（L玉） 10個
　　（卵白と卵黄を分けておく）
全卵（L玉） 2個
グラニュー糖 425g
アーモンドプードル 275g
淹れたてのブラックコーヒー
　　............................ 小さじ2.5

＜フィリングとアイシング用＞
アプリコットジャム 75g
ダークチョコレート 350g
　　（細かく砕いたもの）
無塩バター 150g

30cmのケーキ用
ダークチョコレート 900g
　　（細かく砕いたもの）
卵（L玉） 17個
　　（卵白と卵黄を分けておく）
全卵（L玉） 5個
グラニュー糖 700g
アーモンドプードル 475g
淹れたてのブラックコーヒー
　　............................ 小さじ4.5

＜フィリングとアイシング用＞
アプリコットジャム 115g
ダークチョコレート 550g
　　（細かく砕いたもの）
無塩バター 225g

冷めたケーキを逆さまにして、平らな面が上になるようにする。アプリコットジャムをざるでこしたものをハケでケーキの上と側面に塗ってワイヤーラックの上に置く。

——

アイシングを作る。チョコレートを耐熱ボウルに入れ、湯せんの鍋の上に持ってきて、時々かき混ぜながらチョコレートを溶かす。ボウルの底がお湯に触れないように注意する。バターを加え、溶けるまでかき混ぜる。

——

ケーキをのせたワイヤーラックを天板に置き、チョコレートアイシングをかける。パレットナイフで上部と側面を滑らかにし、涼しい場所で固まるまで置いておく。

——

ケーキは重ねず、段ごとに運び、ケーキを設置する場所で重ねてデコレーションをする。一番大きなケーキをケーキボードやサービングプレートの上に置き、その上に他の2つのケーキを注意深く積み重ねる。ウェディングブーケにマッチするように、フレッシュなエディブルフラワーや葉で飾り付けをする。ラズベリーソースを添えてサーブする。

ヒント
ケーキはアイシングをせずに冷凍する場合は最長1ヶ月、または最長7日前に作っておくことが可能です。焼き上がりのケーキの上部が固くなることがあります。その場合は固い部分を切り落としてください。アイシングに使うチョコレートは、良質ものを使ってください。質の良いチョコレートを使うことで、より滑らかな仕上がりになります。チョコレートと砂糖が多く含まれているため、ケーキが焦げやすいので、目を離さないようにしてください。ホイルやベーキングペーパーで覆う必要があるかもしれません。ケーキは積み重ねても大丈夫なくらいの強度がありますが、心配でしたらケーキとケーキの間に、ケーキより小さい直径の薄いケーキボードを挟んでください。ケーキの光沢が失われるのを防ぐため、アイシングをするのは結婚式の前日に。アイシングした後は、冷蔵庫に入れずに涼しい場所で保存します。

"Devine（最高の）"チョコレート・バースデーケーキ。
ファッジケーキに近い食感なのでフィリングは必要ありません。
小麦粉の代わりにアーモンドプードルを使って風味と食感を出しています。

DIVINE CHOCOLATE BIRTHDAY CAKE

ディヴァイン・チョコレート・バースデーケーキ

約10人分
卵（L玉）······························6個
　（うち5個は卵黄と卵白を
　　　　　分けておく）
グラニュー糖······················215g
ダークチョコレート···············265g
インスタントコーヒー（顆粒）
······························小さじ1
熱湯··································小さじ1
アーモンドプードル···············150g

＜アイシング用＞
アプリコットジャム···········大さじ4
ダークチョコレート···············225g
　（細かく砕いたもの）
無塩バター··························115g

オーブンを190℃（ガスオーブンの場合170℃/ガスオーブン マーク5）で予熱しておく。直径23cmの丸いケーキ型（深め）に油脂を薄く塗り、底にベーキングペーパーを敷く。

———

大きなボウルに卵黄と全卵、砂糖を一緒に入れ、白くもったりするまで泡立てる。

———

耐熱ボウルにチョコレートを入れ、湯せんの鍋の上で、時々かき混ぜながらチョコレートを溶かす。ボウルの底がお湯に触れないように注意する。インスタントコーヒーを湯で溶かし、溶かしたチョコレートに加える。少し冷ましてから、アーモンドプードルと一緒に泡立てた卵のボウルに入れてかき混ぜる。

———

別のボウルで、卵白を固くなるまで泡立てる(表面のつやがある状態)。卵とチョコレートを混ぜ合わせた生地に丁寧に包み込むようにして混ぜる。

———

あらかじめ準備しておいた型に生地を入れ、表面を平らにする。予熱したオーブンで約50分、またはよく膨らみ、ケーキの中心を串を刺した時に何も付いてこなくなるまで焼く。10分ほど冷まして型から出し、ベーキングペーパーを剥がしてワイヤーラックの上で冷ます。アプリコットジャムを計量して小鍋に入れ、弱火で温める。ハケを使ってケーキに塗る。

———

チョコレートを耐熱ボウルに入れ、湯せんの鍋の上で、時々かき混ぜながらゆっくりとチョコレートを溶かす。ボウルの底がお湯に触れないように注意する。火からおろしてバターを加え、アイシングにとろみがつき、ケーキにかけられるくらいの固さになうまでかき混ぜる。

———

ケーキを置いたワイヤーラックを天板の上に置き、アイシングを受け止めるようにしておいてからケーキにアイシングをかけ、パレットナイフでトップとサイドを滑らかにする。アイシングが固まるのを待ってケーキの飾り付けをする。

深紅の生地の層が印象的なお祝いのケーキです。

RED VELVET CAKE
レッドヴェルヴェットケーキ

16人分
<スポンジ用>
ひまわり油 ························· 300ml
薄力粉 ····························· 500g
ココアパウダー ················ 大さじ2
ベーキングパウダー ········ 小さじ4
重曹 ···························· 小さじ2杯
ブラウンシュガー··············· 500g
塩 ·································· 小さじ1
バターミルク ····················· 400ml
バニラエッセンス ··········· 小さじ4
赤の食用色素ジェル ········· 30ml
または
食用色素ペースト ····· 小さじ1/4
（できればプロフェッショナルフードカ
ラーペーストを使用する。天然の液状
着色料はうまくいかず、スポンジが緑
色になることがある）
卵（L玉）······························· 4個

<アイシング用>
バター ··· 250g（柔らかくしたもの）
粉糖 ······························· 750g
全脂肪のクリームチーズ ····· 350g
バニラエッセンス ··········· 小さじ1

ヒント
スポンジケーキは最長3日前から
作っておけます。ラップで包むと
しっとり感を保つことができます。
しっかりとラップで包んでおけば
最長で2カ月間、冷凍保存が可
能です。

オーブンを180℃（ガスオーブンの場合160℃/ガスオーブン マーク4）で予熱
しておく。直径20cmのケーキ型2つに油脂を薄く塗り、ベーキングペーパー
を敷く。

———

薄力粉、ココアパウダー、ベーキングパウダー、重曹、砂糖、塩をそれぞ
れ1/2量で計量し、ボウルに入れてよく混ぜておく。

———

バターミルク、油、バニラエッセンス、食用色素をそれぞれ半量ずつ、そ
れに水100mlをピッチャーに入れて混ぜ合わせる。卵2個を加えてよく混ぜ
る。これを粉類に注ぎ入れ、よく混ざるまで混ぜ合わせる。ケーキの生地
は明るい赤色をしているが、焼いていくうちに少し濃い色になる。色味が足
りないようであれば着色料を少し足す。

———

ケーキの生地を2つの型に均等に分け入れ、表面を平らにする。予熱した
オーブンで25〜30分、またはよく膨らみ、ケーキの側面が型から縮んでく
るまで焼く。10分冷まして、型から出してワイヤーラックの上に置き、ベー
キングペーパーをはがして冷ます。

———

残しておいた材料でこの手順を繰り返し、合計4枚のケーキを作る。

———

アイシングを作る。大きなボウルにバターを入れ、まずは粉糖の半分をふ
るい入れる。ヘラでざっくりと押しつぶすように混ぜてから、ハンドミキサー
で滑らかになるまで混ぜ合わせる。クリームチーズとバニラを加え、残りの
粉糖をふるい入れ、再び押しつぶすように混ぜ、ハンドミキサーでもう一度
混ぜ合わせる。

———

ケーキを重ねていく。アイシング少量をケーキスタンドやボードに塗って、
その上にスポンジの1つを置く。アイシングを使って各層の間にアイシング
をたっぷりと塗りながら残りのケーキを重ねていく（約半量のアイシングを使
う）。残りのアイシングを、重ねたケーキの上にのせ、パレットナイフでケー
キの表面全体を覆って端をならす。

CHAPTER SIX

SPECIAL CAKES

スペシャルケーキ

ハンガリー生まれのケーキ。作るのに手間はかかりますが、見た目が素晴らしいです。
トッピングのキャラメルは時間が経つと柔らかくなってしまうので、
作ってから12時間以内にお召し上がりください。

DOBOS TORTE
ドボシュトルタ

8人分
<スポンジ用>
卵(L玉) ……………………………4個
グラニュー糖 …………………… 175g
セルフレイジングフラワー … 150g
　　　　　　　　　（ふるったもの）

<チョコレートバタークリーム用>
卵白(L玉) ……………………… 2個分
粉糖 ……………………………… 115g
無塩バター …………………… 225g
　　　　　　　　　（柔らかくしたもの）
ダークチョコレート …………… 115g
　　　　　　　　　（細かく砕いたもの）

<キャラメル用>
グラニュー糖 …………………… 75g
水 ………………………………… 大さじ3

[日本で作る場合の注意]
※セルフレイジングフラワー
　小麦粉150gあたりベーキングパウダー
　小さじ2、塩少々を混ぜ合わせて使用

オーブンを220℃（コンベクションオーブン200℃/ガスオーブン マーク7）に予熱しておく。ベーキングペーパーに直径20cmの円を6個描き、天板に敷く。

スポンジを作る。大きなボウルに卵と砂糖を入れて、白くもったりと、跡が残るようになるまで泡立てる。薄力粉を少しずつ加え、軽く包み込むようにして混ぜ入れる。

生地を印をつけた6つの円に分け、まんべんなく広げる。予熱したオーブンで6〜8分、淡く焼き色がつき、触ると弾力が出るまで焼く。シャープなナイフで円を整える。ペーパーをはがし、ワイヤーラックの上で冷ます。

チョコレートバタークリームを作る。耐熱ボウルに卵白と粉糖を入れ、湯せんの鍋の上で角が立つようになるまで泡立てる。バターを柔らかくしてクリーム状にし、そこに卵白を泡立てたものを一度に少しずつ加えていく。耐熱性のボウルにチョコレートを入れる。ボウルを湯せんの鍋の上にかざし、ボウルの底がお湯に触れないようにして、時々かきまぜながらチョコレートを溶かす。少し冷ましてからバタークリームに加え、均一に混ざるまでよく混ぜる。

スポンジを1枚取り、ベーキングペーパーの上に置き、キャラメルをトッピングする準備をする。キャラメルを作るには、砂糖を水に溶かして弱火にかけ、火力を強めて濃いキツネ色になるまでシロップを沸騰させる。少し冷ましてから、スポンジの上にかける。スポンジの上のキャラメルが固まりかけたら、印をつけ、油脂を塗ったナイフを使って16等分に切り分ける。

残りの円形スポンジ5枚にバタークリームを塗って挟む。側面にバタークリームを塗り、上面には絞り袋と星口金を使ってバタークリームでロゼット絞りをする。キャラメルを塗って三角に切ったものをロゼット絞りの上に斜めに置き、トップを完成させる。

"ナッツのケーキ"という意味のドイツ菓子。
さまざまなレシピがありますが、ヘーゼルナッツを使うのがお約束。
ここではりんごを煮たものをサンドしてチョコレートをかけて仕上げます。

ヌスクーヘン

6人分

ヘーゼルナッツ ·················· 40g
　　　　　　　　（殻を取ったもの）
バター ··· 115g（柔らかくしたもの）
グラニュー糖 ····················· 115g
卵（L玉）························· 2個
　　　　　（卵白と卵黄を分けておく）
インスタントコーヒー（顆粒）
······························· 小さじ1
温かい牛乳 ····················· 大さじ1
セルフレイジングフラワー ··· 115g

＜フィリング用＞
りんご ·············· 450g（皮をむき、
　　　　芯をとってスライスしたもの）
アプリコットジャム ·········· 大さじ2
おろしたレモンの皮と果汁
······························· 1/2個分

＜仕上げ用＞
ダークチョコレート ··············· 55g
　　　　　　　　（細かく砕いたもの）

[日本で作る場合の注意]
※**セルフレイジングフラワー**
　　小麦粉150gあたりベーキングパウダー
　　小さじ2、塩少々を混ぜ合わせて使用

オーブンを190℃（コンベクションオーブン170℃/ガスオーブン マーク5）に予熱する。直径20cmのサンドイッチ型に油脂を薄く塗り、型の底にベーキングペーパーを敷く。

———

ヘーゼルナッツを空焼きする。天板に並べてオーブンの中に10分置く。ティータオルに移し、タオルと一緒にこすって皮を取り除く（頑固な皮はもう一度オーブンに入れてから剥く。ただし完璧にむく必要はない）。フードプロセッサーに入れて挽く。

———

ボウルにバターと砂糖を計量して入れ、クリーム状になるまで混ぜ合わせる。そこに卵黄を少しずつ混ぜ合わせ、準備したナッツを入れてかき混ぜる。コーヒーを温めた牛乳で溶かし、生地に入れてかき混ぜる。薄力粉を丁寧に包み込むようにして混ぜる。

———

別のボウルに卵白を入れ、柔らかい角がたつまでまで泡立て、ケーキの生地にやさしく包み込むようにして混ぜる。

———

あらかじめ準備しておいた型に入れ、表面を平らにする。予熱したオーブンで25分、または、よく膨らみ、指で軽く押すとケーキに弾力が出るまで焼く。そのまま数分間冷まして型から出し、ベーキングペーパーをはがしてワイヤーラックの上で冷ます。

———

その間にフィリングを準備する。スライスしたりんご、アプリコットジャム、レモンの皮と果汁を鍋に入れる。蓋をして、リンゴが柔らかくなり、形が崩れない程度に弱火で加熱する。冷ましておく。

———

ケーキを波刃ナイフやブレッドナイフで半分にスライスし、冷ましたりんごを挟む。

———

耐熱性の小さなボウルにチョコレートを入れる。ボウルを湯せんの鍋の上で、ボウルの底がお湯に触れないようにしながら、ゆっくりとチョコレートを溶かす。ケーキの上に広げて塗り、固まるまで置いておく。

このチョコレートケーキは1832年、ウィーンのシェフ、フランツ・ザッハーによって
考案されたといわれています。とてもリッチなので小さくスライスしてどうぞ。

SACHERTORTE
ザッハトルテ

12人分
ダークチョコレート ……………… 150g
　　　（細かく砕いたもの）
無塩バター ……………………… 150g
　　　（柔らかくしたもの）
グラニュー糖 ………………… 115g
バニラエッセンス ……… 小さじ1/2
卵（L玉）…………………………… 5個
　　　（卵白と卵黄を分けておく）
アーモンドパウダー …………… 75g
薄力粉 ……………………………… 40g

＜トッピングとアイシング用＞
アプリコットジャム ………… 大さじ6
ダークチョコレート …………… 150g
　　　（細かく砕いたもの）
ダブルクリーム ……………… 200ml
ミルクチョコレート …………… 30g
　　　（細かく砕いたもの）

[日本で作る場合の注意]
※**ダブルクリーム**
　乳脂肪分48%以上の生クリームのこと
　（47%で代用可）

オーブンを180℃（コンベクションオーブン160℃/ガスオーブン マーク4）に
予熱する。直径23cmの丸いケーキ型（深め）に油脂を薄く塗り、ベーキン
グペーパーを敷く。

耐熱ボウルにチョコレートを入れる。ボウルを湯せんの鍋の上で、ボウル
の底がお湯に触れないようにし、時々かきまぜながらチョコレートを丁寧に
溶かす。少し冷ましておく。

大きなボウルにバターを入れ、柔らかくなるまでかき混ぜてから、砂糖を
少しずつ入れ、白く軽くなるまで混ぜ合わせる。そこに冷ましたチョコレート
とバニラエッセンスを加え、再び混ぜ合わせる。卵黄を1つずつ加え、そ
の都度混ぜ合わせ、アーモンドプードルと薄力粉を包み込むようにして混ぜ
入れる。

別のボウルで卵白を固くなるまで泡立てる（表面のつやがある状態）。チョ
コレートを混ぜた生地に3分の1ほど加え、力強くかき混ぜる。残りの卵白
は静かに包み込むようにして混ぜ合わせる。あらかじめ準備しておいた型
に流し入れ、表面を平らにする。予熱したオーブンで45〜50分、よく膨らみ、
指で軽く押すと弾力があるくらいまで焼く。そのまま数分間冷まして型から出
し、ベーキングペーパーをはがしてワイヤーラックの上で冷ます。

アプリコットジャムを小鍋で温め、冷ましたケーキの上面と側面にまんべん
なく塗る。固まるまで待つ。

トッピングを作る。ダークチョコレートを生クリームを小鍋に入れ、時々かき
まぜながら弱火で溶かす。1〜2分冷まし、少しとろみがついたらケーキに
かける。ケーキの上面と側面にやさしく広げて、固まるまで置いておく。

アイシングを作る。ミルクチョコレートを耐熱ボウルに入れ、湯せんの鍋の
上で弱火で溶かす。小さな絞り出し袋に入れ、角を切り落とす。ケーキ全
体に大きく「Sacher」の文字を描き、固まるまで置いておく。

菓子職人とパン職人の守護聖人とされているサントノーレにちなんで名づけられたフランス菓子。
とても立派なお菓子ですが、作るには時間と技術が必要です。

GÂTEAU SAINT HONORÉ
サントノーレケーキ

8人分
<パートシュクレ用>
薄力粉 ································· 115g
バター ································· 55g
　　　　　　　（柔らかくしたもの）
グラニュー糖 ······················· 55g
卵黄（L玉）························· 2個

<シュー生地用>
バター ································· 55g
水 ····································· 150ml
薄力粉 ································· 65g
卵（L玉）··········· 2個（溶いたもの）

<クレーム・パティシエール用>
卵黄 ································· 6個分
グラニュー糖 ······················ 115g
薄力粉 ································· 55g
コーンスターチ················ 大さじ1
牛乳（全乳）························· 500ml
バニラエッセンス··········· 小さじ1
ダブルクリーム ···················· 150ml
　　　　　　　（軽く泡立てたもの）

<カラメルと綿あめ用>
グラニュー糖 ······················ 225g
水 ····································· 75ml

[日本で作る場合の注意]
※**ダブルクリーム**
　乳脂肪分48%以上の生クリームのこと
　（47%で代用可）

天板3枚に油脂を塗る。

パートシュクレを作る。薄力粉、バター、砂糖を計量してフードプロセッサーにかけ、細かいパン粉のようになるまで回す。卵黄を加え、パルススイッチを使って生地にまとまるくらいにまで混ぜる。作業台に上に出し、なめらかになるまで生地をやさしくこねる。ラップで包み、冷蔵庫で30分休ませる。

オーブンを190℃（コンベクションオーブン170℃/ガスオーブン マーク5）に予熱しておく。

軽く打ち粉をした作業台の上で、生地を18cmの円形に伸ばす。あらかじめ準備しておいた天板の内のひとつに置き、縁を押さえて波形を作り、フォークで全体を刺す。

予熱したオーブンで15〜20分、または生地が淡い黄金色になるまで焼く。天板の上で数分間冷まし、その後ワイヤーラックに移して冷ます。オーブンの温度を220℃（コンベクションオーブン200℃/ガスオーブン マーク7）に上げる。

次にシュー生地を作る。中くらいの大きさの鍋にバターと水を計量して入れ、バターが溶けるまで弱火にかけ、溶けたらゆっくりと沸騰させる。鍋を火から下ろし、薄力粉を一度に加え、まとまるまで混ぜ合わせる。混ぜ合わせたものを少し冷ましてから、卵を少しずつ加え、加えるたびによく混ぜ合わせ、滑らかで光沢のあるペースト状にする。1cmの丸い口金をつけた絞り袋に生地を入れる。2枚目の天板に18cmのリング状のシュー生地を、3枚目の天板にくるみ大の大きさにシュー生地を16個分絞り出す。予熱したオーブンで約10分焼き、オーブンの温度を190℃（コンベクションオーブン170℃/ガスオーブン マーク5）に下げ、さらに20分、よく膨らみ、キツネ色になり、パリッとするまで焼く。

[レシピは裏面に続く]

カラメルと綿あめを作るのに使用するシュガーシロップを扱う時は、火傷しやすいので注意してください。お子様がいらっしゃる場合は、特に取り扱いには十分ご注意ください。

飾りあめを作る。作業する場所を油を塗ったアルミホイルで覆う。めん棒もアルミホイルで覆い、軽く油脂を塗っておく。フォークを2本用意し、背中合わせにテープで固定する。フォークの先をカラメルに浸し、もう片方の手でのし棒を持ち、のし棒の上でフォークを前後に動かしてカラメルを長い糸状にする。残りのカラメルでこれを繰り返し、油を塗った天板に置いておく。

オーブンから天板を取り出し、シューリングと小さなシューの底に間隔をあけて穴をあけ、蒸気を逃がす。完全に乾燥させるため、約5分間オーブンに戻す。ワイヤーラックの上で冷ます。

—

クレーム・パティシエールを作る。卵黄、砂糖、薄力粉を大きなボウルに入れる。ハンドミキサーを使って、白くもったりするまで混ぜ合わせる。中くらいの鍋に牛乳を入れて沸騰する直前まで熱し、バニラエッセンスを加える。温めた牛乳をの中にゆっくりと注ぎ、滑らかになるまで泡だて器で混ぜ合わせる。これを鍋に戻し、中火にかけて混ぜながら煮る。かなりとろっとし、滑らかになるまで加熱する。ボウルに移し入れ、表面に膜が張らないようにベーキングペーパーで覆い、冷めるまで置いておく。

—

冷ましたクレーム・パティシエールを滑らかになるまで泡だて器でかき混ぜ、そこにホイップしておいた生クリームを包み込むようにして混ぜる。ラップでしっかりと覆い、完全に冷やす。

—

絞り袋と口金を使って、シューリングと小さなシューにクレーム・パティシエールを少量ずつ、蒸気を逃がすために底に空けた穴を使って入れる。カラメルを作っている間、涼しいところに置いておく。

—

カラメルを作る。厚手の鍋に砂糖と水を計量して入れる。時々鍋の側面を熱湯につけた刷毛でなぞりながら、砂糖が溶けるまで弱火で加熱する。沸騰させ、シロップが黄金色になるまで煮詰める。黄金色になったらすぐに鍋の底を冷水につけて、カラメルがさらに濃い色になってしまうのを防ぐ。鍋を熱湯の入った大きなボウルに入れ、カラメルを液体状態に保つ。

—

皿にパートシュクレをのせ、その上にシューリングを置く。1つずつ、小さなシュークリームの底にカラメルをつけ、シューリングの上に置き、固まるまで数秒間手で持って固定する。残りのシュークリームも同様にくっつけていく。シュークリームの上からもカラメルを少量ずつかける。

—

残りのクレーム・パティシエールをシューの中心に入れ、お好みで飾りあめ（ヒント参照）でデコレーションする。スイーツに飾りあめを飾った時は、湿気によって溶けてしまうため、1時間以内に食べる。

このケーキはウィンブルドンの時だけではなく、夏のあらゆるイベントで活躍します。
小麦粉の代わりにセモリナ粉を使うので少しサクサクとしてもっちりとした食感。
フィリングを挟んだらその日のうちに食べましょう。

WIMBLEDON CAKE

ウィンブルドンケーキ

6～8人分
卵（L玉） ······························6個
　（卵白と卵黄を分けておく）
グラニュー糖 ·····················200g
オレンジの皮と果汁 ·········2個分
セモリナ粉 ··························150g

＜フィリングとトッピング用＞
ストロベリー ·····················115g
パッションフルーツ ···············1個
ダブルクリーム ················150ml
　　　　　（泡立てたもの）
粉糖（仕上げ用）

[日本で作る場合の注意]
※ダブルクリーム
　乳脂肪分48％以上の生クリームのこと
　（47％で代用可）

オーブンを180℃（コンベクションオーブン160℃/ガスオーブン マーク4）に予熱しておく。直径20cmの丸いケーキ型（深め）に油脂を薄く塗り、ベーキングペーパーを敷く。

———

ボウルに卵黄、砂糖、オレンジの皮と果汁、セモリナ粉を計量して入れ、ハンドミキサーを使って白くもったりするまで混ぜ合わせる。別のきれいなボウルに卵白を入れ、固くなるまで泡立て（表面のツヤがある状態）、オレンジとセモリナ粉を混ぜた生地にやさしく包み込むようにして混ぜる。あらかじめ準備しておいた型に流し入れ、表面を平らにする。

———

予熱したオーブンで約40分、または、よく膨らみ、ケーキの上面を指で軽く押すと弾力が出るようになるまで焼く。数分間冷まして型から出し、オーブンペーパーをはがしてワイヤーラックの上で冷ます。

———

イチゴはケーキの上に飾る用に数粒残して、残りはスライスする。パッションフルーツは半分に切り、果肉をスプーンで取り出す。

———

波刃ナイフやブレッドナイフを使ってケーキを半分にスライスし、スライスしたイチゴ、パッションフルーツの果肉、泡立てた生クリームを挟む。

———

食べる直前に、残しておいたイチゴ（スライスしたもの、または丸ごと）を飾り、上から粉糖をふるう。

薄力粉の代わりにセモリナ粉とアーモンドプードルを使うので、軽く、ざっくりした食感です。
普通のスポンジケーキよりも日持ちしますし、他のフルーツを使っても美味しくできます。
使うクリームとレモンカードの量を2倍にして、ケーキのトップに塗ったり中に挟めばさらに贅沢に。

LEMON GRIESTORTE
レモン・グリエストルテ

6〜8人分
卵（L玉）……………………………… 3個
　　（卵白と卵黄を分けておく）
グラニュー糖 ……………………… 115g
レモンゼストと果汁 ……… 1/2個分
セモリナ粉 ………………………… 55g
アーモンドプードル …………… 15g

＜フィリング用＞
ダブルクリーム …………… 150ml
レモンカード ………………… 大さじ4
ラズベリー ………… 115g（好みで）

＜仕上げ用＞
粉糖

[日本で作る場合の注意]
※**ダブルクリーム**
　乳脂肪分48%以上の生クリームのこと
　（47%で代用可）

オーブンを180℃（コンベクションオーブン160℃/ガスオーブン マーク4）に予熱しておく。直径20cmの丸いケーキ型（深め）に油脂を薄く塗り、底と側面にベーキングペーパーを敷く。

———

卵黄と砂糖を計量してボウルに入れ、白っぽくなるまでホイッパーで混ぜ合わせる。レモン汁を加え、生地にとろみがつくまでさらに混ぜ合わせる。おろしたレモンの皮、セモリナ、アーモンドプードルを包み込むようにして混ぜ入れる。別のボウルで卵白を角が立つまで泡立て、生地に包み込むようにして全体が均一になるまで混ぜる。

———

予熱したオーブンで30〜35分、または、よく膨らみ、淡い黄金色になるまで焼く。そのまま数分間冷まして型から出し、ベーキングペーパーをはがしてワイヤーラックの上で冷ます。

———

生クリームを角が立つまで泡立て、そこにレモンカードを包み込むようにして混ぜる。

———

波刃ナイフやブレッドナイフを使ってケーキを半分にスライスし、レモンクリームとラズベリー（好み）を挟む。上に粉糖をまぶして仕上げる。

しっとりとして軽いスポンジが入った、小さくてとても美味しいお菓子です。
フランスの最高級パティスリーで販売されているようなケーキです。

ショコラティン

9個分
<ジェノワーズスポンジ用>
バター ……………………………… 40g
卵(L玉) ………………………… 3個
グラニュー糖 …………………… 75g
セルフレイジングフラワー ……… 65g
コーンスターチ …………………… 大さじ1

<クレーム・オ・ブール・
　ショコラ用>
(チョコレート味のバタークリーム)
ダークチョコレート …………… 115g
　　　　　　　 (細かく砕いたもの)
グラニュー糖 …………………… 55g
水 ………………………………… 大さじ4
卵黄(L玉) …………………… 2個分
無塩バター ……………………… 175g
　　　　　　　　 (柔らかくしたもの)

<仕上げ用>
ミックスナッツ …………………… 75g
　(空焼きして細かく刻んだもの)

[日本で作る場合の注意]
※セルフレイジングフラワー
　小麦粉150gあたりベーキングパウダー
　小さじ2、塩少々を混ぜ合わせて使用

オーブンを180℃(コンベクションオーブン160℃/ガスオーブン マーク4)に予熱しておく。18cmの浅い正方形の型に油脂を薄く塗り、底にベーキングペーパーを敷く。

———

スポンジを作る。バターを鍋に入れ、弱火で溶かし、少し冷ましておく。

———

卵と砂糖を計量し、大きなボウルに入れ、色が白っぽくムースのようになり、泡立て器を持ち上げたときに跡が残るくらいの固さになるまで泡立てる。

———

粉類を一緒にふるう。粉類の半分を、卵と砂糖を混ぜ合わせたものに包み込むようにして丁寧に混ぜ入れ、冷ましたバターの半分をボウルの端から流し入れ、包み込むように混ぜる。残りの薄力粉とバターも同じように混ぜる。

———

あらかじめ準備しておいた型に入れ、表面を平らにする。予熱したオーブンで35〜40分、または、よく膨らみ、指で軽く押すとケーキの上面に弾力が出るくらいまで焼く。数分間冷まして型から出し、ベーキングペーパーを剥がしてワイヤーラックの上で冷ます。

———

チョコレート味のバタークリームを作る。大きな耐熱ボウルにチョコレートを入れる。湯せんの鍋の上で、ボウルの底がお湯に触れないようにしながら、チョコレートを溶かす。

———

グラニュー糖と水を計量して、厚手の小鍋に入れる。砂糖が溶けるまで弱火で加熱する。沸騰したら、5分ほど弱火にかけ、シロップがまだ透明で、シロップをつけた2本のスプーンを引き離したときに細い糸を引くようになるまで煮詰める。

———

ボウルに卵黄を入れてほぐす。そこに煮詰めたシロップを細い筋状にして注ぎながら、ホイッパーで絶えずかき混ぜる。そのままシロップが冷めて白くもったりとなるまで混ぜ続ける。別のボウルにバターを入れ、柔らかいクリーム状にしてから卵黄を少しずつ入れて混ぜ合わせる。溶かして冷ましておいたチョコレートを入れて合わせる。

———

冷ましたスポンジを波刃ナイフかブレッドナイフで半分にスライスし、チョコレートバタークリームを薄く塗って挟む。ケーキの端を切り落として揃え、6cmの正方形にカットする。ケーキの上部と側面に残りのバタークリームを塗り、刻んでトーストしたナッツを側面に貼り付ける。仕上げに、残りのバタークリームで正方形の表面に絞り袋と口金で小さなロゼットを絞って飾る。

ヒント
残った卵白は、蓋をした容器に入れて冷蔵庫で最長3週間、冷凍で最長6ヶ月は保存可能です。

"ショコラティン"（156ページ）のコーヒー味バージョン。こちらもパリのパティスリーでよく見かけます。
伝統的なレシピではセルフレイジングフラワーは使いませんが、
仕上がりが良いので私はいつも使っています。

MOKATINES
モカティン

8個分
＜ジェノワーズスポンジ用＞
バター ………………………………40g
卵（L玉）……………………………3個
グラニュー糖 ………………………75g
セルフレイジングフラワー ……65g
コーンスターチ ……………… 大さじ1

＜クレーム・オ・ブール・モカ用＞
グラニュー糖 ………………………40g
水 ……………………………… 大さじ2
卵黄（L玉）…………………………1個
バター ……75g（柔らかくしたもの）
コーヒー液 …………………… 大さじ1

＜ソフトコーヒーアイシング用＞
アプリコットジャム ………… 大さじ3
バター ………………………………55g
牛乳 …………………………… 大さじ3
インスタントコーヒー（顆粒）
　………………………………… 大さじ1
粉糖 …………225g（ふるったもの）

[日本で作る場合の注意]
※セルフレイジングフラワー
　小麦粉150gあたりベーキングパウダー
　小さじ2、塩少々を混ぜ合わせて使用

オーブンを180℃（コンベクションオーブン160℃/ガスオーブン マーク4）に予熱しておく。18cmの浅い正方形の型に油脂を薄く塗り、底にベーキングペーパーを敷く。

———

スポンジを作る。バターを鍋に入れ、弱火で溶かし、少し冷ましておく。砂糖を計量し、卵と一緒に大きなボウルに入れ、色が白っぽくもったりとして、泡立て器を持ち上げたときに跡が残るくらいの固さになるまでハンドミキサーで泡立てる。

———

粉類を一緒にふるう。粉類の半分を、卵と砂糖を混ぜ合わせたものに包み込むようにして丁寧に混ぜ入れ、冷ましたバターの半分もボウルの端から流し入れ、包み込むように混ぜ入れる。残りの薄力粉とバターも繰り返し同じように混ぜる。

———

あらかじめ準備しておいた型に流し入れ、表面を平らにする。予熱したオーブンで35〜40分、または、よく膨らみ、指で軽く押すとケーキの上面に弾力が出るまで焼く。数分間冷まして型から出し、ベーキングペーパーを剥がしてワイヤーラックの上で冷ます。

———

コーヒー味のバタークリームを作る。グラニュー糖と水を計量し、厚手の小鍋に入れる。砂糖が溶けるまで弱火で加熱する。沸騰したら5分ほど火にかけ、シロップがまだ透明で、シロップをつけた2本のスプーンを引き離したときに細い糸を引くようになるまで煮詰める。

———

[レシピは裏面に続く]

ボウルに卵黄を入れてほぐす。そこに煮詰めたシロップを細い筋状にして注ぎながら、ホイッパーで絶えずかき混ぜる。そのままシロップが冷めて白くもったりとなるまで混ぜ続ける。別のボウルにバターを入れ、柔らかいクリーム状にしてから卵黄を少しずつ入れて混ぜ合わせる。コーヒーを混ぜ合わせる。

———

冷ましたスポンジを波刃ナイフかブレッドナイフで半分にスライスし、コーヒーバタークリームを薄く塗って挟む。ケーキの端を切り落として揃え、きれいに半分に切り、各半分を4つに切って合計8つの長方形にする。アプリコットジャムをこして小鍋に入れ、弱火で温める。ハケを使ってケーキの上面と側面に、温めたアプリコットジャムを塗る。

———

ソフトコーヒーアイシングを作る。バター、牛乳、コーヒーを小鍋に入れ、バターが溶けるまで弱火にかける。ふるった粉糖を加え、滑らかでつやがある状態になるまで混ぜ合わせる。少しおいてとろみがついたらケーキにかける(デコレーション用に少量取っておく)。アイシングがきれいにかからない場合はパレットナイフなどを使って側面をカバーする。固まるまで置いておき、残しておいたアイシングを口金を付けた絞り袋に入れてデコレーションする。

ヒント

卵は、涼しい場所(食料庫や冷蔵庫)で、先の尖った部分を下にして保存してください。使用する前に常温に戻します。魚など臭いの強いもののそばに置かないように。

私の大好きなコーヒーケーキのひとつです。見た目も豪華でおすすめです。

モカ・アーモンド・ケーキ

8人分
卵（L玉） ················· 3個
グラニュー糖 ················· 115g
セルフレイジングフラワー ····· 75g

＜クレーム・オ・ブール・モカ用＞
グラニュー糖 ················· 75g
水 ················· 大さじ4
卵黄（L玉） ················· 2個分
バター ··· 175g（柔らかくしたもの）
コーヒー液 ················· 大さじ1〜2

＜仕上げ用＞
細切りアーモンド
またはアーモンドフレーク
·········· 175g（トーストしたもの）
粉糖（好みで）

[日本で作る場合の注意]
※**セルフレイジングフラワー**
小麦粉150gあたりベーキングパウダー
小さじ2、塩少々を混ぜ合わせて使用

オーブンを190℃（コンベクションオーブン170℃/ガスオーブン マーク5）に予熱しておく。直径23cmの丸いケーキ型（深め）に油脂を薄く塗り、底にベーキングペーパーを敷く。

―――

砂糖を計量し、卵と一緒に大きなボウルに入れ、色が白っぽくもったりとして、泡立て器を持ち上げたときに跡が残るくらいまでハンドミキサーで泡立てる。粉をふるい入れ、へらで包み込むようにしてやさしく混ぜる。

―――

あらかじめ準備しておいた型に入れ、表面を平らにする。予熱したオーブンで30分、または、よく膨らみ、指で軽く押すとケーキの上面に弾力が出るくらいまで焼く。そのまま数分間冷まして型から出し、ベーキングペーパーを剥がしてワイヤーラックの上で冷ます。

―――

モカコーヒー味のバタークリームを作る。グラニュー糖と水を計量し、厚手の小鍋に入れる。砂糖が溶けるまで弱火にかける。沸騰したら、砂糖温度計で107℃になるまで、もしくはスプーン2本にシロップをつけ、引き離すと細い糸状になるまで約5分煮詰める。ボウルに卵黄を入れ、かき混ぜてほぐす。そこにシロップを細い筋状にして注ぐ。絶えずかき混ぜながら、とろっとなり、冷めるまで泡立て続ける。別のボウルにバターを入れ、柔らかいクリーム状にし、そこに卵黄とシロップを混ぜたものを少しずつ混ぜ合わせる。コーヒーを入れてかき混ぜる。

―――

波刃ナイフまたはブレッドナイフでケーキを半分にスライスし、コーヒーバタークリームを薄く塗って挟む。ケーキの上面と側面にバタークリームを塗り、デコレーション用に一部を残す。トーストしたアーモンドをケーキ全体に貼り付ける。粉糖を軽くまぶし 、仕上げに絞り袋と口金を使ってロゼットを描く。

くるみ入りの軽いスポンジに、いちごと生クリームを挟んだケーキです。
ヨーロッパでは主にデザートとして食されています。
生クリームの代わりに、"クレーム・フレッシュ"を使うとより軽くなります。
季節によっては野いちごなどを使ってもよいでしょう。

ストロベリー＆ウォルナッツのスイスケーキ

8人分
卵（L玉）·························· 3個
グラニュー糖 ······················ 115g
セルフレイジングフラワー ····· 75g
くるみ ····························· 55g
（細かく刻んだもの）

＜フィリングとトッピング用＞
ダブルクリーム ················· 300ml
（泡立てたもの）
いちご ······ 450g（粗く刻んだもの）
＊デコレーション用に丸ごとの
ものを残しておく

[日本で作る場合の注意]
※セルフレイジングフラワー
小麦粉150gあたりベーキングパウダー
小さじ2、塩少々を混ぜ合わせて使用
※ダブルクリーム
乳脂肪分48％以上の生クリームのこと
（47％で代用可）
※クレーム・フレッシュ
乳脂肪分28％のクリームで、サワーク
リームの一種。

オーブンを180℃（コンベクションオーブン160℃/ガスオーブン マーク4）に予熱しておく。直径20cmの丸いケーキ型（深め）に油脂を薄く塗り、底にベーキングペーパーを敷く。

———

砂糖を計量し、卵と一緒に大きなボウルに入れ、白っぽくもったりとして、泡立て器を持ち上げたときに跡が残るくらいの固さになるまで泡立てる。粉をふるい入れ、刻んだくるみと一緒に軽く包み込むようにして混ぜる。

———

あらかじめ準備しておいた型に入れ、表面を平らにする。予熱したオーブンで40〜45分、または、よく膨らみ、指で軽く押すとケーキの上面に弾力が出るまで焼く。そのまま数分間冷まして型から出し、ベーキングペーパーを剥がしてワイヤーラックの上で冷ます。

———

冷めたら、波刃ナイフやブレッドナイフでケーキを3枚にスライスし、生クリームを泡立て、適量をいちごと一緒に挟む。残りのクリームをケーキのトップとサイドに塗り、デコレーション用のいちごを飾る。

CHAPTER SEVEN

TRAYBAKES

トレイベイク

材料をすべて一緒に混ぜるだけ。最もシンプルで簡単に作れるケーキです。
焼いて冷ましたらお好みで粉糖を少し振りかけてどうぞ。

BASIC ALL-IN-ONE TRAYBAKE
基本のオールインワン・トレイベイク

16切れ分

ベーキングスプレッド ………… 225g
　　　　　　　　　（冷たいまま使用）
グラニュー糖 …………………… 225g
セルフレイジングフラワー … 275g
ベーキングパウダー ……… 小さじ1
卵(L玉) …………………………… 4個
牛乳 ……………………………… 大さじ4

＜仕上げ用＞
粉糖 ………………………………… 好みで

[日本で作る場合の注意]
※ベーキングスプレッド
　製菓用マーガリンを使用
※セルフレイジングフラワー
　小麦粉150gあたりベーキングパウダー
　小さじ2、塩少々を混ぜ合わせて使用

オーブンを180℃(コンベクションオーブン160℃/ガスオーブン マーク4)に予熱する。30×23cmのトレイベイク型またはロースト型に油脂を薄く塗り、底にベーキングペーパーを敷く。

———

すべての材料を大きなボウルに入れ、ハンドミキサーでよく混ざるまで混ぜる。

———

あらかじめ準備しておいた型に生地を入れ、表面を平らにする。予熱したオーブンで約35〜40分、またはケーキの側面が縮んで型から離れ、中心を指先で押したときに弾力が出るまで焼く。型に入れたまま冷ます。

———

16個に切り分け、ベーキングペーパーを剥がす。

大きなサイズのトレイベイクを作る場合は、36×29cmのトレイベイク型またはロースト型に油脂を薄く塗り、底にベーキングペーパーを敷く。大きなボウルにベーキングスプレッド350g、グラニュー糖350g、セルフレイジングフラワー 450g、ベーキングパウダー小さじ1、牛乳大さじ6を計りながら入れ、卵(L玉)6個と一緒にハンドミキサーでよく混ざるまで混ぜ合わせる。予熱したオーブンで40〜45分、またはケーキの側面が縮んで型から離れ、指先で中心を押した時に弾力が出るまで焼く。型のまま冷ましてから24個にカットし、ベーキングペーパーを取り除く。

"基本の生地"は簡単にアレンジできます。
ここでは少しレモン風味をつけて、ツヤツヤのレモンアイシングで仕上げます。

ICED LEMON TRAYBAKE
レモンアイシング・トレイベイク

16切れ分

ベーキングスプレッド ………… 225g
　　　　　　　　　　　（冷たいまま使用）
グラニュー糖 ………………… 225g
セルフレイジングフラワー … 275g
ベーキングパウダー ……… 小さじ1
卵(L玉) ……………………… 4個
牛乳 ……………………… 大さじ4
レモンの皮 ……………… 2個分
　　　　　　　　　　　（おろしたもの）

＜アイシング用＞
レモン汁 ………………… 大さじ3
粉糖 ……… 225g（ふるったもの）

[日本で作る場合の注意]
※ベーキングスプレッド
　製菓用マーガリンを使用
※セルフレイジングフラワー
　小麦粉150gあたりベーキングパウダー
　小さじ2、塩少々を混ぜ合わせて使用

オーブンを180℃（コンベクションオーブン160℃/ガスオーブン マーク4）に予熱する。30×23cmのトレイベイク型またはロースト型に油脂を薄く塗り、底にベーキングペーパーを敷く。

—

スポンジの材料をすべて大きなボウルに入れ、ハンドミキサーを使ってよく混ざるまで混ぜ合わせる。

—

あらかじめ準備しておいた型に生地を入れ、表面を平らにする。予熱したオーブンで35〜40分、またはケーキの側面が縮んで型から離れ、中央を指先で押すと弾力が出るまで焼く。型のまま冷ましたら、型から出してベーキングペーパーを剥がす。

—

アイシングを作る。レモン汁と粉糖を一緒に混ぜ、さらっとした固さにする。ケーキにまんべんなく塗り、固まってから16等分にカットする。

根強い人気のチョコレートケーキ。これは特にシンプルなレシピなので、
家族でのティータイムやランチボックスにも最適です。

チョコレートアイシング・トレイベイク

16切れ分

ココアパウダー …………… 大さじ4
熱湯 ………………………… 大さじ4
ベーキングスプレッド ……… 225g
　　　　　　　（冷たいまま使用）
グラニュー糖 ……………… 225g
セルフレイジングフラワー … 225g
ベーキングパウダー ……… 小さじ1
卵（L玉）…………………… 4個
牛乳 ………………………… 大さじ1

＜アイシングとデコレーション用＞
アプリコットジャム ……… 大さじ4
ダークチョコレート ………… 150g
　　　　　　　（細かく砕いたもの）
水 …………………………… 大さじ6
粉糖 ………… 350g（ふるったもの）
ひまわり油 ………………… 小さじ1
チョコレートカール（402ページ）
…………………………………… 適量

[日本で作る場合の注意]
※ベーキングスプレッド
　製菓用マーガリンを使用
※セルフレイジングフラワー
　小麦粉150gあたりベーキングパウダー
　小さじ2、塩少々を混ぜ合わせて使用

オーブンを180℃（コンベクションオーブン160℃/ガスオーブン マーク4）に予熱する。30×23cmのトレイベイク型またはロースト型に油を塗り、底にベーキングペーパーを敷く。

———

大きなボウルでココアと沸騰したお湯を混ぜて少し冷ましておく。残りのスポンジの材料をすべて加え、ハンドミキサーでよく混ざるまで混ぜる。

———

あらかじめ準備しておいた型に生地を入れ、表面を平らにする。予熱したオーブンで35〜40分、またはケーキの側面が縮んで型から離れ、中央を指先で押すと弾力が出るまで焼く。型のまま冷ましたら型から出し、ベーキングペーパーを剥がす。

———

アプリコットジャムを鍋で温め、ハケでケーキ全体に塗る。

———

アイシングを作る。チョコレートを水と一緒に鍋に入れ、溶けて滑らかになるまで弱火にかける。少し冷ましてから、粉糖と油を混ぜ合わせる。ケーキの上に注ぎ、パレットナイフで滑らかになるように塗る。約30分置いて固まったら、トップをチョコレートカールで飾り、16等分にカット。

ヒント
冷めたケーキにハケでアプリコットジャムを塗ってからアイシングをすると、ケーキの風味がよくなり、アイシングの中にケーキの屑が入るのを防げます。

市販されているミックスナッツはピーナッツの割合が多いものがあるので、
私はいつも殻付きナッツを数種購入して自分で作ります。

AMERICAN SPICED CARROT TRAYBAKE

アメリカンスパイス・キャロット・トレイベイク

16切れ分
セルフレイジングフラワー … 275g
グラニュー糖 ………………… 350g
ベーキングパウダー ……… 小さじ1
無塩のミックスナッツ ………… 75g
　　　　　　　　　　　（刻んだもの）
シナモンパウダー ………… 小さじ3
ジンジャーパウダー ……… 小さじ2
ひまわり油 ………………… 300ml
人参 …… 275g（粗くおろしたもの）
卵（L玉） ……………………… 4個
バニラエッセンス ………… 小さじ1

＜トッピング用＞
クリームチーズ ……………… 400g
透明なハチミツ …………… 小さじ4
レモン汁 …………………… 小さじ2
デコレーション用ミックスナッツ
　…… 適量（無塩／刻んだもの）

[日本で作る場合の注意]
※**セルフレイジングフラワー**
　小麦粉150gあたりベーキングパウダー
　小さじ2、塩少々を混ぜ合わせて使用

オーブンを180℃（コンベクションオーブン160℃/ガスオーブン マーク4）に
予熱する。30×23cmのトレイベイク型またはロースト型に油脂を薄く塗り、
底にベーキングペーパーを敷く。

――

大きなボウルに材料の粉類すべてを入れる。油、おろした人参、卵（1度に1
個ずつ）、バニラエッセンスを加える。それぞれを加えるたびに混ぜ合わせ
る。

――

あらかじめ準備しておいた型に流し入れ、表面を平らにする。予熱したオー
ブンで50〜60分、または、よく膨らみ、キツネ色になって、触るとしっかり
した感触になるまで焼く。10分ほど冷まして型から出し、ベーキングペーパー
を剥がしてワイヤーラックの上で冷ます。

――

トッピングを作る。クリームチーズ、はちみつ、レモン汁を混ぜる。必要で
あれば、レモン汁を少し足して、塗りやすい固さにする。パレットナイフでケー
キに均等に広げ、刻んだナッツを散らして16等分にカットする。

ヒント
アイシングをしたケーキは冷蔵庫で最長2週間保存が可能です。

コーヒーとくるみの相性は抜群ですが、お好みで他のナッツを使ってもOKです。

COFFEE AND WALNUT TRAYBAKE
コーヒー＆ウォールナッツ・トレイベイク

16切れ分
ベーキングスプレッド ………… 225g
　　　　　　　　（冷たいまま使用）
明るい色のマスコバド糖 …… 225g
セルフレイジングフラワー … 275g
ベーキングパウダー ……… 小さじ1
卵（L玉）………………………… 4個
牛乳 ……………………………… 大さじ2
コーヒー液 …… 大さじ2（ヒント参照）
くるみ…………… 75g（刻んだもの）

＜アイシング用＞
バター …… 75g（柔らかくしたもの）
粉糖 ………… 225g（ふるったもの）
牛乳 ……………………………… 小さじ2
コーヒー液 ………………… 小さじ2
くるみ ………… 30g（刻んだもの）

[日本で作る場合の注意]
※ベーキングスプレッド
　　製菓用マーガリンを使用
※セルフレイジングフラワー
　　小麦粉150gあたりベーキングパウダー
　　小さじ2、塩少々を混ぜ合わせて使用

オーブンを180℃（コンベクションオーブン160℃/ガスオーブン マーク4）に予熱する。30×23cmのトレイベイク型またはロースト型に油脂を薄く塗り、底にベーキングペーパーを敷く。

―――

スポンジの材料すべてを大きなボウルに入れ、ハンドミキサーでよく混ざるまで混ぜ合わせる。

―――

あらかじめ準備しておいた型に生地を入れ、表面を平らにする。予熱したオーブンで約35〜40分、またはケーキの側面が縮んで型から離れ、中心を指先で押したときに弾力が出るまで焼く。型に入れたまま冷まし、型から出してベーキングペーパーを剥がす。

―――

アイシングを作る。バターを粉糖、牛乳、コーヒーと混ぜ合わせる。パレットナイフで冷めたケーキに均等に塗り、刻んだくるみで飾り、16等分にカットする。

ヒント
コーヒー液は、コーヒー顆粒小さじ2杯と水大さじ2杯を混ぜて作る。

シンプルで繊細な、リンゴを使ったトレイベイクです。
そのままでも、または温めて"クレーム・フレーシュ"を添えても美味しいです。

APPLE AND VANILLA TRAYBAKE
アップル＆バニラ・トレイベイク

16切れ分
リンゴ ································· 225g
（皮をむいて芯を取った後の重さ）
レモン汁 ···················· 1/2個分
セルフレイジングフラワー ··· 350g
ベーキングパウダー ········· 小さじ1
グラニュー糖 ····················· 350g
卵（L玉）····························· 4個
バニラエッセンス ············ 小さじ2
バター ········ 225g（溶かしたもの）

＜アイシング用＞
粉糖 ·········· 175g（ふるったもの）
レモンの皮 ······················· 1個分
熱湯 ······················· 大さじ2〜3

[日本で作る場合の注意]
※**セルフレイジングフラワー**
　小麦粉150gあたりベーキングパウダー
　小さじ2、塩少々を混ぜ合わせて使用

オーブンを180℃（コンベクションオーブン160℃/ガスオーブン マーク4）に予熱する。30×23cmのトレイベイク型またはロースト型に油脂を薄く塗り、底にベーキングペーパーを敷く。

大きなボウルにリンゴのスライスを入れ、レモン汁を絞りかける。

大きなボウルに薄力粉、ベーキングパウダー、砂糖を入れる。卵とバニラエッセンスと混ぜ合わせて中に入れ、溶かしたバターも一緒に薄力粉のボウルに入れてかき混ぜる。ハンドミキサーでよく混ぜ合わせる。

生地の1/2量を型に流し入れる。次にリンゴを並べてから、残りの生地を慎重にかぶせる（リンゴが少し透けて見えてもOK）。予熱したオーブンで50〜60分、またはケーキに焼き色がつき、触るとしっかりとした感触になり、ケーキの側面が縮んで型から少し離れるまで焼く。15分ほど冷まして型から出し、ベーキングペーパーを取り除く。

アイシングを作る。粉糖を計量してボウルに入れる。そこにレモンの皮と沸騰した十分なお湯を加えて混ぜる（ペースト状になる量）。絞り袋に入れ、ケーキの上に太くジグザグの形になるように絞り出す。16等分にカットする。

モラセス（黒蜜）を計量する際はまず砂糖を計り、そこにモラセスを計り入れます。
こうすることで容器に付着せずに、簡単＆正確に計量ができます。

GINGER AND TREACLE SPICED TRAYBAKE
ジンジャー＆トリークルスパイス・トレイベイク

16切れ分
ベーキングスプレッド ………… 225g
　　　　　　　　（冷たいまま使用）
ブラウンシュガー ……………… 175g
モラセス ………………………… 200g
セルフレイジングフラワー … 300g
ベーキングパウダー ……… 小さじ1
ミックススパイスパウダー
……………………………… 小さじ1
オールスパイスパウダー
……………………………… 小さじ1
卵（L玉）……………………… 4個
牛乳 ……………………………… 大さじ4
瓶入りのステムジンジャー … 3片
　　　　　　　（細かく刻んだもの）

＜アイシング用＞
粉糖 ………… 75g（ふるったもの）
ステムジンジャーシロップ
…………… 大さじ3（缶詰など）
ステムジンジャー ……………… 3片
　　　　　　　（細かく刻んだもの）

[日本で作る場合の注意]
※ベーキングスプレッド
　製菓用マーガリンを使用
※セルフレイジングフラワー
　小麦粉150gあたりベーキングパウダー
　小さじ2、塩少々を混ぜ合わせて使用

オーブンを180℃（コンベクションオーブン160℃/ガスオーブン マーク4）に予熱する。30×23cmのトレイベイク型またはロースト型に油を塗り、底にベーキングペーパーを敷く。

———

スポンジの材料をすべて大きなボウルに入れ、ハンドミキサーでよく混ぜ合わせる。

———

あらかじめ準備しておいた型に生地を入れ、表面を平らにする。予熱したオーブンで35〜40分、またはケーキの側面が縮んで型から離れ、中央を指先で押すと弾力が出るまで焼く。数分冷まして型から出し、ベーキングペーパーをはがしてワイヤーラックの上で冷ます。

———

アイシングを作る。粉糖を計量しボウルに入れる。ジンジャーシロップを加え、アイシングが滑らかになり、塗りやすい固さになるまで混ぜる。アイシングをケーキにかけ、小さなパレットナイフを使って端まで広げ、飾り用に刻んだステムジンジャーを散らす。アイシングが固まってから切り分ける。16等分にカットする。

ヒント
このトレイベイクはアイシングをする前でしたら冷凍可能です。一度冷凍したほうが味が良くなるのでお試しください。

一番人気のトレイベイク。中はしっとり、外はサクサクです。
ケーキをオーブンから取り出して少し冷ましたら、まだ温かいうちにトッピングをするのがポイント。
こうすることで生地にレモンシロップが染み込みやすくなり、砂糖の食感が外側に残るのです。
ただしケーキが熱すぎるとシロップが流れ出てしまうので注意してください。

LEMON DRIZZLE TRAYBAKE
レモンドリズル・トレイベイク

16切れ分
ベーキングスプレッド ………… 225g
　　　　　　　（冷たいまま使用）
グラニュー糖 …………………… 225g
セルフレイジングフラワー … 275g
ベーキングパウダー ……… 小さじ1
卵（L玉） ………………………… 4個
牛乳 …………………………… 大さじ4
レモンの皮 ………………… 2個分

＜サクサクのトッピング用＞
グラニュー糖 ………………… 175g
レモン汁 …………………… 2個分

[日本で作る場合の注意]
※ベーキングスプレッド
　製菓用マーガリンを使用
※セルフレイジングフラワー
　小麦粉150gあたりベーキングパウダー
　小さじ2、塩少々を混ぜ合わせて使用

オーブンを180℃（コンベクションオーブン160℃/ガスオーブン マーク3）に
予熱する。30×23cmのトレイベイク型またはロースト型に油脂を薄くを塗り、
底にベーキングペーパーを敷く。

———

スポンジの材料をすべて大きなボウルに入れ、ハンドミキサーでよく混ざる
まで混ぜ合わせる。

———

あらかじめ準備しておいた型に生地を入れ、表面を平らにする。予熱した
オーブンで35〜40分、またはケーキの側面が縮んで型から離れ、中央を
指先で押すと弾力が出るまで焼く。

———

数分冷まして型から出し、注意しながらベーキングペーパーをはがしてワイ
ヤーラックの上で少し冷ます。

———

トッピングを作る。グラニュー糖とレモン汁を小さなボウルで混ぜて、さらり
とした固さにする。ケーキをのせたワイヤーラックを天板に置き、レモンシロップ
プを受け止めながら、ケーキが少し温かいうちにレモンシロップをまんべん
なく塗る。そのままワイヤーラックで冷まし、16等分にカットする。

レモン・ポピーシード・トレイベイクを作るには、上記レシピの材料にポピーシード（ケ
シの実）30gを加えてください。

子どもたちが大喜びするケーキ。
ダブルチョコレートにマシュマロが入っているなんて最高でしょう!

DOUBLE CHOC CHIP AND MARSHMALLOW TRAYBAKE
ダブルチョコチップ&マシュマロ・トレイベイク

16切れ分

ココアパウダー ……………… 大さじ4
熱湯 …………………………… 大さじ4
卵(L玉) ………………………… 4個
ベーキングスプレッド ……… 225g
　　　　　　　　（冷たいまま使用）
グラニュー糖 ………………… 225g
セルフレイジングフラワー … 225g
ベーキングパウダー ……… 小さじ1
ダークチョコレートチップ … 115g

＜アイシング用＞
ココアパウダー ………………… 40g
　　　　　　　　　（ふるったもの）
バター ……55g（柔らかくしたもの）
牛乳 ……………………… 大さじ3〜4
粉糖 ………… 125g（ふるったもの）

＜デコレーション用＞
ミニマシュマロ ………………… 30g
チョコレート菓子（モルティーザー
スなど）
　………………… 75g（つぶすか刻む）
　　＊イギリスのチョコレート菓子。
　　　類似品で代用可

[日本で作る場合の注意]
※ベーキングスプレッド
　製菓用マーガリンを使用
※セルフレイジングフラワー
　小麦粉150gあたりベーキングパウダー
　小さじ2、塩少々を混ぜ合わせて使用

オーブンを180℃（コンベクションオーブン160℃/ガスオーブン マーク4）に予熱する。30×23cmのトレイベイク型またはロースト型に油脂を薄く塗り、底にベーキングペーパーを敷く。

———

スポンジを作る。ココアパウダーと熱湯を大きなボウルに入れ、滑らかになるまで混ぜる。チョコレートチップ以外の残りのスポンジ材料をすべて加え、ハンドミキサーでふわふわになって軽くなるまで混ぜる。チョコレートチップを入れて混ぜる。

———

あらかじめ準備しておいた型に生地を入れ、表面を平らにする。オーブンの中央で約35分、またはケーキの側面が縮んで型から離れ、中央を指先で押すと弾力が出るまで焼く。数分冷まして型から出し、ベーキングペーパーをはがす。

———

アイシングを作る。ココア、バター、牛乳、粉糖を計量してボウルに入れる。軽く、滑らかになるまでよく混ぜ合わせ、冷めたケーキの上に塗る。

———

マシュマロとチョコレート菓子（モルティーザーズなど）を散らしてデコレーションする。

CHAPTER EIGHT

BAKING
FOR
CHILDREN

子どものためのケーキ

小さくて可愛らしいタルトは子どもたちのパーティーにぴったり。
ひと口で食べられますし、お菓子作りを学ぶのに最適なレシピでしょう。

MINI JAM TARTS
ミニジャムタルト

18個分

薄力粉	115g
バター	55g
粉糖	大さじ1
卵黄（L玉）	1個
水	大さじ1
ラズベリージャム またはレモンカード	1/2瓶

オーブンを200℃（コンベクションオーブン180℃/ガスオーブン マーク6）に予熱しておく。ミニマフィン型12個取りのものが2枚、またはミニマフィン型24個取りのものが1枚必要。

———

薄力粉、バター、粉糖をフードプロセッサーに入れ、細かいパン粉のようになるまでONで回す。卵黄と水を加えて、ボール状になるまで再び回す。

———

粉を振った作業台の上で、生地を薄く伸ばす。6.5cmの丸型の抜き型で18個の円形を型抜きする。ミニマフィン型に生地を敷き詰め、底をフォークで刺して穴を開ける。

———

ジャムまたはレモンカードを小さじ山盛り1杯ずつタルト生地に入れる。予熱したオーブンで約15分、またはペストリーに淡い焼き色がつくまで焼く。数分置いてから、ワイヤーラックの上に移して冷ます。

私が小さい頃、母がコーンフレークの箱に入っていたワックスペーパーを使って作ってくれたのを思い出します。気温が高い季節は涼しい場所で保存してください。

チョコレート・クリスピー

小18個、大12個分
ダークチョコレート ·············· 225g
　　　　　　　　（細かく砕いたもの）
ゴールデンシロップ ········· 大さじ1
バター ······························ 55g
コーンフレーク ······················ 75g

チョコレート、ゴールデンシロップ、バターを一緒に大きな鍋に入れる。弱火にかけ、時々かき混ぜながら溶かす。その間に、大きな天板に18個のカップケーキ用ケースを並べる。

―――

鍋にコーンフレークを加え、均一にコーティングされるまでやさしくかき混ぜる。できたものをケースに入れ、冷蔵庫で冷やして固める。

ヒント
ケースがない場合は、ベーキングペーパーの上に盛って、そのまま固めてもよい。

大人と一緒なら小さなお子さんでも簡単に作れます。
ボンファイヤー・ナイト（ガイ・フォークス・ナイト）に作ったら楽しいでしょう。

CHOCOLATE AND VANILLA PINWHEEL BISCUITS
チョコレートとバニラの渦巻きクッキー

約20個分

＜バニラビスケット生地用＞
バター ……55g（柔らかくしたもの）
グラニュー糖 ………………………… 30g
コーンスターチ ……………………… 30g
薄力粉 ………………………………… 55g
溶き卵（L玉）………………… 1/2個
バニラエッセンス …………… 数滴

＜チョコレートビスケット生地用＞
バター ……55g（柔らかくしたもの）
グラニュー糖 ………………………… 30g
コーンスターチ ……………………… 30g
薄力粉 ………………………………… 40g
溶き卵（L玉）………………… 1/2個
ココアパウダー …………… 大さじ1

バニラビスケットの材料をボウルに入れ、柔らかい一つの生地になるように混ぜる。ラップで包み、冷蔵庫で約30分、固くなるまで冷やす。その間に、チョコレートビスケット生地を同じ方法で作り、ラップをして冷やす。

—

粉を振った作業台の上で、両方の生地を25×18cmの長方形に伸ばす。チョコレート生地の上にバニラ生地をのせ、短い方の一辺から2つ合わせて巻いていく。ラップで包み、再び約30分冷やす。

—

オーブンを180℃（コンベクションオーブン160℃/ガスオーブン マーク4）で予熱しておく。天板2枚に油脂を薄く塗る。

—

ナイフで約20枚に切り分け、用意した天板に並べる。

—

予熱したオーブンで約20分、バニラビスケットに焼き色がつくまで焼く。ワイヤーラックの上に移して冷ます。

パーティーで大人気のケーキ。
特に子どもたちはマーブル模様を作る楽しさに大喜びするでしょう。

CHOCOLATE CHIP AND VANILLA MARBLE CAKE
チョコレートチップ&バニラのマーブルケーキ

小さめ21切れ分
ベーキングスプレッド ………… 225g
　　　　　　　　　（冷たいまま使用）
グラニュー糖 ………………… 225g
セルフレイジングフラワー … 275g
ベーキングパウダー ……… 小さじ1
卵（L玉）………………………… 4個
牛乳 ………………………… 大さじ2
バニラエッセンス ……… 小さじ1/2
ココアパウダー ………… 大さじ1.5
熱湯 ………………………… 大さじ2
ダークチョコレートチップ …… 55g

＜アイシング用＞
ダークチョコレート …………… 55g
　　　　　　　　（細かく砕いたもの）
ベルギー産ホワイトチョコレート
　……… 55g（細かく砕いたもの）

[日本で作る場合の注意]
※ベーキングスプレッド
　　製菓用マーガリンを使用
※セルフレイジングフラワー
　　小麦粉150gあたりベーキングパウダー
　　小さじ2、塩少々を混ぜ合わせて使用

オーブンを180℃（コンベクションオーブン160℃/ガスオーブン マーク4）で予熱しておく。30×23cmのトレイベイク型またはロースト型に油を塗り、底にベーキングペーパーを敷く。

———

大きなボウルにベーキングスプレッド、砂糖、薄力粉、ベーキングパウダー、卵、牛乳、バニラエッセンスを入れ、約2分、よく混ざるまで混ぜ合わせる。生地の1/2量をあらかじめ準備しておいた型に間隔をあけてまばらに置いていく。

———

小さなボウルにココアと沸騰したお湯を入れて混ぜる。少し冷ましてから、チョコレートチップと一緒に残りの生地に入れてかき混ぜる。この生地を、あらかじめ型に入れたバニラの生地の間に、隙間を埋めるように置いていく。

———

予熱したオーブンで約35〜40分、またはケーキが縮んで型の側面から離れ、中心を指先で押したときに弾力が出るまで焼く。型に入れたまま冷まし、型から出してベーキングペーパーを剥がす。

———

ダークとホワイトチョコレートを別々に耐熱性の小さなボウルに入れる。ボウルを湯せんの鍋の上で、時々かきまぜながらチョコレートを溶かす。ボウルの底がお湯に触れないようにする。スプーンでそれぞれを小さなビニール袋に入れ、袋の角を切り落とし、ケーキの上にチョコレートを細い線を描くようにかけてデコレーションする

———

約30分置いてチョコレートが固まったら切り分ける。

食欲旺盛なティーンエージャーにはこれ！　揚げたてが最高です。

ドーナツ

16個分
薄力粉 ································ 550g
　　　　　　（＋打ち粉用）
インスタントドライイースト
···························· 7g(小袋)
バター ···························· 30g
グラニュー糖 ······················· 75g
卵(L玉) ·········· 2個(溶いたもの)
なまぬるい牛乳 ············· 大さじ6
ぬるま湯 ················· 大さじ6
揚げ物用の植物性油(ライト)
···························· 適量

＜フィリング用＞
ラズベリージャム ··············· 適量

＜コーティング用＞
グラニュー糖 ····················· 115g
シナモンパウダー ··········· 小さじ2

天板3枚に油脂を薄く塗り、薄力粉を振っておく。

—

薄力粉を大きなボウルに入れ、イーストを入れてかき混ぜる。バターを加え、指先を使って細かいパン粉のような状態になるまですり混ぜる。そこに砂糖を入れてかき混ぜる。中央にくぼみを作り、卵、牛乳、水を入れ、滑らかな生地になるように混ぜる。

—

軽く打ち粉をした作業台に生地を出して、約5分、生地が滑らかになり弾力が出るまでこねる。ボウルに戻し、油を塗ったラップで覆い、暖かい部屋で約1〜1時間半、約2倍の大きさに膨らむまで置いておく。

—

生地を出し、空気を抜くようにこねる。生地が滑らかになり、再び弾力が出るまでこねる。16等分して、丸めてボール状にする。ボールを平らにし、ジャムを中央に小さじ1杯ずつ置く。ジャムの上で生地の端を合わせ、しっかりとつまんで閉じる。あらかじめ準備しておいたトレイに十分に間隔をあけて並べ、油を塗ったラップで覆うか、トレイを大きなポリ袋に入れ、発酵して約2倍の大きさになるまで約30分置いておく。

—

揚げ物用の深鍋または厚手の鍋に深さ5cmほど油を入れ、油に落とした生地に30秒で焼き色がつくまで熱する。ドーナツを一度に数個ずつ揚げ、1度ひっくり返して、両面がキツネ色になるまで揚げる(約5分)。穴あきスプーンで取り出し、キッチンペーパーの上でよく油を切る。

—

砂糖とシナモンを計量してビニール袋に入れ、振って混ぜる。一度に数個づつ、ドーナツを入れて全体をコーティングする。揚げたてを召し上がれ。

子どもたちに好きな色でアイシングをしてもらいましょう。
動物型の抜き型は製菓店やキッチン用品店で揃います。

動物型アイシングクッキー

約50個分
バター … 115g（柔らかくしたもの）
セルフレイジングフラワー … 225g
バニラエッセンス …………… 数滴
グラニュー糖 ………………… 115g
溶き卵（L玉）………………… 1個分

＜アイシング用＞
粉糖 ………… 115g（ふるったもの）
レモン汁 ………………… 大さじ1
食用色素（赤、緑、青、黄）
…………………………………… 適量
アザラン（目に使用）

[日本で作る場合の注意]
※**セルフレイジングフラワー**
　小麦粉150gあたりベーキングパウダー
　小さじ2、塩少々を混ぜ合わせて使用

オーブンを190℃（コンベクションオーブン170℃/ガスオーブン マーク5）で予熱しておく。天板2枚に油脂を薄く塗る。

───

薄力粉にバターを加え、指先を使って細かいパン粉のような状態になるまですり混ぜる。バニラエッセンス、砂糖、溶き卵を加えて混ぜ合わせ、かなり固めの生地を作る。打ち粉をした台の上で薄く伸ばし動物の抜き型で型抜きをする。あらかじめ準備しておいた天板に並べる。

───

予熱したオーブンで10～15分、キツネ色になるまで焼く。ワイヤーラックの上で冷ます。

───

アイシングを作る。粉糖をボウルに入れ、塗りやすい固さに十分なレモン汁を加える。アイシングを2～3個の小さなボウル（カップでも可）に分け、それぞれのボウルに異なる食用色素を1滴ずつ加え、よく混ぜる。

───

ビスケットの上にアイシングを少量ずつのせ、スプーンを使って延ばす。目の部分にアザランをのせて完成。

S字型に作るのが一般的ですが、
好きなアルファベットや数字の形にしても楽しいでしょう。

ジャンブル

32個分
バター … 150g（柔らかくしたもの）
グラニュー糖 ……………… 150g
バニラエッセンス …………… 数滴
レモンゼスト ………………… 1個分
卵（L玉）……………………… 1個
薄力粉 ………………………… 350g
グレーズ用はちみつ ………… 適量
デメララシュガー
またはカスナード（飾り付け用）
　……………………………… 適量

天板3枚に油脂を薄く塗り、オーブンペーパーを敷く。

———

はちみつとデメララシュガー（またはカスナード）以外の材料をすべて計量してボウルに入れ、生地がまとまるまで手で混ぜ合わせる。この手順はフードプロセッサーやミキサーを使っても可。

———

生地を32個に分ける。分けた生地を転がしながら延ばし、長さ10cmのひも状にする。それをひねってS字型にする。あらかじめ準備しておいた天板にのせ、約30分冷やす。

———

オーブンを190℃（コンベクションオーブン170℃/ガスオーブン マーク5）で予熱しておく。

———

予熱したオーブンで淡い焼き色がつくまで10〜15分ほど焼き、オーブンから取り出す。オーブン温度を220℃（コンベクションオーブン200℃/ガスオーブン マーク7）に上げ、ジャンブルがまだ温かいうちにハケではちみつをよく塗り、デメララシュガー（またはカスナード）を振りかける。2〜3分オーブンに戻す。少し冷ましてから、ワイヤーラックの上に移して完全に冷ます。

子どもたちはこのビスケットを型抜きをしたり飾り付けしたりするのが大好き。
扱いやすい生地なので、2番生地もきれいに伸ばせます。

GINGERBREAD MEN
ジンジャーブレッドマン

20個分

薄力粉	350g
重曹	小さじ1
ジンジャーパウダー	小さじ2
バター	115g
ブラウンシュガー	175g
ゴールデンシロップ	大さじ4
溶き卵(L玉)	1個
カランツ(デコレーション用)	適量

オーブンを190℃(コンベクションオーブン170℃/ガスオーブン マーク5)で予熱しておく。天板3枚に油脂を薄く塗る。

薄力粉、重曹、ジンジャーパウダーをボウルに入れる。バターを加え、指先を使って細かいパン粉のようになるまですり混ぜる。そこに砂糖を入れてかき混ぜる。ゴールデンシロップと溶き卵を加え、滑らかな一つの生地になるように混ぜ、最後の方は軽くこねる。

生地を半分に分け、作業台に薄く打ち粉をする。片方の生地は5mm程度の厚さに伸ばす。ジンジャーブレッドマンの抜き型で型抜きし、あらかじめ準備しておいた天板に並べる(ここでは13.5cmの抜き型を使い、20個のジンジャーブレッドマンを作る)。目とボタンになるところにカランツを置く。残りの生地もこれを繰り返す。必要に応じて再度丸めて伸ばす。

予熱したオーブンで10〜12分、少し濃いめの色になるまで焼く。少し冷めてから、ワイヤーラックの上に移して完全に冷ます。

ダリオール型やエッグカップを使って簡単に作れる小さなケーキ。
ピラミッド型を使えば、シャープに尖った形にも作れます。

ココナッツ・ピラミッド

12個分
ココナッツファイン ⋯⋯⋯⋯⋯ 225g
グラニュー糖 ⋯⋯⋯⋯⋯⋯⋯⋯ 115g
溶き卵（L玉）⋯⋯⋯⋯⋯⋯⋯ 2個分
食用色素（ピンク）⋯⋯ 少々（好み）

オーブンを180℃（コンベクションオーブン160℃/ガスオーブン マーク4）で予熱しておく。天板2枚にベーキングペーパーを敷く。

―

ココナッツと砂糖を計量してボウルに入れ、混ぜる。生地がまとまるのに十分な量の卵を入れて混ぜ合わせ、お好みでピンク色の食用色素を数滴加える。

―

型またはエッグカップを冷水につけ、よく水を切る。

―

型に生地を入れ、軽く押さえる。型に入れた生地をひっくり返して、あらかじめ準備しておいた天板に出す。残りの生地も同じようにする。

―

予熱したオーブンで約20分、ピラミッドに淡い焼き色がつくまで焼く。天板からワイヤーラックの上に移して冷めるまで置いておく。

甘過ぎないのでフラップジャックより少しヘルシーなお菓子。ランチのお供にも。

OAT AND SUNFLOWER SQUARES
オーツ&ひまわりの種のスクエア

16個分

バター	75g
ゴールデンシロップ	75g
オートミール	150g
ひまわりの種	55g

オーブンを180℃（コンベクションオーブン160℃/ガスオーブン マーク4）で予熱しておく。18cmの浅い角型ケーキ型に油脂を薄く塗る。

—

大きな鍋にバターとシロップを入れ、均等に混ざるまで弱火にかける。

—

シロップとバターを混ぜた鍋にオーツとひまわりの種を加え、完全に混ざるまでかき混ぜる。あらかじめ準備しておいた型に入れ、スプーンの背でしっかりと押さえつける。

—

予熱したオーブンで20〜25分、または中心が焼けて、縁がキツネ色になるまで焼く。16個の正方形にカットし、型に入れたまま冷まし、そっと取り出す。

これこそ完璧なバースデーケーキ！
チョコレートで作ったお城は、飾り方次第で王子様にもお姫様用にもなります。

お城のバースデーケーキ

20人分
＜チョコレートケーキ用＞
ココアパウダー …………………… 80g
熱湯 …………………………… 240ml
グラニュー糖 ………………… 700g
ベーキングスプレッド ……… 700g
　　　　　　　　（冷たいまま使用）
ベーキングパウダー ……… 小さじ4
セルフレイジングフラワー … 750g
卵（L玉）…………………… 12個
牛乳 …………………………… 大さじ4

＜チョコレートアイシング用＞
バター … 250g（柔らかくしたもの）
牛乳 …………………………… 大さじ2
粉糖 ……………………………… 350g
ココアパウダー …………… 大さじ5
熱湯 …………………………… 大さじ4

＜デコレーション用＞
ウエハース ……………………… 2枚
チューブ入り食品用接着剤 … 1本
ジェリービーンズ
　……………………… 1個（小パック）
4本入りのキットカット8つ、
　　　またはチョコレートフィンガー
　　　ビスケット
マーブルチョコ………………… 200g
アイスクリームコーン
　……………………………………… 5個

[日本で作る場合の注意]
※ベーキングスプレッド
　　製菓用マーガリンを使用
※セルフレイジングフラワー
　　小麦粉150gあたりベーキングパウダー
　　小さじ2、塩少々を混ぜ合わせて使用

オーブンを180℃（コンベクションオーブン160℃/ガスオーブン マーク4）で予熱しておく。20cmの底が外れるタイプの角型ケーキ型2つに油脂を薄く塗り、底にベーキングペーパーを敷く。

—

ココアの1/2量と沸騰したお湯を大きなボウルに入れる。滑らかになるまで混ぜる。残りのケーキの材料の1/2量をボウルに加え、ハンドミキサーで2分間、白っぽくなって軽くなるまで泡立てる。

—

2つの型に分け入れ、表面を平らにする。35〜40分焼く。または、よく膨らみ、指先で中心を押すと弾力が出るまで焼く。型から出してワイヤーラックの上で冷ます。

—

型は洗って再度油脂を塗り、ベーキングペーパーを敷く。残りの材料で同じ作り方を繰り返し、型に分ける。前回と同じように35〜40分焼いて、ワイヤーラックの上で冷ます。

—

チョコレートアイシングを作る。バター、牛乳と、粉糖の半量を、ハンドミキサーで滑らかになるまで混ぜ合わせる。残りの粉糖を加え、再び混ぜ合わせる。ココアと沸騰したお湯を小さなボウルで混ぜ合わせ、滑らかなペースト状にする。これをアイシングに加え、よく混ぜ合わせる。

—

[レシピは裏面に続く]

ケーキを組み立てる。4つのケーキからベーキングペーパーを取り除く。ケーキボードの上にケーキを置き、アイシングを塗って、もう1枚のケーキで挟む。これがお城の土台となる。紙で11cm角の型紙を作り、残りのホールケーキ2個の角に合わせて置く。型紙に沿って周りをスライスして、11cmの正方形を2つ作る。アイシングをはさみ、お城の土台の上の中央に置く。

——

余ったケーキを5cmの丸い抜き型を使って10個の円を型抜きする。アイシングで挟んで、5つの筒型を作る（これがお城の小塔の部分になる）。

——

ベースのケーキの上に4つ、高くした部分の中央に1つ小塔を置く。チョコレートアイシングでケーキ全体を覆う。

——

ウエハースをケーキの前面に貼り付け、ドアにする。ドアノブ用に半分に切ったジェリービーンズを貼る。キットカットまたはチョコレートフィンガーを適当な大きさに切りそろえて、ケーキの土台と2段目の周りにきれいに並べ、壁を作る。小塔の上部をマーブルチョコで覆う。半分に切ったジェリービーンズをアイスクリームコーンの1つに接着し、一番上の真ん中に置く。残りのコーンを4つの小塔に乗せる。

——

お好みで旗や兵士、お姫様、きらきらした飾りなどをつけて仕上げる。

"小さな宝石"という名前のカップケーキ。
子どもたちはお気に入りのスイーツをケーキの上にのせるお手伝いを喜んでしてくれるでしょう。

リトルジェム

40個分
バター……75g（柔らかくしたもの）
卵（L玉）…………………………2個
セルフレイジングフラワー…115g
ベーキングパウダー………小さじ1
グラニュー糖…………………75g
牛乳……………………………大さじ1

＜デコレーション用＞
粉糖…………115g（ふるったもの）
しぼったレモン汁…………大さじ1
小さなスイーツ（デコレーション用）

[日本で作る場合の注意]
※**セルフレイジングフラワー**
　小麦粉150gあたりベーキングパウダー
　小さじ2、塩少々を混ぜ合わせて使用

オーブンを180℃（コンベクションオーブン160℃/ガスオーブン マーク4）で予熱しておく。約40個のプチフール用グラシンケースを天板に並べる。

—

ケーキの材料をすべて計量してボウルに入れ、しっかりと混ぜ合わせる。

—

小さじ山盛り弱の生地をケースに入れる（入れすぎないように注意）。予熱したオーブンで15〜20分焼く、またはよく膨らみ、淡いキツネ色になるまで焼く。ワイヤーラックの上で冷ます。

—

アイシングを作る。粉糖を計量してボウルに入れる。塗りやすい固さになる量のレモン汁を加える。冷めたケーキの上に少量ずつのせ、ティースプーンの背で広げる。アイシングが固まる前に、トップに飾り用のスイーツをのせる。

この形を基本に、猫、テディベア、コアラ、フクロウなど、他の動物も作れます。
ココナッツの代わりにチョコレートスプレーを使うこともできます。

バニーラビットのバースデーケーキ

20人分
＜ケーキ用＞
バター …275g（柔らかくしたもの）
グラニュー糖 ……………………… 275g
卵（L玉）…………………………… 5個
セルフレイジングフラワー … 275g
ベーキングパウダー ……… 小さじ1

＜バタークリーム用＞
バター …225g（柔らかくしたもの）
粉糖 ………… 450g（ふるったもの）
レモン汁 …………………… 1/2個分

＜デコレーション用＞
ココナッツファイン ……… 約250g
目、鼻、ひげ用のスイーツ

[日本で作る場合の注意]
※セルフレイジングフラワー
　小麦粉150gあたりベーキングパウダー
　小さじ2、塩少々を混ぜ合わせて使用

オーブンを180℃（コンベクションオーブン160℃/ガスオーブン マーク4）で予熱しておく。直径15cm、18cm、20cmの浅いサンドイッチ型に油脂を薄く塗り、底にベーキングペーパーを敷く。

———

ケーキの材料を大きなボウルに入れる。混ざって滑らかになるまで約2分間混ぜる。

———

生地を型に分け入れ、表面を平らにする。予熱したオーブンで、20〜25分（直径15cmの型）、25〜30分（直径18cmの型）、30〜35分（直径20cmの型）、またはよく膨らむまで焼く。そのまま数分冷まして型から出し、ベーキングペーパーをはがしてワイヤーラックの上で冷ます。

———

その間にバタークリームを作る。バター、粉糖、レモン汁をボウルに入れ、完全に混ざるまで混ぜる。

———

ココナッツの2/3量をキツネ色になるまでトーストする。

———

ウサギの形を作る。18cmのケーキから耳、足、しっぽの形の部分をカットする。耳はケーキの両側から楕円形に2枚ずつ、後ろ足は小さめの楕円形に1枚、しっぽは円形にカットする。20cmのケーキは胴体、15cmのケーキが頭部になる。耳、足、しっぽの位置を決めて、大きなケーキボードかホイルで覆ったベーキングシートの上でウサギを組み立てる。

———

ケーキをバタークリームで覆う。尻尾、内耳、おなかの部分を残して、トーストしたココナッツを振りかけ、尻尾、内耳、おなかはトーストしていないココナッツで覆う。最後に、目、鼻、ひげ用のスイーツをのせる。ここでは薄切りのリコリス（甘草の一種を使ったお菓子）をヒゲに使用。

特別な日のための遊び心のあるケーキです。カットする前は普通のケーキに見えますが、
カットするとまるで虹のように鮮やかでカラフルな断面が現れ、皆の歓声が上がるでしょう。

RAINBOW CAKE
レインボーケーキ

20人分
卵（L玉）………………………… 6個
グラニュー糖 …………………… 375g
ベーキングスプレッド ………… 375g
　　　　　　　　　（冷たいまま使用）
セルフレイジングフラワー … 375g
ベーキングパウダー ……… 小さじ3
バニラエッセンス ………… 小さじ3
牛乳 …………………………… 大さじ3
食用色素ペースト
またはジェルタイプ（6色）… 適量

＜クリームチーズアイシング用＞
バター … 375g（柔らかくしたもの）
牛乳 …………………………… 大さじ3
粉糖 ………… 750g（ふるったもの）
バニラエッセンス ……… 小さじ1/2
クリームチーズ ……………… 275g
デコレーション用のあられ糖
…………………………………… 適量

[日本で作る場合の注意]
※**ベーキングスプレッド**
　製菓用マーガリンを使用
※**セルフレイジングフラワー**
　小麦粉150gあたりベーキングパウダー
　小さじ2、塩少々を混ぜ合わせて使用

オーブンを180℃（コンベクションオーブン160℃/ガスオーブン マーク4）で
予熱しておく。直径20cmの底が外れるタイプの丸いケーキ型2個に油脂を
薄く塗り、底にベーキングペーパーを敷く。

———

ケーキの材料の1/3量を大きなボウルに入れ、ハンドミキサーを使って、約
2分間、泡立てる。生地を2つのボウルに分け、それぞれのボウルに異な
る色の食用色素を加えてよく混ぜる。

———

予熱したオーブンで15分、または指先で中心を押すと弾力が出るまで焼く。
型から取り出し、ワイヤーラックの上にのせて冷ます。

———

型を洗って油脂を薄く塗り、再びベーキングペーパーを敷く。この手順を繰
り返して、色違いのケーキをあと4つ作る。

———

クリームチーズアイシングを作る。大きなボウルにバターと牛乳、粉糖の半
量を入れ、ハンドミキサーで滑らかになるまで混ぜ合わせる。残りの粉糖、
バニラエッセンス、クリームチーズを加え、軽くふわふわになるまで混ぜ合
わせる。

———

ケーキを組み立てる。6つのケーキのベーキングペーパーをすべて取り除く。
紫のケーキをケーキボードの上にのせ、少量のアイシングを塗る。赤いケー
キを一番上にするようにして6個のケーキをアイシングでサンドしながらきれ
いに重ねていく。ケーキの表面全体を薄くアイシングで覆い、冷蔵庫で20
分冷やす。こうすることでケーキをきれいにカットすることができる。

———

アイシングが固まったら、最後にアイシングをもう一塗りして滑らかに仕上
げる。あられ糖をふりかけてトッピングする。

CHAPTER NINE

BISCUITS
AND
COOKIES

ビスケット＆クッキー

可愛いクッキー缶を買ってきて、手作りのクッキーを詰めてみましょう。
ブラウンシュガーの代わりにグラニュー糖を使うなど、レシピをアレンジしても。

SPECIAL SHORTBREAD BISCUITS
スペシャル・ショートブレッド・ビスケット

20枚分
薄力粉 ····························· 175g
ブラウンシュガー····················· 75g
バター ····························· 125g
デメララシュガーまたはカスナード
···················· 少々(仕上げ用)

オーブンを160℃(コンベクションオーブン140℃/ガスオーブン マーク3)に予熱する。天板2枚に油脂を薄くを塗る。

―――

薄力粉と砂糖を計量して、大きなボウルかフードプロセッサーに入れる。バターを加え、生地がまとまり始めるまで、指先ですり混ぜるか、プロセッサーにかける。軽くこねて生地を一つにまとめる。

―――

軽く打ち粉をした作業台の上で、生地を約5mmの厚さにのばす。直径5cmの菊型の抜き型で型抜きし、あらかじめ準備しておいた天板に移す。フォークでビスケット全体にピケをし、デメララシュガーを振りかける。

―――

予熱したオーブンで20〜25分、または淡い焼き色がつくまで焼く。天板の上で数分間冷ましてから、ワイヤーラックの上で完全に冷ます。

チェリー・ショートブレッド・ビスケット：焼く前に30gの刻んだ赤または天然色素のドレンチェリーを各ビスケットのトップにのせる。チェリーが甘いのでデメララシュガーはふりかけない。

ウォールナッツ・ショートブレッド・ビスケット： 生地をまとめる前に荒く刻んだクルミ55gを加えてまとめる。焼成後、冷めたら粉糖をたっぷりと振る。

本当においしいショートブレッドを作るにはバターを使います。
私はサクサクの食感にするために薄力粉とセモリナ粉を使っていますが、
コーンスターチや米粉を使ってもよいでしょう。

THE VERY BEST SHORTBREAD
ベリーベスト・ショートブレッド

30本分

薄力粉	225g
セモリナ粉	115g
バター	225g
グラニュー糖	115g
デメララシュガーまたはカソナード	大さじ2（仕上げ用）

30×23cmのトレイベイク型またはロースト型に油脂を薄く塗る。

———

薄力粉とセモリナ粉をボウルまたはフードプロセッサーの中で混ぜ合わせる。バターとグラニュー糖を加え、軽くこねてすり合わせるか、プロセッサーにかけて、生地がちょうどまとまるくらいまで回す。

———

あらかじめ準備しておいた型に生地を押すようにして入れ、ヘラやパレットナイフで平らにする（生地の厚さが均一になるように広げる）。フォークで全体にピケをし、生地が冷えるまで冷蔵庫に入れる。

———

オーブンを160℃（コンベクションオーブン140℃/ガスオーブン マーク3）に予熱する。

———

予熱したオーブンで約50分、またはごく淡いきつね色になるまで焼く。デメララシュガーをふりかけ、天板の上で数分間冷まし、30本にカットする。カットしたビスケットをパレットナイフで慎重に型から外し、ワイヤーラックの上で冷ます。密閉できる缶に入れて保存する。

オレンジ・ショートブレッド：上のレシピの生地にオレンジ（大）1個分の皮を細かくおろしたものを加えます。

ヒント
ドレンチェリー、ドライアプリコット、サルタナレーズンなどを入れても美味しくできますが、フルーツの水分で湿った感じの食感になってしまうので、作ったその日のうちに食べてください。

オールドファッションなクッキーですが、とてもサクサクで美味しくできます。
焼いてから2〜3日以内に食べるのがベストです。

メルティング・モーメンツ

40枚分
バター … 225g（柔らかくしたもの）
グラニュー糖 ………………… 175g
卵黄（L玉）………………… 2個分
バニラエッセンス …………… 数滴
セルフレイジングフラワー … 275g
オールドファッションオートミール
………………………… 55g
赤または天然色素の
ドレンチェリー …………… 約20個
　　（半分に切ったもの／好みで）

[日本で作る場合の注意]
※**セルフレイジングフラワー**
　小麦粉150gあたりベーキングパウダー
　小さじ2、塩少々を混ぜ合わせて使用

オーブンを180℃（コンベクションオーブン160℃/ガスオーブン マーク4）に
予熱する。天板2枚にベーキングペーパーを敷く。

——

バター、砂糖、卵黄、バニラエッセンス、薄力粉を計ってボウルに入れ、
柔らかい生地を作る。

——

生地を約40個に分ける。それぞれを丸める。オートミールを広げたうえで
転がしてまぶす。あらかじめ準備しておいた天板に、間隔をあけて並べる。
上から少し押して、半分に切ったドレンチェリーを好みで載せる。

——

予熱したオーブンで約20分、または焼き色がつくまで焼く。天板の上で数
分間冷ましてから、ワイヤーラックに移してしっかり冷ます。

フォークビスケットとショートブレッドをミックスしたようなクッキーです。
チョコレートはお好みのフレーバーのものを、オレンジの皮は入れずに作ってみてもいいでしょう。

ORANGE AND CHOCOLATE FORK SHORTBREAD BISCUITS
オレンジとチョコレートの
フォーク・ショートブレッド・ビスケット

25枚分
バター … 175g（柔らかくしたもの）
グラニュー糖 ……………………… 75g
薄力粉 ……………………………… 175g
コーンスターチ …………………… 75g
オレンジの皮 ……………… 小1個
　　　　　（細かくおろしたもの）
オレンジ味のチョコレート …… 115g
　　　　　（細かく刻んだもの）

オーブンを180℃（コンベクションオーブン160℃/ガスオーブン マーク4）に予熱する。天板2枚にベーキングペーパーを敷く。

―

バターと砂糖を計量し、フードプロセッサーにかけてクリーム状にする。薄力粉とオレンジの皮を加え、生地がまとまるまで再びフードプロセッサーにかける。刻んだチョコレートを入れてかき混ぜる。

―

軽くこねて滑らかにする。25個に分けてそれぞれをボール状にする。あらかじめ準備しておいた天板に間隔を置いて並べる。少量の水をつけたフォークでビスケットを平らにする。

―

予熱したオーブンで25分、淡い焼き色がつくまで焼く。天板の上で数分間冷ましてから、ワイヤーラックに移して完全に冷ます。

普通のビスケットのようにサクサクとした食感ではなく、少しもっちりとしたクッキーです。
密閉できる缶に入れれば1週間ほど持ちます。

CHOCOLATE CHIP COOKIES
チョコレートチップ・クッキー

20枚分
バター … 115g（柔らかくしたもの）
グラニュー糖 …………………… 75g
ブラウンシュガー ……………… 55g
バニラエッセンス ……… 小さじ1/2
卵（L玉）………… 1個（溶いたもの）
セルフレイジングフラワー … 150g
チョコレートチップ …………… 115g

[日本で作る場合の注意]
※**セルフレイジングフラワー**
　小麦粉150gあたりベーキングパウダー
　小さじ2、塩少々を混ぜ合わせて使用

オーブンを190℃（コンベクションオーブン170℃/ガスオーブン マーク5）に予熱する。大きな天板2枚にベーキングペーパーを敷く。

———

バターと砂糖を大きなボウルに入れ、均一に混ざるまで完全に混ぜ合わせる。

———

溶き卵にバニラエッセンスを加え、バターと砂糖を混ぜたボウルの中に少しずつ加え、加えるたびによく混ぜ合わせる。

———

薄力粉を入れて混ぜながら、最後にチョコレートチップを入れて合わせる。大さじ1杯分の生地を、あらかじめ準備しておいたトレイにクッキーが広がるスペースをあけてのせていく。

———

オーブンの上段で10〜12分、またはクッキーに焼き色がつくまで焼く。クッキーは焦げやすいので気をつけること。天板の上で数分置いたあと、パレットナイフで持ち上げ、ワイヤーラックの上で完全に冷ます。密閉できる缶に入れて保存する。

チョコレートとオレンジのクッキー：上記のレシピに記載のチョコレートチップの代わりに、オレンジチョコレートバー 1本を細かく刻んで使用する。

驚くほど簡単に作れて、しかもとても美味しいクッキーです。
少しくらい形が不揃いでも気にしない! 焼き上がりはソフト、でも冷めると固くなります。

DOUBLE CHOCOLATE COOKIES
ダブルチョコレート・クッキー

約36枚分
ダークチョコレート …………… 180g
　　　　　　　　（細かく砕いたもの）
バター ……………………………… 55g
コンデンスミルク缶 ………… 397g
セルフレイジングフラワー … 225g
ホワイトチョコレートチップ
　………………………………… 115g

[日本で作る場合の注意]
※**セルフレイジングフラワー**
　小麦粉150gあたりベーキングパウダー
　小さじ2、塩少々を混ぜ合わせて使用

耐熱ボウルのなかにチョコレートを入れ、湯せんの鍋の上で時々かき混ぜながら溶かす。

—

火からおろし、コンデンスミルクを入れてかき混ぜて冷ます。

—

薄力粉とチョコレートチップを入れて混ぜ、生地を冷蔵庫で約30分、扱いやすい固さになるまで冷やす。

—

オーブンを180℃(コンベクションオーブン160℃/ガスオーブン マーク4)に予熱する。天板2枚にベーキングペーパーを敷く。

—

生地を36個に分けてボール状に丸め、あらかじめ準備しておいた天板に十分な間隔をあけて並べる。上から押して平にする。

—

予熱したオーブンで約15分焼く。クッキーはまだ柔らかく、つやがある状態。焼きすぎるとすぐに固くなってしまうので注意する。天板の上で数分冷ましてから、パレットナイフでクッキーをワイヤーラックの上に移動して完全に冷ます。

ラベンダーは花も葉の部分も使えますが、できるだけ若葉のみを使いましょう。
フレッシュラベンダーを使用する場合は無農薬のものを使うこと。
ドライラベンダーは風味が強いので、使う場合は量を半分にしてください。

ラベンダー・ビスケット

約36枚分
バター … 175g（柔らかくしたもの）
新鮮なラベンダーの花と葉
　………………………… 大さじ2
（茎は取り除く／花と葉は細かく刻む）
　｜ または
　｜ 乾燥ラベンダー ………… 大さじ1
グラニュー糖 …………………… 115g
薄力粉 …………………………… 225g
デメララシュガー ……………… 30g

バターとラベンダーをボウルに入れ、混ぜ合わせる（こうすることでラベンダーの香りを最大限に引き出すことができる）。

———

バターとラベンダーにグラニュー糖を入れて混ぜ合わせてから、薄力粉を入れて合わせ、手で生地をまとめて滑らかになるまで軽くこねる。

———

生地を半分に分け、1本ずつ長さ15cmの棒状になるように伸ばす。生地をデメララシュガーの上で転がし、均一にコーティングする。ベーキングペーパーかホイルで包み、固くなるまで冷やす。

———

オーブンを180℃（コンベクションオーブン160℃/ガスオーブン マーク4）に予熱する。大きな天板2枚に焦げ付かないベーキングペーパーを敷く。

———

棒状にした生地を約18枚にスライスし、あらかじめ準備しておいた天板に並べる（焼くと広がるので少し間隔をあけて置く）。

———

予熱したオーブンで15〜20分、ビスケットの端が淡いきつね色になるまで焼く。天板の上で数分冷ましてから、パレットナイフなどを使って持ち上げ、ワイヤーラックにのせて完全に冷ます。

このクッキーは、『The Cordon Blue Cookery Book』（赤版）という古いレシピ本で初めて紹介されました。私が長年作り続けているレシピです。

FORK BISCUITS
フォーク・ビスケット

約16枚分
バター … 115g（柔らかくしたもの）
グラニュー糖 ……………………… 55g
レモンの皮 ……………………… 1個分
セルフレイジングフラワー … 150g

[日本で作る場合の注意]
※**セルフレイジングフラワー**
　小麦粉150gあたりベーキングパウダー
　小さじ2、塩少々を混ぜ合わせて使用

オーブンを190℃（コンベクションオーブン170℃/ガスオーブン マーク5）に予熱する。天板2枚にベーキングペーパーを敷く。

—

バターを計ってボウルに入れて柔らかくする。砂糖を少しずつ入れて混ぜてからレモンの皮、そして薄力粉を入れて混ぜ合わせる。手で少しこねてひとつにまとめる。

—

生地をくるみくらいの大きさに分け（16等分）、それぞれを丸める。あらかじめ準備しておいた天板に十分な間隔をあけて並べる。フォークに少量の水をつけて生地を平らにする。

—

予熱したオーブンで15分、かなり薄い焼き色がつくまで焼く。天板の上で数分冷ましてから、ワイヤーラックに移して完全に冷ます。

チョコレート・フォーク・ビスケットを作るには、上記レシピのセルフレイジングフラワーを120gに減らし、ココアパウダー 15gを加える。レモンの皮は不要。焼き色がつくまで焼く。

(*)小さじ2、塩少々を混ぜ合わせて使用

イングランド中部の街シュールズベリーの名前がつけられた伝統的なビスケット。
繊細なレモンの風味が特徴です。

シュールズベリー・ビスケット

約24枚分
バター … 115g（柔らかくしたもの）
グラニュー糖 ……………………… 75g
　　　　　　（仕上げ用を別に用意）
卵（L玉）……………………………… 1個
　　　　　（卵白と卵黄を分けておく）
薄力粉 …………………………… 200g
レモンの皮 ……………………… 1個分
　　　　　　　　（細かくおろしたもの）
カランツ ……………………………… 55g
牛乳 ……………………… 大さじ1〜2

オーブンを200℃（コンベクションオーブン180℃/ガスオーブン マーク6）に予熱する。天板2枚にベーキングペーパーを敷く。

———

バターと砂糖を計量し、ボウルに入れてクリーム状にする。卵黄を加えて混ぜ合わせる。

———

薄力粉をふるい入れ、おろしたレモンの皮を加えてよく混ぜ合わせる。カランツを加え、かなり柔らかな生地になるよう牛乳を調整して加える。

———

軽く打ち粉をした作業台の上で生地を軽くこね、5mmの厚さにのばす。6cmの菊型の抜き型で約24枚を型抜きする。あらかじめ準備しておいた天板に並べる。

———

予熱したオーブンで10分焼く。

———

焼いている間に卵白を軽く泡立てる。ビスケットをオーブンから取り出し、ハケで卵白を塗り、グラニュー糖少々をふりかけ、オーブンに戻してさらに4〜5分、または淡いきつね色になるまで焼く。天板の上で数分冷まし、ワイヤーラックに移して完全に冷ます。

イングランド南西部コーンウォール地方のビスケット。
焼きすぎると固くなってパリパリになってしまうので注意しましょう。

コーニッシュ・フェアリング

約24枚分
薄力粉 ……………………… 115g
ジンジャーパウダー …… 小さじ1/4
ミックススパイスパウダー
　　　　　　　………………… 小さじ1/4
シナモンパウダー ……… 小さじ1/4
重曹 ……………………… 小さじ1/2
バター …… 55g(柔らかくしたもの)
グラニュー糖 …………………… 55g
ゴールデンシロップ …………… 75g

オーブンを180℃(コンベクションオーブン160℃/ガスオーブン マーク4)に予熱する。大きな天板に焦げ付かないベーキングペーパーを敷く。

——

薄力粉、スパイス類、重曹を計量し、ボウルに入れる。バターを入れて指先ですり込み、細かいパン粉のような状態になるまで細かくしてから砂糖を加える。

——

ゴールデンシロップを弱火にかけて温め、生地に入れてかき混ぜ、柔らかい生地を作る。

——

生地を24個に分割してサクランボほどの大きさに丸め、あらかじめ準備しておいた天板の上に間隔をあけて並べる。

——

予熱したオーブンで約10分焼いて、オーブンから天板を取り出し、天板ごと硬い作業台の上などに叩きつけてビスケットをひび割れを入れる。オーブンに入れてさらに5分、きれいな焼き色が均一につくまで焼く。天板の上で数分冷まし、ワイヤーラックに移して完全に冷ます。

ヒント
焼いている途中に天板ごと台に打ち付けることで生地にひび割れを入れ、薄く延ばします。

イギリス菓子の定番フラップジャック。サクッとした食感の伝統的なお菓子です。
焼きすぎると固くなり、焼き色も濃くなってしまうので注意しましょう。

FAST FLAPJACKS
フラップジャック

24個分

バター ································ 225g
デメララシュガーまたはカスナード
································ 225g
ゴールデンシロップ ·············· 75g
オールドファッションオートミール
································ 275g

オーブンを160℃（コンベクションオーブン140℃/ガスオーブン マーク3）に
予熱する。30×23cmのトレイベイク型またはロースト型にベーキングペーパーを敷く。

バター、デメララシュガー、ゴールデンシロップを計量し鍋に入れる。弱火
でゆっくり砂糖を溶かす。火から下ろし、オートミールを入れてかき混ぜる。
よく混ざったら、あらかじめ準備しておいた型に流し入れ、スプーンの背で
押さえて平らにする。

予熱したオーブンで30〜35分、均一に淡いキツネ色になるまで焼く。焼き
すぎると固くなるので注意。焼く時間が短いと、中心が柔らかくなる。焼け
たらオーブンから取り出しして、型に入れたまま10分ほど冷ます。シャープ
な小さいナイフを使って24個の正方形に切り分け、型のまま冷ます。

完全に冷めたら、キッチンペーパーの上に移し、余分な油を取る。保存す
る場合は、フラップジャック同士がくっつかないようにベーキングペーパー
を間に挟んで密閉容器に入れる。

チョコレートチップ・フラップジャックを作るには、オートミールを混ぜた後、生地を冷
ます。ダークチョコレートチップ115gを入れてかき混ぜ、準備した型に入れて上記の
手順で焼く。

ミューズリー・フラップジャックを作るには、オートミール175gをお好みのミューズリー
に置き換え、準備した型に入れて上記のように焼く。レーズンたっぷりがお好みの方は、
30〜55gを追加。

フラップジャックのバリエーションとして、ドライフルーツと種子をたっぷり使っています。
かぼちゃの種とごまの代わりにチアシードやひまわりの種を使ったり、
クランベリーとサルタナレーズンをアプリコットとレーズンに変えてもいいでしょう。
ピクニックやランチボックスに入れるのにもぴったり。使い勝手のよいレシピです。

フルーツ・グラノーラバー

12本分
オールドファッションオートミール
················· 150g
かぼちゃの種 ····················· 30g
ゴマ ···································· 30g
バター ······························· 115g
はちみつ ····················· 大さじ2
ブラウンシュガー ················ 115g
クランベリー ···· 55g（刻んだもの）
サルタナレーズン ··············· 55g
シーソルト（海塩） ········ ひとつまみ
（好みで）

オーブンを180℃（コンベクションオーブン160℃/ガスオーブン マーク4）に予熱する。18cmの正方形のケーキ型に油脂を薄く塗り、底と側面にベーキングペーパーを敷く。

—

オートミールと種子類を天板に並べ、オートミールに軽く焼き色がつくまで10〜15分間オーブンでトーストする。冷めるまで置いておく。

—

バター、はちみつ、砂糖を大きな鍋で一緒に溶かす。トーストしたオートミール、種子類、ドライフルーツを加え、よく混ぜる。海塩をひとつまみ加える（入れなくても可）。あらかじめ準備しておいた型に入れ、スプーンの背で表面をならす。

—

25分、淡い焼き色がつき、中心を触るとしっかりした感触になるまで焼く。15分冷まして注意して型から取り出して12本の棒状にスライスする。ワイヤーラックの上で完全に冷ます。

使うミューズリーによって風味や固さが変わります。
ランチボックスや学校や職場でのおやつに、またピクニックに持っていくのもいいでしょう。

MUESLI COOKIES
ミューズリー・クッキー

約24枚分

バター … 175g（柔らかくしたもの）
グラニュー糖 ………………… 115g
卵（L玉）………………………… 1個
セルフレイジングフラワー … 175g
ミューズリー …………………… 200g
デメララシュガーまたはカスナード
……………………… 適量（仕上げ用）

[日本で作る場合の注意]

※**セルフレイジングフラワー**
　小麦粉150gあたりベーキングパウダー
　小さじ2、塩少々を混ぜ合わせて使用

オーブンを180℃（コンベクションオーブン160℃/ガスオーブン マーク4）に予熱する。大きな天板2枚にベーキングペーパーを敷く。

———

ミューズリーとデメララシュガーを除く材料を計量して大きなボウルに入れ、なめらかになるまでよく混ぜる。分量のミューズリーのうち175gだけを入れてかき混ぜる。

———

準備した天板の上に、スプーンを使って小さじ24杯の生地を間隔をあけて並べていく。生地の上に、残りのミューズリーとデメララシュガーを少々ふりかける。

———

予熱したオーブンで15〜20分、または端がきつね色になるまで焼く。天板の上で数分冷まし、ワイヤーラックに移して完全に冷ます。

チーズを使ったビスケットはお酒のお供に最高。
作り置きをしておいた場合は、お出しする前にオーブンで温め直すといいでしょう。

RICH CHEESY BISCUITS
リッチなチーズ風味のビスケット

約60枚分

薄力粉 ………………………… 175g
シーソルト ………………… 小さじ1/2
マスタードパウダー ……… 小さじ1
バター ………………………… 75g
熟成チェダーチーズ ………… 175g
　　　　　　　　（おろしたもの）
卵（L玉）……………………… 2個
ゴマまたはケシの実
　　　………………… 適量（仕上げ用）

ボウルに薄力粉、塩、マスタードパウダーをふるい入れ、バターを入れて細かいパン粉のような状態になるまで指先ですり混ぜる。おろしたチーズを入れて混ぜる。

———

卵を溶きほぐし、柔らかい生地になるように調整して粉の中に入れて混ぜる（つや出し用の卵を残す）。生地をラップで包み、約15分間冷やす。

———

オーブンを200℃（コンベクションオーブン180℃/ガスオーブン マーク6）に予熱する。天板2枚にベーキングペーパーを敷く。

———

軽く打ち粉をした作業台の上で、生地を約5mmの厚さに伸ばし、5cmの円形または三角形にカットする。あらかじめ準備しておいた天板に並べ、残りの溶き卵を塗る。ゴマまたはケシの実を軽くふりかける。残った生地は1回のみ丸め直して使える。

———

予熱したオーブンで15〜18分、または焼き色がついてカリッとするまで焼く。天板の上で数分冷ました後、ワイヤーラックに移して完全に冷ます。

チーズとピスタチオ入りの塩味のビスケット。
お酒によく合いますし、プレゼントにもおすすめです。
生地を丸める作業は子どもたちも大好き。

DORCHESTER BISCUITS
ドーチェスター・ビスケット

約20枚分
熟成チェダーチーズ ………… 115g
　　　　　　　　（おろしたもの）
薄力粉 ……………………………… 115g
塩 ……………………………………… 少々
バター … 115g（柔らかくしたもの）
マスタードパウダー …… 小さじ1/2
ピスタチオ ………………………… 20個
　　　　　　　　（殻を除いたもの）

オーブンを190℃（コンベクションオーブン170℃/ガスオーブン マーク5）に予熱する。大きな天板2枚にベーキングペーパーを敷く。

———

大きなボウルにナッツ以外の材料をすべて計量して入れ、最初はどレッチを使い、その後は手で混ぜ合わせてひとつにまとめる。

———

生地を20個に分割して、くるみ大に丸め、あらかじめ準備しておいた天板に十分な間隔をあけて並べる。ビスケットの上にピスタチオの実をのせ、手のひらで軽く押して平らにする。

———

予熱したオーブンで15分、またはきつね色になるまで焼く。天板の上で数分冷まし、ワイヤーラックに移して完全に冷ます。

———

そのままでも、温め直して召し上がっても。

ヒント
ピスタチオの代わりに、ホールやカットしたカシューナッツを使うのもいいでしょう。

地中海の風味を焼き込んだような塩味のビスケット。
見た目も美しくローズマリーの香りとサンドライトマトの食感が絶妙です。

SUN-DRIED TOMATO AND ROSEMARY BISCUITS
サンドライトマト＆ローズマリー・ビスケット

48枚分
パルメザンチーズ ……………… 115g
　　　　　　　　　（おろしたもの）
サンドライトマト ………………… 55g
　　　　　　　　　（刻んだもの）
生のローズマリー ………… 大さじ2
（外側にまぶす分は別に用意）
薄力粉 …………………………… 125g
バター ……………… 115g（角切り）

計量したパルメザンチーズ、トマト、ローズマリーをフードプロセッサーにかけて細かく刻む。薄力粉とバターを加え、生地がひとつにまとまるまで再びフードプロセッサーにかける。

———

生地を半分に分け、それぞれを転がして、長さ約15cm、直径約3cmの棒状にする。広げたローズマリーの上で生地を転がす。ラップで包んで冷蔵庫で30分冷やす。

———

オーブンを200℃（コンベクションオーブン180℃/ガスオーブン マーク6）に予熱する。大きな天板2枚にベーキングペーパーを敷く。

———

各生地を24枚の薄い輪切りにし、天板に並べる。予熱したオーブンで約10〜15分、軽くきつね色になるまで焼く。天板の上で数分冷まし、ワイヤーラックに移して完全に冷ます。

素敵なボックスに入れてプレゼントにいかがでしょう。
作り置きする場合は冷凍保存で。常温で保存すると味が落ちてしまいます。

パフペイストリー・チーズストロー

32本分
市販のパイ生地 ……………… 320g
薄力粉 ………… 適量（仕上げ用）
ブラックオリーブのタプナード
　……………………………… 大さじ3
卵（L玉）………… 1個（溶いたもの）
パルメザンチーズ …………… 55g
　　　　　　　　　（おろしたもの）
熟成チェダーチーズ ………… 55g
　　　　　　　　　（おろしたもの）
ケシの実 ……………………… 大さじ2

オーブンを220℃（コンベクションオーブン200℃/ガスオーブン マーク7）に予熱する。大きな天板2枚にベーキングペーパーを敷く。

—

打ち粉をした作業台の上に、パイ生地の長辺を手前にして広げる。パイ生地の下半分にタプナードを塗る。上半分にハケを使って溶き卵を塗る。タプナードの上に、2種のチーズを均等に振りかける。パイ生地の上半分を持ってきて、チーズで覆った上にかぶせる。めん棒を使い、再び元の長方形（約38×23cm）になるように注意しながら伸ばす。

—

パイ生地を横に半分に切り、それぞれを2cm幅の16本の短冊に切る。それぞれを捻じ曲げるように形づくり、あらかじめ準備しておいた天板に並べる（間隔をあける）。はけで溶き卵を塗り、ケシの実を振りかける。

—

予熱したオーブンで15〜18分焼き、裏返してさらに5分、きつね色になってサクッとなるまで焼く。天板の上で数分冷まし、ワイヤーラックに移して完全に冷ます。

CHAPTER TEN

FANCY
BISCUITS

ファンシーなビスケット

このビスケットを作る時は必ずバターを使用してください。
絞り出した時にきれいに形が出る生地なので、いろいろな形に絞り出して作ってみるといいでしょう。

ヴィエニーズ・フィンガー
（ウィーン風フィンガービスケット）

約20個分
バター … 115g（柔らかくしたもの）
粉糖 ………………………………… 30g
薄力粉 …………………………… 150g
ダークチョコレート …………… 75g
　　　　　　（細かく砕いたもの）

オーブンを190℃（コンベクションオーブン170℃/ガスオーブン5）に予熱する。天板2枚に薄く油脂を塗る。中くらいの大きさの星型の口金を絞り袋に入れておく。

———

ボウルにバターと粉糖を入れ、白いクリーム状になるまでよく混ぜ合わせる。薄力粉をボールにふるい入れ、完全に混ざるまでよく混ぜ合わせる。

———

スプーンを使って生地を絞り袋に入れ、長さ約7.5cmのフィンガー形になるように、十分間隔をあけながら絞り出す。

———

予熱したオーブンで10〜15分、または淡いきつね色になるまで焼く。天板の上で数分冷ましてから、ワイヤーラックに移して完全に冷ます。

———

耐熱性のボウルにチョコレートを入れて湯せんの鍋の上で時々かき混ぜながら溶かす（ボウルの底がお湯に触れないようにする）。ビスケットの両端に落としたチョコレートをつける。ワイヤーラックの上で固まるまで置いておく。

焼く時にクッキングシートを使うと、焼成後に天板からビスケットを剥がしやすくなります。天板にしっかりと油脂を塗っておく方法もありますが、焼成後にそのまま長く置くと固まって取れなくなるので注意してください。

FLORENTINES
フロランタン

約20枚分

バター ································ 55g
デメララシュガーまたはカスナード
·································· 55g
ゴールデンシロップ ·············· 55g
薄力粉 ································ 55g
赤または天然色素の
ドレンチェリー … 4個(細かく刻む)
砂糖漬けのピール ········ 55g
(細かく刻む)
アーモンドとくるみの
ミックス ·········· 55g(細かく刻む)
ダークチョコレート ·············· 175g
(細かく砕いたもの)

オーブンを180℃(コンベクションオーブン160℃/ガスオーブン マーク4)に予熱する。天板3枚にベーキングペーパーを敷く。

———

バター、砂糖、シロップを小鍋に計って入れ、バターが溶けるまで弱火にかける。火からおろし、薄力粉、刻んだドレンチェリー、砂糖漬けのピール、ナッツを鍋に加え、よく混ぜる。

———

あらかじめ準備しておいた天板に、小さじ1杯分の生地をスプーンですくってのせる(焼くと広がるので十分な間隔をあける)。予熱したオーブンで8〜10分、またはきつね色になるまで焼く。フロランタンが冷めてから、パレットナイフを使ってワイヤーラックに移す(油を塗ったトレイで焼いた場合は、ほんの少しの間おいて固まってからワイヤーラックに移して完全に冷ます)。フロランタンが固まってしまって取り出せない場合は、再度オーブンに戻してしばらく加熱すると、柔らかくなる。

———

耐熱ボウルにチョコレートを入れて湯煎の鍋の上にかざし、時々かきまぜながら溶かす(ボウルの底が湯に触れないようにする)。溶かしたチョコレートをフロランタンの裏面に少し塗り、フォークでジグザグに印をつけ、チョコレートの面を上にして固まるまでワイヤーラックの上に置いておく。密閉容器で保存する。

ヒント
贅沢なビスケットですが、作るには根気と正確な計量が必要です。

アンティークショップなどで可愛いお皿を探してこのお菓子をのせ、
セロファンでラッピングしてリボンで飾れば素敵なギフトに。
牛乳と砂糖をミックスして塗るとさらに艶やかに仕上がります。

PETITS FOURS AUX AMANDES
プチフール・オ・ザマンド

24個分
卵白（L玉）...................... 2個分
アーモンドパウダー............ 115g
グラニュー糖...................... 75g
アーモンドエッセンス........... 少々

＜デコレーション用＞
赤または天然色素の
ドレンチェリー...................... 適量
（刻んだもの）
＜仕上げに（好みで）＞
グラニュー糖................... 大さじ1
牛乳............................ 大さじ2

オーブンを180℃（コンベクションオーブン160℃/ガスオーブン4）に予熱する。天板2枚に薄く油脂を塗る。絞り袋に大きな星口金を入れておく。

—

卵白を固くなるまで泡立てる。アーモンドパウダー、砂糖、アーモンドエッセンスを包み込むようにして混ぜる。準備しておいた絞り袋に生地を入れ、小さなロゼットを絞り出す。それぞれのロゼットにドレンチェリー片を飾る。

—

予熱したオーブンで約15分、または焼き色がつくまで焼く。天板の上で数分冷まし、ワイヤーラックに移して完全に冷ます。

—

仕上げに、グラニュー糖と牛乳を混ぜて、ハケでプチフールに薄く塗る。

思わず手が伸びてしまうプチフールです。
涼しいところに置いておかないと柔らかくなってしまいます。

CHOCOLATE GANACHE PETITS FOURS
チョコレート・ガナッシュ・プチフール

24個分
<ケースに塗る用>
ダークチョコレート ·············· 175g
　　　（細かく砕いたもの）
ひまわり油 ····················· 小さじ1

<チョコレートガナッシュ用>
ダブルクリーム ················ 150ml
ダークチョコレート ·············· 100g
　　　（砕いたもの）
ラム酒またはブランデー ······ 少々
　　　（風味付け）
プチフール用カップ·············· 24枚

<デコレーション用>
ピスタチオナッツ ················ 適量
　　　（刻んだもの）
食用金箔 ············· 適量(好みで)

[日本で作る場合の注意]
※**ダブルクリーム**
　乳脂肪分48％以上の生クリームのこと
　（47％で代用可）

まずチョコレートのケースを作る。チョコレートと油を耐熱ボウルに入れて湯煎にかけ、時々かきまぜながら溶かす（ボウルの底が湯に触れないようにする）。少し冷ましてから、ハケを使ってプチフール用のペーパーカップ約24個の内側にチョコレートを薄く塗る（毛の細かいブラシを使っても指先でもよい）。そのまま涼しい場所に置いて固める。3〜4回上からチョコレートを重ね塗りし、その都度固める。

　——

ガナッシュを作る。小鍋に生クリームを入れ、沸騰させる。火から下ろし、チョコレートとラム酒またはブランデー少々を加える。チョコレートが溶けるまでかき混ぜる。

　——

鍋を再び火にかけ、沸騰したら火を止めて、冷めるまで置いておく。固くなったら星口金をつけた絞り袋に入れ、チョコレートケースの中ににガナッシュをロゼット状に絞り入れる。

　——

ペーパーカップを注意深く剥がす。トップにピスタチオをのせ、好みで金箔を飾って仕上げる。涼しい場所に置く。

伝統的にマカロンはライスペーパーの上で焼くのが一般的ですが、
ライスペーパーが入手困難な場合はベーキングペーパーを使用します。

MACAROONS
マカロン

16個分

卵白（L玉）······························· 2個
アーモンド ··········· 8粒（湯通しして
　　薄皮を取り除く／半分に切る）
アーモンドプードル ·············· 100g
グラニュー糖 ······················ 175g
セモリナ粉 ···························· 30g
アーモンドエッセンス ··········· 数滴

オーブンを150℃（コンベクションオーブン130℃/ガスオーブン マーク2）に予熱する。天板2枚にベーキングペーパーを敷く。

—

卵白をボウルに入れる。半分に切ったアーモンドを卵白にくぐらせてから横に置いておく。卵白を柔らかい角が立つまで泡立てる。そこにアーモンドプードル、砂糖、セモリナ粉、アーモンドエッセンスを包み込むようにやさしく混ぜ合わせる。

—

あらかじめ準備しておいた天板に小さじ1杯分の生地をのせ、スプーンの背で円を描くように平らにする。それぞれの中央にアーモンドを1粒ずつのせる。

—

予熱したオーブンで20〜25分、または淡いきつね色になるまで焼く。天板の上で数分冷まし、ワイヤーラックに移して完全に冷ます。

伝統的な方法ではなく、簡単に作れる方法で生地を作ります。

シュガー・プレッツェル

10個分
薄力粉 … 150g（打ち粉分は別途）
バター ……………………………… 65g
グラニュー糖 …………………… 35g
溶き卵（L玉）………………… 1個分
バニラエッセンス …………… 数滴

＜仕上げに＞
溶き卵（L玉）………………… 1個分
ワッフルシュガー
またはパールシュガー …… 大さじ1
粉糖 ………………… 少々（飾り用）

大きなボウルに薄力粉を入れ、バターを加え、細かいパン粉のようになるまで指先ですり混ぜる。砂糖を加えてから卵、バニラエッセンスを加え、生地がひとつにまとまるまで混ぜる。軽く打ち粉をした作業台の上で、軽くこねて滑らかな生地にする。ラップに包んで約30分ほど冷蔵庫に入れて扱いやすい固さになるまで冷やす。

オーブンを200℃（コンベクションオーブン180℃/ガスオーブン マーク6）に予熱する。天板2枚に薄く油脂を塗る。

生地を10個等分に分割し、それぞれを丸める。そこからそれぞれを30cmほどの細長い棒状に伸ばす。生地をねじるようにしてプレッツェルの伝統的な形に成形する。あらかじめ準備しておいた天板に並べ、やさしく溶き卵を塗る。

プレッツェルの上にワッフルシュガーを散らし、予熱したオーブンで15分、焼き色があまり付かないように焼く。ワイヤーラックの上にのせて、熱いうちに粉糖をたっぷり振りかける。

オーストラリアの伝統的なビスケット。別名"ディガーズ"（「兵士たち」の意味）。
とても簡単に作れて美味しいビスケットです。

ANZAC BISCUITS
アンザック・ビスケット

約45枚分
バター … 150g（柔らかくしたもの）
ゴールデンシロップ ……… 大さじ1
グラニュー糖 …………………… 175g
セルフレイジングフラワー ‥‥‥ 75g
ココナッツ・ファイン ………… 75g
オートミール ………………… 115g

[日本で作る場合の注意]
※**セルフレイジングフラワー**
　小麦粉150gあたりベーキングパウダー
　小さじ2、塩少々を混ぜ合わせて使用

オーブンを180℃（コンベクションオーブン160℃/ガスオーブン4）に予熱する。天板2枚に薄く油を塗る。

———

中くらいの大きさの鍋にバター、ゴールデンシロップ、砂糖を入れ、バターと砂糖が溶けるまで弱火にかける。薄力粉、ココナッツ、オートミールを入れ、均一に混ざるまで混ぜる。

———

あらかじめ準備しておいた天板に、大きめのティースプーン1杯分の生地を十分な間隔をあけて置き、スプーンの背で少し平らにする。45枚くらいのビスケット生地ができるので、何回かにわけて焼く。

———

予熱したオーブンで8〜10分、平らになって広がり、縁に軽く焼き色がつくまで焼く。天板の上で数分冷ましてから、パレットナイフを使ってワイヤーラックの上に移して完全に冷ます。ビスケットが完全に固まってしまって天板から剥がれない場合は、数分間オーブンに入れて温めると剥がれやすくなる。

———

密閉容器に入れて保存する。

サクサクと軽く焼き上げ、カールさせたチュイルは軽いムースやアイスクリーム、
フルーツサラダ等に添えてどうぞ。

アーモンド・チュイル

約20枚分
バター ····· 75g（柔らかくしたもの）
グラニュー糖 ························ 75g
卵白（L玉）······················· 1個
薄力粉 ······························ 55g
皮向きアーモンド ················· 75g
　　　　（湯通し／細かく砕く）

＜仕上げ用＞
粉糖 ······························ 少々

オーブンを200℃（コンベクションオーブン180℃/ガスオーブン マーク6）に予熱する。天板2枚に薄く油脂を塗る。

―

バターと砂糖をボウルに入れ、白く、軽いクリーム状になるまでよく混ぜ合わせる。

―

別のボウルに卵白を入れ、その中に薄力粉をふるい入れてよく混ぜる。混ざったらバターと砂糖を混ぜたボウルに入れてよく混ぜる。細かく刻んだアーモンドも入れて混ぜる。

―

あらかじめ準備しておいた天板に、十分な間隔をあけて、小さじ1杯分の生地を落とす（一度に焼くのは4枚ほどにする）。

―

予熱したオーブンで6〜8分、または縁に焼き色がつくまで焼く（中心には色が付かないように）。オーブンから取り出し、1〜2秒置いた後、パレットナイフを使って持ち上げ、めん棒の上にのせてカールさせてる。固まるまで置く。

―

冷めたら、密閉容器に入れて保存する。上に粉糖を振るってどうぞ。

ヒント
密閉容器に入れるか、冷凍することで長期保存ができます。その場合は割れないようにしっかりとした箱や缶などに入れましょう。

市販のイースタービスケットのように大きめのビスケットにする場合は
大きな抜き型を使って作るのがいいでしょう。

EASTER BISCUITS
イースター・ビスケット

約24枚分

バター … 115g（柔らかくしたもの）
グラニュー糖 ………………… 75g
卵（L玉）……………………… 1個
　　（卵白と卵黄を分けておく）
薄力粉 ……………………… 200g
　　（打ち粉用を多めに）
ミックススパイスパウダー
　　………………………… 小さじ1/2
シナモンパウダー ……… 小さじ1/2
カランツ …………………… 55g
砂糖漬けのピール …………… 30g
　　（刻んだもの）
牛乳 ………………… 大さじ1〜2
グラニュー糖 ………………… 少々
　　（ふりかける用）

オーブンを200℃（コンベクションオーブン180℃/ガスオーブン マーク6）に
予熱する。天板3枚に薄く油脂を塗る。

———

バターと砂糖を計量してボウルに入れ、白くクリーム状になるまで混ぜ合わ
せる。卵黄を入れて混ぜ合わせる。薄力粉とスパイスをふるい入れ、よく
混ぜる。カランツと刻んだピールを加え、十分な量の牛乳を加えて、柔ら
かめの生地を作る。

———

打ち粉をした作業台の上で生地を軽くこねてからめん棒で5mm厚に伸ば
す。6cmの菊型の抜き型で抜く。

———

あらかじめ準備しておいた天板に並べ、予熱したオーブンで8〜10分焼く。

———

ビスケットを焼いている間に、卵白を軽く溶いておく。ビスケットが焼けたら
はけで溶いた卵白を塗り、グラニュー糖少々をふりかけてオーブンに戻し、
さらに4〜5分、または淡いきつね色になるまで焼く。ワイヤーラックの上に
のせて冷ます。

———

密閉容器に入れて保存する。

ヒント
ビスケットが少し柔らかくなってしまった場合は、天板に並べて180〜190℃のオーブン
に入れて数分間温めるとサクサク感が戻ります。

市販で美味しいものが簡単に手に入るので手作りはあまりしないのですが……
アイスクリームやムースに添えたり、中にホイップクリームを入れてフルーツと一緒にどうぞ。

ブランデー・スナップ

約25個分

バター ……………………………… 55g
デメララシュガーまたはカスナード
………………………………………… 55g
ゴールデンシロップ …………… 55g
薄力粉 ……………………………… 55g
ジンジャーパウダー …… 小さじ1/2
レモン汁 ………………… 小さじ1/2

オーブンを180℃（コンベクションオーブン160℃/ガスオーブン マーク4）に予熱する。天板2枚にベーキングペーパーを敷き、木のスプーン4本の持ち手の部分に油脂を塗る。

———

バター、砂糖、シロップを計りながら小鍋に入れ、バターと砂糖が溶けるまで弱火にかける。少し冷ましてから、薄力粉とジンジャーパウダーをふるい入れる。レモン汁を加え、よく混ぜ合わせる。

———

あらかじめ準備しておいた用意した天板に、ティースプーンですくった生地を、10cm以上間隔をあけて並べる（一度に4枚分のみ）。予熱したオーブンで約8分、または生地がよく広がり、濃いきつね色になるまで焼く。

———

オーブンから取り出したらそのまま数分置き、固まったら、フライ返しを使って持ち上げる。裏返して、木のスプーンの柄に巻きつける。ワイヤーラックの上に置いて固まってから、この作業を繰り返す。

———

冷めたら密閉容器に入れて保存する。

ヒント
バスケット型のブランデー・スナップを作るには、焼いた生地を油脂を塗ったカップの底に敷くか、またはオレンジの上に被せて指で沿わせて波状にします。オレンジには天然のオイル成分があるので油脂を塗る必要はありません。

焼成後、裏に焼き色がついていない場合はオーブンに再度入れ、5〜10分焼き足してください。

ビショップス・フィンガー

12本分

薄力粉	115g
アーモンドプードル	30g
セモリナ	30g
バター	115g
グラニュー糖	55g
アーモンドエッセンス	数滴
アーモンドスライス	30g
グラニュー糖	少々（飾り用）

オーブンを160℃（コンベクションオーブン140℃/ガスオーブン マーク3）に予熱する。18cmの浅い角型に薄く油脂を塗る。

薄力粉、アーモンドプードル、セモリナ粉をボウルまたはフードプロセッサーに入れて混ぜる。バター、砂糖、アーモンドエッセンスを加え、指先ですり混ぜ、生地がまとまってきたら軽くこねてなめらかな状態にする。

あらかじめ準備しておいた型に生地を押し込み、金属のスプーンの背やパレットナイフを使って表面を平らにする。アーモンドスライスを振りかける。

予熱したオーブンで30〜35分、またはごく淡いきつね色になるまで焼く。ナイフで12本分の印をつけ、グラニュー糖をふりかけて型に入れたまま冷ます。

完全に冷めたら切り分けて型から取り出す。密閉できる缶に入れて保存する。

ショートブレッドのなかでもいちばん人気。サクサクのショートブレッドの土台にキャラメル、そしてたっぷりチョコレート。それぞれの食感の違いを楽しめます。

ミリオネア・ショートブレッド

正方形25等分

＜ショートブレッド用＞
薄力粉 ······················· 250g
グラニュー糖 ················· 75g
バター ··· 175g（柔らかくしたもの）

＜キャラメル用＞
バター ························ 115g
明るい色のマスコバド糖 ······ 115g
コンデンスミルク缶（397g）··· 2缶

＜トッピング用＞
ダークチョコレート
またはミルクチョコレート ····· 200g
　　　　　（細かく砕いたもの）

ヒント

トップをマーブル模様のチョコレートにすると見栄えがします。プレーン、ミルク、ホワイトチョコレートをそれぞれ55g強、別々のボウルで溶します。固めたキャラメルの上に、3種類のチョコレートを交互にスプーンですくってのせて、串でチョコレートの端をマーブル模様にし、固まるまで置いておきます。

オーブンを180℃（コンベクションオーブン160℃/ガスオーブン4）に予熱する。33×23cmのスイスロール型に薄く油脂を塗る。

———

ショートブレッドを作る。ボウルに薄力粉とグラニュー糖を入れて混ぜる。バターを入れて細かいパン粉のような状態になるまで指先ですり混ぜ、軽くこねて生地をひとつにまとめる。あらかじめ準備しておいた型の底に敷き詰める。生地をフォークで刺してピケをする。予熱したオーブンで約20分、または触ると固く、ごく薄い焼き色がつくまで焼く。型に入れたまま冷ます。

———

キャラメルを作る。バターと砂糖を計ってテフロン加工の大きな鍋に入れる。バターと砂糖が溶けるまで弱火にかける。コンデンスミルクを加え、平らな木べらで約5分間かき混ぜ続ける。とろみがついて、キャラメル色になるまでかき混ぜる（焦げやすいので注意）。

———

できたキャラメルを、焼いておいたショートブレッドの上に流し入れる。冷めるまで置く。

———

トッピングを作る。チョコレートを入れたボウルを熱湯の鍋の上に持ってきて、弱火で時々かき混ぜながら溶かす（ボウルの底がお湯に触れないようにする）。冷めたキャラメルの上に注ぎ、固まるまで置いておく。

———

正方形もしくは細長い形に切り分ける。

たっぷりのラズベリージャムを使うこと。それが美味しさのポイントです。
砂糖を使用していない、バターたっぷりの生地なので、
型にベーキングペーパーを敷く必要がありません。

BAKEWELL SLICES
ベイクウェル・スライス

24個分
<ショートクラストペストリー生地>
薄力粉 …… 175g（打ち粉用は別）
バター ……………………………… 75g

<スポンジ用>
バター … 100g（柔らかくしたもの）
グラニュー糖 ………………… 100g
セルフレイジングフラワー … 175g
ベーキングパウダー ……… 小さじ1
卵（L玉）…………………………… 2個
牛乳 …………………………… 大さじ2
アーモンドエッセンス …… 小さじ1/2

<仕上げ用>
ラズベリージャム ………… 約大さじ4
アーモンドスライス
……………………… 適量（飾り用）

[日本で作る場合の注意]
※セルフレイジングフラワー
　小麦粉150gあたりベーキングパウダー
　小さじ2、塩少々を混ぜ合わせて使用

ペイストリー生地を作る。薄力粉を計量して大きなボウルに入れ、バターを加えて、細かいパン粉のようになるまで指先ですり混ぜる。大さじ2〜3の水を少しずつ加えながら、柔らかい生地になるようにこねる。

軽く打ち粉をした作業台の上で生地を伸ばし、30×23cmのトレイベイク型またはロースト用の型に敷き詰める。

オーブンを180℃（コンベクションオーブン160℃/ガスオーブン マーク4）に予熱する。

スポンジの材料すべてを計量してボウルに入れ、しっかりとよく混ぜる。

ペイストリー生地にラズベリージャムを塗り、その上にスポンジの生地を流し入れる。

アーモンドスライスをふりかけ、予熱したオーブンで約25分、またはケーキの側面が縮んで型から離れ、中心を指先で押したときに弾力が出るまで焼く。型に入れたまま冷ましてからカットする。

CHAPTER ELEVEN

TARTS
AND
PASTRIES

タルト＆ペイストリー

フランスの定番アップサイドダウン（＝逆さま）のタルト。
温めてプディングとしていただきます。

タルト・タタン

6人分
グラニュー糖 ………………… 175g
バター ………… 適量（型に塗る）
クッキングアップル ………… 200g
（皮をむいて芯を取り、2cm大に
カット）
グラニュー糖 ……………… 大さじ2
生食用リンゴ（L玉）………… 4個
薄力粉 ………… 適量（打ち粉用）
パイ生地（100%バター使用）
………………………………… 375g

直径23cmの底の深いケーキ型を用意する。

カラメルを作る。ステンレス製の鍋にグラニュー糖と水大さじ6を計って入れる。弱火で砂糖が完全に溶けるまで静かにかき混ぜたら、混ぜるのをやめ、火を強める。キツネ色になるまで加熱したらすぐにケーキ型に流し入れ、型の底にまんべんなく行き渡るようにして、そのまま置いておく。約30分後、カラメルが固まったら、カラメルの上の型の側面にバターを塗る。

次に、別の鍋でクッキングアップル、グラニュー糖、水大さじ2を入れて中火にかけ、蓋をしてリンゴが柔らかくなるまで約5〜10分煮込む。火からおろし、フォークでリンゴをつぶしてピューレ状にしてから冷ましておく。

オーブンを220℃（コンベクションオーブン200℃/ガスオーブン マーク7）に予熱する。

生食用のリンゴは皮をむいて芯を取り、厚さ5mm程度に薄くスライスする。型に入れたカラメルの上に、円形を描くように並べる（型の外側から内側に向かって並べていく）。残りのリンゴを上に散らし、押さえる。スプーンを使って冷やしたリンゴのピューレをスライスしたリンゴの上にのせ、厚さが均等になるように広げる。

軽く打ち粉をした作業台に、パイ生地を置き、型より2〜3cm大きい円形になるように生地をのばす。型を生地で覆い、縁を型の中に折り入れる。蒸気を逃がすために、鋭いナイフで生地の上部に小さな十字を描く。オーブンで35〜40分、パイ生地がしっかりと焼け、リンゴが柔らかくなるまで焼く。

型をお皿の上でさかさにしてタルトタタンを取り出し、シロップとりんごを上にかける。生クリームやクリーム・フレッシュを添えていただく。

258   Tarts and Pastries

甘くてサクサクのタルト生地に酸味が効いたレモンフィリングが入った、
とても美味しいタルトです。

レモンとパッションフルーツカードのタルト

8人分

＜パートシュクレ用＞
薄力粉 …… 175g（打ち粉用は別）
バター …… 75g（柔らかくしたもの）
グラニュー糖 …………………… 75g
卵黄（L）………………………… 3個

＜フィリング用＞
卵（L玉）………………………… 5個
グラニュー糖 …………………… 225g
ダブルクリーム …………… 125ml
レモン（L）……………………… 3個

＜仕上げ用＞
レモンカード ………………… 大さじ6
パッションフルーツ …………… 2個

［日本で作る場合の注意］
※**ダブルクリーム**
　乳脂肪分48％以上の生クリームのこと
　（47％で代用可）

まずはタルト生地（パートシュクレ）を作る。薄力粉とバターを計量してボウルに入れる。細かいパン粉のようになるまで指先を使ってすり混ぜる。砂糖を入れてかき混ぜ、卵黄を加える。生地がひとつにまとまるくらいまで混ぜる。軽く打ち粉をした作業台の上で生地を伸ばし、23cmのフラン型（底が取れるタイプ）に敷き詰める。フォークで全体を刺してピケをする。冷蔵庫で30分ほど冷やす。

オーブンを200℃（コンベクションオーブン180℃/ガスオーブン マーク6）に予熱する。

タルト生地の上にベーキングペーパーとタルトストーンを敷き詰める。予熱したオーブンで15分空焼いたら、紙とタルトストーンを取り除き、さらに5分、焼き色が付くまで焼く。

オーブンの温度を160℃（コンベクションオーブン140℃/ガスオーブン マーク2）に下げる。

フィリングを作る。卵、砂糖、生クリームを大きなボウルで混ぜる。おろしたレモンの皮を加える。レモンの果汁を絞り、150ml分をボウルに加える。

フィリングを型に流し入れ、オーブンに戻す。約30〜35分、フィリングが固まるまで焼く（少しゆらゆるする程度）。冷めるまで置いておく。

その間に、レモンカードとパッションフルーツの果肉をボウルに入れて混ぜておく。タルトに添えるか、上からかけていただく。

このようなタルトを作る時には、使用するフルーツを1種類にした方が見た目がよくなります。
赤いフルーツには、レッドカラント（赤すぐり）のグレーズ、
オレンジや緑のフルーツ（緑色のぶどうやキウイなど）にはアプリコットジャムを使用します。
タルト生地がすぐに柔らかくなってしまうので、フィリングを詰めるのは食べる直前が良いでしょう。

GLAZED FRUIT TARTLETS
グレーズド・フルーツ・タルト

12個分
<タルト生地（パートシュクレ）用>
薄力粉 …… 115g（打ち粉用は別）
バター …… 55g（柔らかくしたもの）
グラニュー糖 …………………… 55g
卵黄（L玉）…………………… 2個分

<フィリングとグレーズ用>
ダブルクリーム ……………… 150ml
フルーツ
（ラズベリーやブルーベリーなど）
………………………………… 225g
レッドカラントゼリー
（またはアプリコットジャム）
………………………… 大さじ4杯程度

[日本で作る場合の注意]
※ダブルクリーム
　乳脂肪分48%以上の生クリームのこと
　（47%で代用可）

直径9cmのミニタルト型を12個用意する。

まずはパートシュクレを作る。薄力粉とバターを計量してボウルに入れる。指先を使って細かいパン粉のようになるまですり混ぜる。砂糖を入れてかき混ぜ、卵黄を加える。材料がまとまって一つの生地になるまで混ぜる。滑らかになるまで少しこねる。生地をラップで包み、冷蔵庫で約30分休ませる。

オーブンを200℃（コンベクションオーブン180℃/ガスオーブン マーク6）に予熱する。

軽く打ち粉をした作業台の上で生地を伸ばし、9cmの菊型の抜き型を約12個生地を抜く。残りの生地は一度だけ丸め直して使用可能。型抜きしたタルト生地をそっと入れて沿わせ、フォークで刺してピケをする。型にベーキングペーパーまたはアルミホイルを敷き、タルトストーンを入れる。

予熱したオーブンで、ペストリーを約15分、またはきつね色になるまで焼く。ワイヤーラックに移し、紙とタルトストーンを取り除き、冷めるまで置いておく。

フィリングを作る。クリームを柔らかな角が立つまで泡立て、スプーンですくってタルトに少量ずつ入れる。その上にフルーツを飾る。

小鍋にレッドカラントゼリーまたはアプリコットジャムを入れて温め、フルーツの上にハケでたっぷり塗ってツヤを出す。

ショートブレッド生地を土台に使った小さなタルトレットには、
お好きなフィリングを入れ、少量のフルーツを飾ってどうぞ。

レモン&ストロベリークリームのタルトレット

10個分
＜ショートブレッド用＞
バター … 115g（柔らかくしたもの）
グラニュー糖 ……………………… 55g
セモリナ粉 ………………………… 55g
薄力粉 ……………………………… 115g

＜フィリング用＞
良質のレモンカード
　　　………………… 大さじ3杯程度
ダブルクリーム ……………… 150ml
　　　　　　　　（泡立てたもの）
スライスしたイチゴ ………… 数個

[日本で作る場合の注意]
※**ダブルクリーム**
　乳脂肪分48%以上の生クリームのこと
　（47%で代用可）

12個取りのマフィン型を用意する。

ショートブレッドを作る。バター、砂糖、セモリナ粉、薄力粉を計ってボウルに入れ、滑らかな生地になるように混ぜる。ラップで包み、冷蔵庫で約15分冷やす。

オーブンを150℃（コンベクションオーブン130℃/ガスオーブン マーク2）に予熱する。

軽く打ち粉をした作業台の上で、生地を5mm弱の厚さに伸ばす。直径7.5cmの抜き型を使って10枚の円を型抜きし、マフィン型に敷き込む。フォークで底にピケをする。

予熱したオーブンで約20〜25分、または焼き色がつきしっかりとするまで焼く。型に入れたまま少してから、そっと型から出し、ワイヤーラックの上で完全に冷ます。

フィリングを作る。レモンカードと泡立てた生クリームを混ぜ合わせる。

食べる直前に、スプーンでタルトケースの中にフィリングを入れ、スライスしたイチゴをトップに飾る。

ヒント
ショートブレッドのタルトは前もって作ることが可能。冷凍で最長2ヶ月間保存することができます。ただし、一度フィリングを入れたらすぐに柔らかくなってしまうので、すぐにお召し上がりください。

市販のパートフィロを使って簡単にできるお菓子です。
購入する際には何枚かにカットされているものを選ぶと手間が省けていいでしょう。

アップル・シュトゥルーデル

8個分
＜フィリング用＞
クッキングアップル …………… 350g
（皮をむき、芯を取ってカットした
分量）
レモン汁 …………………… 1/2個分
デメララシュガー ……………… 75g
ソフトパン粉 …………………… 30g
サルタナレーズン ……………… 55g
シナモンパウダー ………… 小さじ1
パートフィロ
　……………… 8枚（18×33cm）
バター ……… 115g（溶かしたもの）

＜トッピング用＞
グラニュー糖 ……………… 大さじ2
水 …………………………… 大さじ2
粉糖 ………………………… 仕上げ用

オーブンを200℃（コンベクションオーブン180℃/ガスオーブン マーク6）に予熱する。天板2枚に薄く油脂を塗る。

まずはフィリングを準備する。カットしたリンゴ、レモン汁、砂糖、パン粉、サルタナレーズン、シナモンをボウルに入れて混ぜる。

パートフィロ1枚を横長において広げ、はけを使って溶かしバターをたっぷりと塗る。りんごのフィリングの1/8量を生地の中心部分に置く。生地の両端でフィリングを包む込むようにし、さらに上下の生地で包み覆う。コロコロと転がして形を整える。用意しておいた天板に並べる。残りの7枚も同じように巻く。

ハケで溶かしバターを全体に塗り、予熱したオーブンで約15〜20分、きつね色になってパリッとするまで焼く。

シュトゥルーデルを焼いている間にシロップの準備をする。小鍋にグラニュー糖と水を入れて混ぜ、砂糖が溶けるまで弱火で加熱する。シュトゥルーデルが焼き上がったら、熱いうちに用意しておいたシロップをかけ、粉糖を振っていただく。

ヒント
残ったパートフィロは冷蔵庫で2日間保存できます。またはきちんと包んで冷凍庫に入れても保存可能。その場合は1ヶ月以内に使用してください。

秋になったら庭で採れるりんごや安く出回るりんごを使ってタルトを作ってみては。
直径20cmで底が外れるタイプのタルト型（菊型）を使います。

フレンチアップル・タルト

6～8人分
＜ペイストリー用＞
薄力粉 …… 175g（打ち粉用は別）
バター ………………… 75g（角切り）
卵黄（L玉）…………………… 1個

＜フィリング用＞
酸味のあるリンゴ …………… 900g
バター ………………………… 55g
アプリコットジャム ………… 大さじ4
グラニュー糖 ………………… 55g
　　　　　　（ふりかける用を多めに）
レモンゼスト ……………… 1/2個分
リンゴ ……………………… 225g
絞ったレモン汁 ……… 大さじ1～2

＜グレーズ用＞
アプリコットジャム ………… 大さじ4

ペイストリーを作る。薄力粉を計ってボウルに入れ、バターを加えて指先ですり混ぜて、細かいパン粉のような状態にする。卵黄を加えたらドレッジのようなものを使って混ぜていく。必要に応じて水を加えながら生地をまとめる。まとまったら軽くこねてからラップに包み、冷蔵庫で30分ほど休ませる。

オーブンを200℃（コンベクションオーブン180℃/ガスオーブン マーク6）に予熱する。

リンゴのフィリングを作る。リンゴを4分の1にカットして、芯を取り除き、皮はむかずに乱切りにする。

大きな鍋にバターを溶かし、リンゴと水大さじ2を加える。蓋をして弱火にかけ、リンゴが柔らかく煮崩れるまで10～15分ほど加熱する。

煮たリンゴを漉してきれいな鍋に入れ、アプリコットジャム、砂糖、レモンの皮を加える。強火にかけてかき混ぜながら、余分な汁気が蒸発して、とろみがつくまで煮る。10～15分、冷めるまで置いておく。

軽く打ち粉をした作業台の上でタルト生地を薄く伸ばし、型に敷き込む。ベーキングペーパーを敷いてからタルトストーンを入れる。予熱したオーブンで10～15分焼く。

[レシピは次頁に続く]

紙とタルトストーンを取り除き、さらに5分間焼いて、タルト生地の底を乾燥させる。オーブンから取り出す（オーブンの電源は落とさない）。

あらかじめ作って冷ましておいたりんごのピューレを入れ、表面を平らにする。りんごの皮をむき、4等分して芯を取り、極薄くスライスする。タルトの上にスライスしたりんごを少し重ねるようにしながら綺麗に並べる。はけでレモン汁を塗り、グラニュー糖小さじ1を振りかける。タルトをオーブンに戻し、25分、またはリンゴの縁とタルトに薄く焼き色がつくまで焼く。

グレーズを作る。アプリコットジャムを漉して小鍋に入れ、弱火で温める。はけでりんごタルト全体に塗る。

温かくても冷たくても、どちらでも美味しく召し上がれます。

半分にカットしたアプリコットを敷き込んで焼いた、見栄えのするタルトです。
生のアプリコットは入手が難しいので缶詰を使用します。
直径25cmで底の外れるタイプのタルト型（菊型）を使用します。

AUSTRIAN APRICOT AND ALMOND TART

オーストリアのアプリコット＆アーモンドタルト

8～10人分
＜タルト生地＞
薄力粉 …… 275g（打ち粉用は別）
粉糖 ……… 150g（ふるったもの）
冷えたバター …… 150g（角切り）
卵（L玉）……… 1個（溶いたもの）

＜フィリング用＞
アーモンドペーストまたはマジパン
………… 175g（おろしたもの）
（アーモンドペーストのレシピは
398ページ参照）
果汁入りアプリコット缶詰（半割）
…… 800g（キッチンペーパーで
水気を拭き取り、乾かす）

ヒント
タルトは前もって準備しておくこと
ができます。焼く前に、ラップで
覆い、冷蔵庫で24時間保存できま
す。タルトを冷蔵庫から取り出
し、室温で約20分置いてから焼
きます。

タルト生地を作る。薄力粉と粉糖を計って大きなボウルに入れる。バター
を入れて指先でパン粉のような状態にする。溶き卵を加えて混ぜ、ひとつ
滑らかなボール状にする。ラップで包み、冷蔵庫で30分休ませる。

―――

オーブンを180℃（コンベクションオーブン160℃/ガスオーブン マーク4）に
予熱する。厚手の天板をオーブンに入れて温めておく。

―――

生地の1/2量を切り取り、ラップに包んで冷蔵庫に戻す。多い方の生地を、
軽く打ち粉をした作業台の上で、約30cmの円形に伸ばす。型に敷き込み、
上辺の余分な部分をナイフで切り取る。生地に穴が空いた場合は切り落と
した生地を使って手直しする。

―――

アーモンドペーストまたはマジパンをすり下ろし、タルト生地の中に均等に
広げる。その上に半割のアプリコットを等間隔で並べる（丸みを帯びた面を
上にする）。

―――

残りのタルト生地を型と同じくらいの大きさの円形に伸ばす。型に敷き込ん
だタルト生地の縁に水はけをして湿らせておく。めん棒に生地をからませる
ようにして持ち上げ、タルトの上に置き、蓋をする。余分な生地を切り落とす。
縁を押さえて汁気が逃げないようにする。

―――

予熱したオーブンに入れて、熱い天板の上で30～35分、またはきつね色に
なるまで焼く。縁が焦げないように注意し、焼き色が早くついてくるようなら
縁をアルミホイルでカバーする。

パブなどでもお馴染みのデザートメニューで、大人にも子どもにも大人気です。
生クリームやアイスクリーム、またはカスタードクリームを添えれば完璧でしょう。

ディープ・トリークルタルト

6人分

＜タルト生地＞

薄力粉 ······ 150g（打ち粉用は別）
粉糖 ································· 大さじ1
バター ································· 75g
卵（M） ································· 1個

＜フィリング用＞

ゴールデンシロップ ············· 450g
生パン粉 ····················· 約150g
　　　　　　　（白または全粒粉）
レモンゼストと果汁 ····· 大1/2個分

タルト生地を作る。薄力粉と粉糖を計量して大きなボウルに入れ、バターを入れて細かいパン粉のような状態にする。卵を加えてまとめる（固めの生地）。

—

軽く打ち粉をした作業台の上で生地を薄く伸ばし、直径23cmの底が外れるタイプのタルト型（菊型）に敷き込む。冷蔵庫で30分ほど休ませる。

—

オーブンを200℃（コンベクションオーブン180℃/ガスオーブン マーク6）に予熱する。厚手の天板をオーブンに入れて温めておく。

—

フィリングを作る。大きな鍋にシロップを入れて熱し、パン粉とレモンの皮と果汁を入れてかき混ぜる。できたものが少し液体が多いようなら（パン粉の種類によって異なる）、パン粉をもう少し加える。用意しておいたタルト型に入れて表面を平らにする。

—

予熱したオーブンの中の熱い天板の上で15分焼き、その後、オーブンの温度を180℃（コンベクションオーブン160℃/ガスオーブン マーク4）に下げ、さらに25〜30分、タルトに焼き色がつき、フィリングが固まるまで焼く。型に入れたまま冷ます。

—

温かいまま、もしくは冷めてからのどちらでも美味しい。

伝統的な手法で作るのは手間と時間がかかりますが、手作りの味に勝るものはありません。
作ったその日に召し上がるのがベストです。
フィリングに使用するのはアーモンドペーストが基本ですが、他にもいろいろと試してみてください。

デニッシュ・ペイストリー

16個分

＜ペイストリー用＞
強力粉 ………………………… 450g
塩 ………………………… 小さじ1/2
バター ………………………… 350g
　　　　　　　（やわらかくしたもの）
即効性のイースト ………………… 7g
グラニュー糖 …………………… 55g
温かい牛乳 …………………… 150ml
卵（L玉） ……… 2個（溶いたもの）
　　　　　　（つや出し用を別に用意）

＜フィリングとトッピング用＞
アーモンドペースト
またはマジパン ……………… 225g
　　　（アーモンドペーストのレシピは
　　　　　　　　　　398ページ参照）
お湯 ………………… 大さじ1〜2
粉糖 …………………………… 115g
アーモンドフレーク …………… 55g
　　　　　　　　（トーストしたもの）
赤または自然色素の
ドレンチェリー ………………… 55g
　　　　　　　　　　（刻んだもの）

天板3枚に薄く油脂を塗る。

薄力粉と塩を計量してボウルに入れ、バター 55gを加えて指先ですり混ぜる。イーストと砂糖を加えて混ぜる。中央にくぼみを作り、温めた牛乳と溶き卵を加えて混ぜ、柔らかい生地を作る。こねて滑らかにする。きれいなボウルに生地を入れ、ラップで覆い、暖かい場所で約1時間、または生地が2倍に膨らむまで置いておく。

生地のガス抜きをしてなめらかになるまでこねてから、約35×20cmの長方形に伸ばす。長方形の上2/3に残りのバターの半分（150g）をのせる。バターを少しずつ点々と生地の中に置いていく。下から生地を持ってきて、その後、上部の生地を折りたたみ、三つ折りにする。生地の端をつまんで閉じ、折った側が左側になるように、生地を1/4回転させる。先ほどと同じ大きさの長方形にのばす。残りのバターを同じようにのせ、再度三つ折りにするラップで生地を包み、冷蔵庫で約15分休ませる。

折った側が再び左に来るように生地を伸ばして三つ折りを2回繰り返す。生地をラップで包み、冷蔵庫に15分間休ませる。

三日月形にするには、4等分した生地を直径23cmの円形に伸ばす。円形を4等分に切り分ける。アーモンドペーストを4等分し、細い棒状にしたものをそれぞれ広い幅の方の端に置き、先端に向かってゆるく巻く。三日月型になるように両方を曲げる。残りの生地も同じように三日月にするか、もしくは裏面に記載した別の成形法でまとめる。

[レシピは次頁に続く]

風車の形にするには、生地の1/4量を20cmの正方形になるように伸ばして、それぞれを4つの小さな正方形にカットする。それぞれの正方形の中央にアーモンドペーストを少量ずつ置く。角から中心に向かって切り込みを4カ所入れ、4つの角を中心に向かって交互に折っていき、しっかりと押さえる。

凧の形を作るには、生地の1/4量を20cmの正方形になるように伸ばす。4つの小さな正方形にカットする。それぞれの正方形の中央にアーモンドペーストを少量ずつ置く。対角の角にL字型の切り込みを入れる。アーモンドペーストの上で交差するように置く。

封筒形を作るには、生地の1/4量を40cmの正方形になるように伸ばす。それを4つの小さな正方形に切り分ける。それぞれの正方形の中央に、アーモンドペーストやその他のフィリング（バニラクリームやリンゴのフィリングが特におすすめ）を置く。向き合っている2つの角、または4つの角すべてを中心に向けて折りたたみ、軽く押さえる。

あらかじめ準備しておいた天板に生地を並べ、油脂を塗ったラップで覆うか、油脂を塗ったビニール袋に天板ごと入れ、暖かい場所で20分ほど置いて発酵させる（生地が緩むまで）。

オーブンを220℃（コンベクションオーブン200℃/ガスオーブン マーク7）に予熱する。

ハケで溶き卵を塗り、予熱したオーブンで約15分、きつね色になるまで焼く。ワイヤーラックの上にのせて冷ます。

アイシングを作る。粉糖にお湯を少しずつ混ぜてアイシングを作り、焼いたペイストリーがまだペイストリーの上に小量かける。空焼きしたアーモンドスライスまたは小さく切ったドレンチェリーを散らす。

ALTERNATIVE DANISH PASTRY FILLINGS

その他のデニッシュペイストリー・フィリング

ALMOND FILLING
アーモンドフィリング

アーモンドペーストよりも柔らかくて、しっとりとし
食感。すべての形のペイストリーに使えます。

アーモンドプードル	115g
グラニュー糖	115g
溶き卵	少々

アーモンドプードルと砂糖を混ぜた中に適量の卵を
加えて、柔らかなペースト状にする。

VANILLA CREAM
バニラクリーム

特に封筒形のペイストリーに向いています。

薄力粉	大さじ1
コーンスターチ	小さじ1
卵黄（L玉）	1個
グラニュー糖	大さじ1
牛乳	150ml
バニラエッセンス	2〜3滴

ボウルに薄力粉、卵黄、砂糖を入れて混ぜ、牛
乳を少量加えて混ぜる。残りの牛乳を鍋で沸騰さ
せ、粉類を混ぜ合わせたボウルに注ぎ入れて、
混ぜたものを鍋に戻して、沸騰するまでかき混ぜ
ながら弱火にかける。冷めてからバニラエッセン
スを数滴加えて香りをつける。

APPLE FILLING
りんごのフィリング

すべての形のペイストリーに使えます。

酸味のあるりんご	450g
（4等分して芯を取る／皮はむかない）	
バター	15g
レモンの皮と果汁	1/2個分（細かくおろしたもの）
ブラウンシュガー	大さじ4
サルタナレーズン	75g（好みで）

りんごをバター、レモンの皮と果汁と一緒に鍋に入
れる。蓋をしてやわらかくなるまで煮る。りんごを
漉して、洗った鍋に戻し、砂糖を加える。砂糖が
溶けて、リンゴがとろっとするまで煮る。サルタナ
レーズンを加え、冷めるまで置いてから使用する。

パートシュクレはフランスの伝統的な甘いタルト生地です。
私はフードプロセッサーで簡単に作ってしまいます。

FRANGIPANE TARTLETS
フランジパン・タルトレット

12個分
<パートシュクレ用>
薄力粉 ……………………………… 115g
バター …… 55g（柔らかくしたもの）
グラニュー糖 …………………………… 55g
卵黄（L） …………………………… 2個分

<フランジパン用>
バター …… 55g（柔らかくしたもの）
グラニュー糖 …………………………… 55g
卵（L玉） ………… 1個（溶いたもの）
アーモンドプードル ……………… 65g
アーモンドエッセンス ………… 数滴
アーモンドスライス ……………… 55g

<仕上げ用>
アプリコットジャム ………… 大さじ3
アーモンドプードル ………… 大さじ2

直径7.5cmのタルトレット（ミニタルト）型を12個用意する。

パートシュクレを作る。粉を計量してボウルに入れる。バターを入れ、指先ですり混ぜてパン粉のような状態にする。砂糖を加えて混ぜてから卵黄を加え、ひとつの生地にまとまるまで混ぜる。滑らかになるまでやさしくこねる。生地をラップで包み、冷蔵庫で約30分休ませる。

軽く打ち粉をした作業台で生地を伸ばし、直径7.5cmの抜き型で約12個の円を型抜きする。残り生地は一度だけ丸直して使用可。型抜きした生地をタルトレット（ミニタルト）型に敷き込み、フォークで軽く刺してピケをする。フランジパンを作っている間、冷蔵庫に入れておく。

オーブンを190℃（コンベクションオーブン170℃/ガスオーブン マーク5）に予熱する。

フランジパンを作る。バターと砂糖を計量してボウルに入れ、白っぽくなるまでよく混ぜ合わせる。卵を少しずつ加えながら混ぜ合わせ、アーモンドプードルとアーモンドエッセンスを加えてかき混ぜる。タルトレット（ミニタルト）にフランジパンを分け入れ、その上にアーモンドスライスを散らす。

予熱したオーブンで約15分、フランジパンに焼き色がつき、触るとしっかりとした感触になるまで焼く。タルトを型からそっとはずし、ワイヤーラックの上にのせて冷ます。

アプリコットジャムを漉して小鍋に入れ、弱火で温める。はけでタルトに塗ってツヤを出し、外側の縁に沿ってアーモンドプードルを細くのせて飾る。タルトは完全に冷めてから提供する。

シュー生地はしっかりときつね色になるまで焼きましょう。
ピラミッド状に積み上げると素敵です。

PROFITEROLES
プロフィットロール

12個分

＜シュー生地用＞
バター ································· 55g
水 ···································· 150ml
薄力粉 ·········· 75g（ふるったもの）
溶き卵（L玉）··· 2個分（塗り玉用に
　　　　　　溶き卵1個分を別に用意）

＜チョコレートソース用＞
ダブルクリーム ·················· 75ml
ダークチョコレート ·············· 75g
　　　　　　　　（細かく砕いたもの）

＜フィリング用＞
ダブルクリーム ················· 200ml

[日本で作る場合の注意]
※**ダブルクリーム**
　乳脂肪分48％以上の生クリームのこと
　（47％で代用可）

ヒント
作って組み立てたら4時間くらい
までは形を保てます。焼いた
シュー皮はフィリングを入れなけ
れば1日保存しても大丈夫です。
冷凍には不向きです。

オーブンを220℃（コンベクションオーブン200℃/ガスオーブン マーク7）に
予熱し、天板にベーキングペーパーを敷く。

—

シュー生地を作る。バターと水を小鍋に入れ、水が沸騰してバターが溶け
るまで加熱する。火からおろし、薄力粉を一度に加える。木べらを使い、
滑らかな生地になるまで手早く混ぜ合わせる。溶き卵を一度に少しずつ加
えながら（その都度しっかり混ぜ合わせる）、卵がしっかりと混ざって滑らか
な生地になるまで混ぜ合わせる。

—

あらかじめ準備しておいた天板に、スプーンで生地をすくって12個のドーム
の形にしてのせる。用意しておいた溶き卵をはけで塗り、予熱したオーブン
で10分焼く。オーブンの温度を190℃（コンベクションオーブン170℃/ガス
オーブン マーク5）に下げ、さらに20分焼く。

—

オーブンからシューを取り出し、オーブンの電源を切る。シューを半分に切り、
切り口を上にしたシューを天板にのせて、15〜20分間、冷めていくオーブ
ンに戻し、乾燥させる。

—

チョコレートソースを作る。鍋にクリームを入れて加熱する。チョコレートを
加え、溶けるまでかき混ぜる。火からおろし、涼しい場所にとろみがつくま
で置いておく。

—

シューが乾いてパリッとしたら、シューの上半分をチョコレートソースに浸し、
ワイヤーラックにのせて固める。残りの11個も同じようにする。

—

大きなボウルに生クリームを入れ、柔らかい角が立つまで泡立てる。シュー
の土台にクリームをたっぷりとのせ、その上にチョコレートを浸した上半分を
のせる。残りも同様に仕上げる。

ティータイムにもデザートにも、一度はチャレンジしてみたい、とても贅沢なお菓子です。

CHOCOLATE ÉCLAIRS
チョコレートエクレア

約12個分
<シュー生地用>
バター ⋯⋯ 55g（角切りにしたもの）
水 ⋯⋯⋯⋯⋯⋯⋯⋯⋯⋯ 150ml
薄力粉 ⋯⋯⋯⋯ 65g（ふるったもの）
卵（L玉）⋯⋯⋯⋯ 2個（溶いたもの）

<フィリング用>
ダブルクリーム ⋯⋯⋯⋯⋯⋯ 300ml

<アイシング用>
ダークチョコレート ⋯⋯⋯⋯⋯ 55g
　　　　　　　　（細かく砕いたもの）
バター ⋯⋯⋯⋯⋯⋯⋯⋯⋯⋯ 15g
水 ⋯⋯⋯⋯⋯⋯⋯⋯⋯⋯ 大さじ2
粉糖 ⋯⋯⋯⋯⋯⋯⋯⋯⋯⋯ 75g

[日本で作る場合の注意]
※ダブルクリーム
　乳脂肪分48%以上の生クリームのこと
　（47%で代用可）

ヒント
シュー皮にフィリングを入れたら
早めに食べること。シューが柔ら
かくなり過ぎてしまいます。

オーブンを220℃（コンベクションオーブン200℃/ガスオーブン マーク7）に
予熱する。天板2枚に薄く油脂を塗る。

シュー生地を作る。バターと水を小鍋に入れ、弱火にかける。バターを溶
かしてから、ゆっくりと沸騰させる。鍋を火から下ろし、薄力粉を一気に加え、
生地がまとまって鍋の側面から離れるようになるまで混ぜ合わせる。少し冷
ましておく。

卵を少しずつ加えいく。加える度にかなりよく混ぜ合わせ、滑らかで光沢の
あるペーストになるようにする。ハンドミキサーを使うのが一番簡単。

直径1cmの丸口金をつけた大きめの絞り袋に生地を入れる。あらかじめ準
備しておいた天板に、長さ約13〜15cmになるように絞り出す（生地が広が
る分のスペースをあけておく）。予熱したオーブンで10分焼き、190℃（コン
ベクションオーブン170℃/ガスオーブン マーク5）に温度を下げてさらに20
分焼く（エクレア全体がきつね色になるまで焼くのが重要。薄い焼き色の部
分や焼けてない部分があると、冷めた後に生地のサクサク感がでなくなっ
てしまう）。オーブンから取り出し、横方向に切って蒸気を逃がす。ワイヤー
ラックの上で完全に冷ます。

生クリームを絞り出しできる程度の固さになるまで泡立てる。丸口金をつけ
た絞り袋を使ってエクレアにクリームを詰める。

アイシングを作る。ボウルにチョコレートを入れ、湯せんの鍋の上に持って
くる（ボウルの底がお湯に触れないように注意）。チョコレートにバターと水
を加え、両方が溶けるまで、時々かき混ぜながら弱火にかける。火から下
ろし、ふるった粉糖を加え、なめらかになるまでよく混ぜ合わせる。

スプーンでエクレアの上にアイシングを塗り、固まるまで置いておく。

CHAPTER TWELVE

BREADS

パン

昔ながらのイングリッシュマフィンは、手で上下半分に割って、
温かいうちにバターをたっぷりのせて食べるのが伝統的な食べ方です。
密閉容器に入れれば2〜3日保存できます。その際はトーストして食べるのがベストです。

ENGLISH MUFFINS
イングリッシュ・マフィン

約14個分
強力粉 ⋯⋯⋯ 675g（打ち粉用は別）
グラニュー糖 ⋯⋯⋯⋯⋯⋯⋯ 小さじ2
インスタントドライイースト
　⋯⋯⋯⋯⋯⋯⋯⋯⋯ 7gの小袋
塩 ⋯⋯⋯⋯⋯⋯⋯⋯⋯⋯ 小さじ1.5
軽く温めた牛乳 ⋯⋯⋯⋯⋯ 450ml
セモリナ粉 ⋯⋯ 小さじ1（仕上げ用）

粉類を計量してボウル、または電動ミキサーのボウルに入れ、材料を混ぜながら牛乳を少しずつ注ぎ入れて生地を作る。なめらかで弾力が出るまで生地をこねる。

—

軽く打ち粉をした作業台に生地を出し、めん棒で約1cmの厚さに伸ばす。

—

直径7.5cmの丸い抜き型で型抜きし、よく粉をふった天板の上に並べる。上にセモリナ粉を振り、上にカバーをして2倍の大きさに膨らむまで暖かい場所に置いておく（約1時間）。

—

グリドルまたは厚手のフライパンに薄く油をひき、加熱する。マフィンを入れ、弱火にして片面約7分ずつ焼く。よく膨らみ、両面に焼き色がついたら焼き上がりです。

—

ワイヤーラックの上で少し冷ましてから、半分に割ってバターを塗っていただく。

基本のパン生地なのでいろいろな形に作ることができます。
小さく丸めてロールパンにすれば発酵も焼成時間も短時間で済みます。

WHITE COTTAGE LOAF
ホワイトコテージ・ローフ

標準的な丸型ローフ1個分
強力粉 ································· 450g
インスタントドライイースト
　 ······························· 7gの小袋
バター ·········· 40g(溶かしたもの)
塩 ······························ 小さじ1
ぬるま湯 ······················ 300ml

＜仕上げ用＞
牛乳 ···························· 大さじ1

すべての材料を計量してボウルにまたは電動ミキサーのボウルに入れ、柔らかい生地になるまで混ぜ合わせる(かなりベトベトした状態)。打ち粉をした作業台の上で、必要であれば粉を少し足しながら、4～5分ほどこねる。

油脂を塗った大きなボウルに入れ、ラップでしっかりとカバーして(空気が逃げないように)、暖かい場所で1～1時間半、または生地が2倍に膨らむまで置いておく。

天板に焦げ付かないベーキングペーパーを敷く。打ち粉をした作業台に生地を出し、ガス抜きをする。生地の4分の1を切り落とし、丸いボール状にする。残りの生地は大きなボール状にし、用意したトレイの上に置く。小さく丸た生地を大きく丸た生地の上に置く。

木製スプーンの柄に粉をつけ、2つの生地を重ねた上から、その中心部分に垂直に穴をあける(柄が天板に当たるまで)。生地と天板が完全に覆われるように、天板を大きなビニール袋に入れる。袋の端を完全に閉じる。暖かい場所で35～45分、または発酵して約2倍の大きさになるまで置いておく。

オーブンを220℃(コンベクションオーブン200℃/ガスオーブン マーク7)に予熱する。

ハケで全体に牛乳を塗り、予熱したオーブンで20～25分、または焼き色がついて、底をたたくと空洞があるような乾いた音がするようになるまで焼く。ワイヤーラックの上で冷ます。

手早くできるパンです。もっと目が詰まって重量感のあるパンにするには、
強力粉ではなくグラハム粉100％で作るといいでしょう。

QUICK GRANARY ROLLS
クイック・グラナリーロール

12個分
強力粉 ······· 350g（打ち粉用は別）
グラハム粉 ························· 350g
塩 ·······························小さじ1.5
砂糖 ···························小さじ1.5
インスタントドライイースト
······················ 7gの小袋
バター ····························· 40g
なまぬるい牛乳＋水 ······ 約450ml
（同量を混ぜる）

天板2枚に薄く油脂を塗る。

粉類とバターをボウルまたは電動ミキサーのボウルに入れる。手で混ぜる
場合は、指先で粉にバターをすり混ぜる。ミキサーを使う場合は、粉とバター
をさっくり混ぜ合わせる。

牛乳と水を混ぜ合わせたものを、少しずつ加えていき、生地を作る。滑ら
かになって弾力が出るまでしっかりこねる。または、ドウフックを付けたミキ
サーでさらに2分間生地をこねる。

打ち粉をした作業台の上に生地を出し、均等に12個に分ける。円形に丸め
て成形し、あらかじめ準備しておいた天板に膨らむ余裕をあけて並べる。
油脂を塗ったラップでカバーし、暖かい場所で発酵して約2倍の大きさにな
るまで置いておく。

オーブンを220℃（コンベクションオーブン200℃/ガスオーブン マーク7）に予
熱する。

カバーを取り除き、予熱したオーブンで10分〜15分焼く、または、表面に
焼き色がつき、底をたたくと空洞があるような乾いた音がするようになるま
で焼く。ワイヤーラックの上に移して冷ます。

ヒント
パンに飾りを足すには、少量の牛乳をハケで塗り、焼く直前に荒挽き薄力粉をふりか
けます。

直径20cmの丸いケーキ型で焼き、切らずにちぎって分けられるタイプのパン。
ピクニックやパーティーに最適です。

クラウンローフ

1個分
強力粉 … 350g（打ち粉用を別に）
インスタントドライイースト
……………………………… 小さじ2
塩 ……………………………… 小さじ1
バター ………… 20g（溶かしたもの）
ぬるま湯 ……………………… 225ml
牛乳 ………… 少々（ツヤ出し用）

直径20cmの丸いケーキ型に薄く油脂を塗る。

牛乳を除くすべての材料を計量してボウルまたは電動ミキサーのボウルに入れ混ぜ合わせる（かなりベトベトした生地）。

ボウルから取り出し、打ち粉をした作業台の上に置く。必要に応じて少し粉を足しながら手で約4〜5分こねる。

油脂を塗った大きなボウルに移し、ラップでしっかりとカバーして（空気が逃げないように）、暖かい場所で1〜1時間半、または生地が約2倍の大きさに膨らむまで置いておく。

軽く打ち粉をした作業台の上に出し、両手で5分ほどこねてガス抜きをする。生地を12個に分割して、それぞれを丸める。型に生地を並べる。型をラップでカバーし、暖かい場所で約30分、または発酵して約2倍の大きさになるまで置いておく。

オーブンを220℃（コンベクションオーブン200℃/ガスオーブン マーク7）に予熱する。

つやを出すために牛乳を少量塗って、予熱したオーブンで20〜25分、表面に軽く焼き色がつき、よく膨らむまで焼く。そのまま数分置いて粗熱を取ってから型から出し、ワイヤーラックの上で冷やす。

スープやチーズの盛り合わせと一緒にどうぞ。作ったその日に食べるのがベストです。

チーズ＆オリーブ・クラウンローフ

1個分

強力粉 ································ 250g
インスタントドライイースト
·························· 小さじ1.5
塩 ····························· 小さじ1/2
オリーブオイル ············ 大さじ1.5
ぬるま湯 ························ 175ml
ブラックオリーブ ··················· 55g
　（種を取り除いて刻んだもの）
パルメザンチーズ ················ 55g
　（細かくおろしたもの）
卵（L玉） ········· 1個（溶いたもの）
熟成チェダーチーズ ··········· 30g
　（おろしたもの）

強力粉、イースト、塩、オリーブオイル、水を計ってボウルに入れる。木ベラを使って混ぜる。

軽く打ち粉をした作業台の上に生地をのせ、生地が滑らかになり光沢が出るまで、5〜8分間手でこねる。油脂を塗ったボウルに入れ、ラップでカバーして約1時間半、または約2倍の大きさになるまで置いて発酵させる。

直径20cmの深めの丸いケーキ型に薄く油脂を塗る。

手で生地を数分間こねてガス抜きし、オリーブとパルメザンチーズを足して、再びこねる。生地を12個に分割して丸め、あらかじめ準備しておいた型に外側から順に円形に並べる。ラップでカバーして30分、または約2倍の大きさになるまで置いて発酵させる。

オーブンを220℃（コンベクションオーブン200℃/ガスオーブン マーク7）に予熱する。

ハケで表面に溶き卵を塗り、チェダーチーズを振りかける。予熱したオーブンで25〜30分、または、よく膨らみ、上面も底もきつね色になるまで焼く。ワイヤーラックにのせて冷ます。

短い時間でできる美味しいパンです。
混ぜる、成形する、発酵するという作業がどれも1回だけで、全工程が約1時間15分！
トーストにしても最高です。オリーブオイルの代わりにくるみオイルを使っても。

HONEY-GLAZED WALNUT BREAD
ハニーグレーズド・くるみブレッド

標準サイズの丸いパン2個分

くるみ ……………………… 115g
グラハム粉 ………………… 350g
強力粉 ……………………… 350g
　　　　　　　（打ち粉用は別）
インスタントドライイースト
　……………………………… 7g
塩 …………………………… 小さじ2
ブラックトリークル ………… 大さじ1
温かい牛乳 …… 500ml（沸騰した
　　牛乳1に対して冷たい牛乳2）
オリーブオイル ……………… 大さじ2
ひまわりの種 ……………… 115g

＜グレーズ用＞
溶き卵 ……………………… 大さじ1
透明のハチミツ …………… 大さじ1

ヒント
この生地を使って16個の小さな
ロールパンを作ることができます。
その場合の焼成時間は短くなりま
す。

パンを冷凍する場合は、冷凍保
存用の袋に密封し、ラベルを貼っ
て冷凍し、保存は最長6ヶ月。
解凍する場合は、ビニール袋の
まま室温で5〜6時間かけて解凍
します。パンは温めて食べるの
が一番おいしいので、160℃（コ
ンベクションオーブン140℃/ガス
オーブン マーク3）で予熱した
オーブンで約15分、または中ま
で温まるまで加熱します。

天板2枚に油脂を塗る。くるみをさっとフードプロセッサーにかけるか、手で
粗く刻む（かなり大きな破片にする）。使うまで置いておく。

粉類、イースト、塩を大きなボウルで混ぜ合わせる。トリークル、牛乳、
オリーブオイルを加え、手または電動ミキサーでひとつにまとまるように混ぜ
る。必要であれば、牛乳を少し足して、少しベトベトした生地にする。

軽く打ち粉をした作業台に生地を出し、約10分こねる。または、約5分ドゥフッ
クを付けたミキサーにかける。生地が滑らかになり弾力が出て、ボウルや
手にくっつかないようになったら準備OK。

ひまわりの種は大さじ2杯ほど残しておき、残りと刻んだくるみを生地に混ぜ
る。生地を半分に分け、それぞれを滑らかに丸めて、あらかじめ準備して
おいた天板の中央に置く。天板をそれぞれ大きなビニール袋に入れ、生地
にビニールがくっつかないように少し空気を入れて密閉する。暖かい場所
で30〜45分、または約2倍の大きさになるまで置いて発酵させる。台所の
温度が低い場合は発酵に1〜1時間半ほどかかることもある。

オーブンを200℃（コンベクションオーブン180℃/ガスオーブン マーク6）に予
熱する。

表面にツヤを出すために、卵とハチミツを混ぜ合わせたものを、はけで生
地の表面にやさしく塗る。残しておいたひまわりの種をふりかけ、予熱した
オーブンで約20〜25分、またはパンが栗の殻のような濃い茶色になり、底
をたたくと空洞があるような乾いた音がするようになるまで焼く。ワイヤー
ラックの上で冷ます。

噛み応えがあり、風味の詰まった日持ちがするパンです。

FARMHOUSE BROWN SEEDED LOAVES
ファームハウスブラウンシードローフ

標準サイズの丸いパン2個分
リンシード（アマニ）……………… 40g
オートミール ………………………… 150g
熱湯 ……………………………………… 300ml
強力粉 …… 450g(打ち粉用は別)
全粒粉の強力粉 ……………… 115g
ひまわりの種 ……………………… 55g
塩 ……………………………………… 小さじ1
インスタントドライイースト
……………………………………………… 7g
ぬるま湯 ……………………… 約350ml

＜仕上げ用＞
牛乳 ……………… 少々(艶出し用)
オートミール ……… 少々(飾り用)

リンシード（アマニ）とオートミールを計量してボウルに入れ、沸騰したお湯を注いで混ぜる。この作業は手ごねでも電動ミキサーでも可。約10分置いて水分を吸収させて、少し冷ます。

残りの材料をすべて加え、柔らかい生地になるように混ぜ合わせる。打ち粉をした作業台の上に生地を出し、手で約5分、またはドウフック付きのミキサーでこねる。油脂を塗ったボウルに入れ、ラップでカバーして、暖かい場所で1時間から1時間半ほど膨らむまで置いて発酵させる。

両手で数分間押してガス抜きをして2つに分割し、それぞれを丸く成形する。

天板にベーキングペーパーを敷く。生地を天板の上に置く。大きなビニール袋に天板を入れ、暖かい場所で約30分、または発酵して約2倍の大きさになるまで置いて発酵させる。

オーブンを220℃（コンベクションオーブン200℃/ガスオーブン マーク7)に予熱する。

ハケで生地に牛乳を塗り、オートミールを振る。予熱したオーブンで20〜25分、またはきつね色になり、底をたたくと空洞があるような乾いた音がするようになるまで焼く。ワイヤーラックの上で冷ます。

ヒント
分割せずに大きなローフとして作ることもできますが、焼くのに時間がかかります。

レーズンたっぷりの生地にくるみを加えた食事系のパン。
チーズにとてもよく合います。

WALNUT AND RAISIN LOAF
くるみ＆レーズンローフ

大1個または小2個分

強力粉 ································· 225g
　　　　（打ち粉用を少し多めに）
全粒粉の強力粉 ················ 225g
塩 ·· 小さじ1
ブラウンシュガー ············· 大さじ1
シナモンパウダー ··········· 小さじ1
バター ·········· 40g（溶かしたもの）
ぬるま湯 ······························· 300ml
インスタントドライイースト
　　　　　　　　　·············· 小袋7g
くるみ ···································· 115g
　　　　　　（細かく刻んだもの）
レーズン ································· 115g

＜ツヤ出し用＞
溶き卵（L玉）························· 1個

強力粉、塩、砂糖、シナモン、バター、ぬるま湯、イーストをボウルに入れ、手またはドウフックを取り付けた電動ミキサーで、混ぜ合わせて生地を作る（かなりベタついた生地）。

———

軽く打ち粉をした作業台の上か、電動ミキサーを使って約4～5分こねる（必要であれば少し粉を加える）。

———

油脂を塗った大きなボウルに移し、ラップでしっかりとカバーし（空気が逃げないように）、暖かい場所で1～1時間半、または生地が約2倍に膨らむまで置いて発酵させる。

———

軽く打ち粉をした作業台に生地をのせ、少し平らにする。そこにレーズンと刻んだくるみを加えてこねる。40×10cmの長くて太いソーセージの形または、2つに分割して小さなソーセージの形に成形する。

———

天板にベーキングペーパーを敷く。天板の上に生地を置き、生地と天板が完全に覆われるように、大きなビニール袋に入れる。袋の端を閉じる。暖かい場所で35～45分、または発酵して約2倍の大きさになるまで置いて発酵させる。

———

オーブンを220℃（コンベクションオーブン200℃/ガスオーブン マーク7）に予熱する。

———

はけで生地に溶き卵を塗り、予熱したオーブンで20～25分（2個に分割した場合はもう少し短く）、またはきつね色になって、底をたたくと空洞のような音がするようになるまで焼く。ワイヤーラックの上で冷ます。

チーズやスモークサーモンと相性抜群。
カボチャの種、ヒマワリの種、リンシード（アマニ）など、いろいろな種を使ってみては。

SEEDED NUT LOAF
シードとナッツのローフ

ローフ1つ分
卵（L玉）……………………………4個
オリーブオイル ……………… 大さじ3
ドライクランベリー …………… 115g
　（細かく刻んだもの）
シーソルト ………………………… 5g
ミックスシード …………………… 115g
ピスタチオ ……………………… 150g
　（刻んだもの）
刻んだくるみ ……………………… 75g
皮付きアーモンド ……………… 75g
　（刻んだもの）

オーブンを180℃（コンベクションオーブン160℃/ガスオーブン マーク4）に予熱する。900gのローフ型に油脂を塗り、底と側面にベーキングペーパーを敷く。

―――

大きなボウルに卵を割り入れ、フォークで混ぜる。残りの材料をすべて加え、よく混ぜる。

―――

準備した型に流し入れ、予熱したオーブンで45〜50分、きつね色になって、中心部がしっかりとした感触になるまで焼く。ワイヤーラックの上にのせて冷ます。

サワードウは外側がパリッとしていて、トーストしても美味しいパン。
スターター（サワー種）が必要になります。さまざまな作り方がありますが、
ここでは家庭でも簡単に作れるクイックスターター種を使います。

QUICK SOURDOUGH LOAF
クイック・サワードウローフ

標準サイズのローフ1つ
＜スターター（サワー種）用＞
ライ麦粉 ························· 125g
強力粉 ···························· 125g
インスタントドライイースト
 ····································· 小さじ1
ぬるま湯 ························· 300ml

＜ローフ用＞
強力粉 ······ 350g（打ち粉用は別）
インスタントドライイースト
 ····································· 小さじ1
塩 ································· 小さじ2
ぬるま湯 ························· 150ml

大きなボウルにスターターの材料をすべて入れて混ぜ合わせる。ラップでカバーし、室温で24時間置いておく。

——

翌日、スターターにパンの材料を加え、よく混ぜてまとめる。

——

軽く打ち粉をした作業台に生地を出し、10分こねる（あまりにベトつくようなら少し粉を足す）。

——

油脂を塗った大きなボウルに移し、ラップでしっかりとカバーし、約2倍の大きさに膨らむまで置いて発酵させる（約1時間かかる）。

——

軽く打ち粉をした作業台に生地を出し、丸型または長方形のどちらか好きな形に成形する。大きめの天板にベーキングペーパーを敷き、粉をまぶす。生地を準備しておいた天板に慎重に移し、ティータオルや布巾でカバーし、さらに1時間、または約2倍の大きさになるまで置いて発酵させる。

——

オーブンを220℃（コンベクションオーブン200℃/ガスオーブン マーク7）に予熱する。

——

パンに少量の粉をまぶし、シャープなナイフで中央に十字のクープを入れる（焼成中にパンが破裂するのを防ぐことができる）。天板をオーブンに入れ、下の段にもう1枚、縁に立ち上がりのある天板を入れる。この天板に氷を4〜5個入れる。こうすることで蒸気が出てパンのクラスト（パンの耳の部分）がパリッとなる。予熱したオーブンで30〜35分、または底をたたいて空洞があるような乾いた音がするまで焼く。ワイヤーラックの上で冷ます。

ソーダブレッドはイーストを使わないパンなので
発酵させる手間がなく、短時間で簡単に作ることができます。

IRISH SODA BREAD
アイリッシュ・ソーダブレッド

標準の大きさの丸いローフ1個分
強力粉 ······ 450g（打ち粉用は別）
重曹 ······························ 小さじ1
塩 ······························· 小さじ1
バターミルク ····················· 300ml
※または牛乳150mlとナチュラル
　ヨーグルト150mlを混ぜたもの
ぬるま湯 ···················· 約大さじ6

オーブンを200℃（コンベクションオーブン180℃/ガスオーブン マーク6）に予熱する。天板に薄く油脂を塗る。

———

大きなボウルで粉類を混ぜ合わせる。バターミルク（または牛乳とヨーグルトを混ぜ合わせたもの）と、十分な量のぬるま湯を加える（生地がとても柔らかい状態）。

———

軽く打ち粉をした作業台に生地を置き、直径約18cmのきれいな円形に成形する。

———

天板にのせ、上部にシャープなナイフで浅く十字にクープを入れる。予熱したオーブンで30分焼き、パンを逆さまにして10〜15分、または底をたたくと空洞のような音がするようになるまで焼く。ワイヤーラックの上で冷ます。

ヒント
オートミールを加えると、より噛み応えのあるパンに仕上がります。薄力粉の55gを同量のオートミールに置き換えるだけです。ソーダブレッドは作ったその日に食べるのがベストです。

トッピングが効いたイタリアのフラッドブレッド。スープやパテにぴったりです。

オニオンとバルサミコ酢トッピングのフォカッチャ

長方形のローフ1個
強力粉 ················· 400g
セモリナ粉 ············· 115g
オリーブオイル ··········· 大さじ4
塩 ···················· 小さじ1
インスタントドライイースト
 ·················· 7g
ぬるま湯 ··············· 300ml

＜トッピング用＞
オリーブオイル ·········· 大さじ1
玉ねぎ（大）···· 2個（スライスする）
バルサミコ酢 ·········· 小さじ1.5
砂糖 ················· 小さじ1
新鮮なタイムの葉 ········· 小さじ1

＜仕上げ用＞
シーソルト ········ 少々（仕上げ用）

パンの材料をすべてボウルに入れ、手または電動ミキサーで柔らかい生地ができるまで混ぜる。打ち粉をした作業台に移し（手こねの場合）、またはミキサーで4〜5分こねる（必要なら粉を少し足す）。油脂を塗った大きなボウルに移し、ラップでしっかりとカバーして（空気が逃げないように）、暖かい場所で1〜1時間半、または約2倍の大きさに膨らむまで置いておく。

—

生地が発酵している間にトッピングを作る。フライパンに油をひき、強火で熱する。スライスした玉ねぎを加え、数分炒める。蓋をして弱火にし、玉ねぎが柔らかくなるまで約20分加熱する。

—

蓋を取り、火を強めて余分な水分を飛ばす。酢と砂糖を加え、きつね色になるまで炒める。タイムを加え、塩と黒こしょうで味を調える。火からおろし、冷ましておく。

—

生地が十分に発酵したら、軽く打ち粉をした作業台の上に置き、手で約5分こねてガス抜きをする。約40×28cmの長方形に伸ばす。天板にベーキングペーパーを敷き、生地を天板に移す。冷めた玉ねぎを生地の上に広げ、大きなビニール袋に天板ごと入れる。空気が逃げないように袋を閉じ、約30分、または発酵して約2倍の大きさになるまで置いておく。

—

オーブンを220℃（コンベクションオーブン200℃/ガスオーブン マーク7）に予熱する。

—

天板を袋から取り出し、予熱したオーブンで20〜25分、上と底面に焼き色がつくまで焼く。ワイヤーラックの上で冷ます。シーソルトを振りかけていただく。

ナンはオーブンのグリル機能で焼く、素朴で柔らかいパンです。
どんなサイズにも作ることができ、また味のバリエーションも広げられます。

GARLIC AND CORIANDER NAAN BREADS
ガーリック&コリアンダー・ナン

6枚分
強力粉 …… 300g（打ち粉用は別）
インスタントドライイースト
　………………………………… 7g
バター ………… 30g（溶かしたもの）
塩 ……………………………… 小さじ1
ニンニク ……… 2片（つぶしたもの）
牛乳 ………………………… 225ml
コリアンダー ………………… 小1束
　　　　　　　（細かく刻んだもの）
オリーブオイル ………………… 少々
　　　　　　　　　（ハケで塗る用）

強力粉、イースト、溶かしバター、塩を大きなボウルに入れる。ガーリック
を入れた牛乳を粉類に注ぎ、よく混ぜてひとつの生地にする。

———

軽く打ち粉をした作業台に出し、なめらかになるまで10分こねる。

———

油を塗った大きなボウルに入れ、ラップでカバーをして1時間半、または約
2倍の大きさになるまで置いて発酵させる。

———

グリルを強火で予熱し、天板に薄く油脂を塗る。

———

軽く打ち粉をした作業台の上に生地を出す。コリアンダーを加え、なめらか
になるまでこねる。生地を6つに分割する。めん棒を使い手のひらくらいの
大きさの涙型に伸ばす。

———

準備しておいたトレイにナンを並べ、上面に油を塗る。片面2〜4分ずつ、
焼けてきつね色になるまでグリルパンで焼く。残りのナンも同様に焼く。

ピザ生地のようなベースにハーブとガーリックを加えたガーリックブレッドは、
シェアするのにぴったり。フラットブレッドのなかでも最も手早くできるレシピです。

HERB AND GARLIC FLATBREAD
ハーブ＆ガーリック・フラットブレッド

大きな丸いフラットブレッド1枚分
＜フラットブレッド用＞
強力粉 ……… 175g（打ち粉用は別）
塩 ………………………… ひとつまみ
卵（M） ………………………………… 1個
牛乳 …………………………… 70ml

＜トッピング用＞
バター … 115g（柔らかくしたもの）
ニンニク（大） ………………… 1片
　　　　　　　　　（つぶしたもの）
パセリ ……… 大さじ1（刻んだもの）
チャイブ（あさつき） ……… 大さじ1
　　　　（ハサミで細かく切ったもの）
タイムの葉 ………………… 小さじ1
　　　　　　　　　（刻んだもの）
シーソルト ……………… ひとつまみ

オーブンを200℃（コンベクションオーブン220℃/ガスオーブン マーク6）に
予熱する。大きめの平らな天板をオーブンに入れて熱する。

———

フラットブレッドを作る。強力粉を計量してボウルに入れる。塩を加える。
小さな容器に卵と牛乳を入れて混ぜ合わせる。強力粉に注ぎ入れ、混ぜ
て柔らかい生地にする。

———

軽く打ち粉をした作業台の上に生地を出し、やさしくこねる。丸めて大きめ
のベーキングペーパーの上に置く。めん棒を使い、直径約30cmの円形に
なるように生地を伸ばす。

———

トッピングを作る。バター、ガーリック、パセリ、チャイブ、タイム、シーソ
ルトをボウルで混ぜる。生地の上にハーブ、バターを塗る。熱した天板の
上にフラットブレッドを慎重に移し、予熱したオーブンで約12分、表面に焼
き色がついて、底がパリッとするまで焼く。

———

カットして熱々のうちにどうぞ。

CHAPTER THIRTEEN

FRUIT LOAVES

フルーツ・ローフ

このパンは長く保存できるので前もって作り置きができ、冷凍保存も可能です。
麦芽シロップはモルトを濃縮したシロップで、瓶入りが入手できます。

SULTANA MALT LOAVES
サルタナ・モルト・ローフ

2本分
薄力粉 ····························· 225g
重曹 ··························· 小さじ1/2
ベーキングパウダー ········ 小さじ1
サルタナレーズン ················ 225g
デメララシュガーまたはカソナード
································· 55g
麦芽エキス ························ 175g
モラセス ··························· 大さじ1
卵（L玉）·········· 2個（溶いたもの）
冷やした紅茶 ·················· 150ml

オーブンを150℃（コンベクションオーブン130℃/ガスオーブン マーク2）に予熱する。450gの食パン型2つに油脂を塗り、それぞれの型の底にベーキングペーパーを敷く。

—

薄力粉、重曹、ベーキングパウダーを計量し、ボウルに入れ、サルタナレーズンを入れてかき混ぜる。

—

砂糖、モルトエキス、モラセスを弱火にかける。溶いた卵と紅茶と一緒に粉類に注ぐ。なめらかになるまでよく混ぜ合わせる。

—

あらかじめ準備しておいた型に流し入れ、表面を平らにする。予熱したオーブンで約1時間、または、よく膨らみ、しっかりとした感触になるまで焼く。そのまま10分冷まして型から出し、ベーキングペーパーをはがしてワイヤーラックの上で冷ます。

—

このローフは、焼いてから2日ほど置いてから食べるのがベストです。

ヒント
冷凍保存する場合は、焼成後冷めたらすぐに冷凍しましょう。

熟しすぎたバナナはこのティーブレッドを作るのに最適。
焼き上がりの色が薄いのは淡い色のはちみつを使用しているからです。

BANANA AND HONEY TEABREAD
バナナ＆ハニー・ティーブレッド

1本分
セルフレイジングフラワー … 225g
おろしたナツメグ ……… 小さじ1/4
バター ……………………… 115g
バナナ ……………………… 225g
グラニュー糖 ……………… 115g
レモンの皮………………… 1個分
卵(L玉) ……………………… 2個
淡い色のハチミツ ………… 大さじ6

＜トッピング用＞
ハチミツ ………………… 大さじ2
ワッフルシュガーまたは砕いた角
砂糖……………… 少々(仕上げ用)

[日本で作る場合の注意]
※セルフレイジングフラワー
　小麦粉150gあたりベーキングパウダー
　小さじ2、塩少々を混ぜ合わせて使用

オーブンを160℃(コンベクションオーブン140℃/ガスオーブン マーク3)に予熱する。900gの食パン型に薄く油脂を塗り、底にベーキングペーパーを敷く。

———

セルフレイジングフラワーとナツメグを計量して大きなボウルに入れる。そこにバターを入れ、指先ですり混ぜて細かいパン粉のような状態にする。

———

バナナの皮を剥いてつぶし、砂糖、レモンの皮、卵、ハチミツと一緒に粉類に入れて混ぜる。均一に混ざるまでよく混ぜ合わせる。

———

あらかじめ準備しておいた型に入れ、表面を平らにする。予熱したオーブンで約1時間15分、または中心部に串を刺した時に何も付いてこなくなるまで焼く。焼きあがる前に焼き色がつきすぎるようなら緩くホイルで覆う。焼けたらそのまま数分冷まして型から出し、ベーキングペーパーをはがし、ワイヤーラックの上にのせて冷ます。

———

トッピングを作る。ハチミツを小鍋に入れて弱火で温め、ハケで冷ましたティーブレッドの上に塗る。ワッフルシュガーを振りかける。

他のフルーツローフと同様、このローフも簡単に作ることができます。
フェスティバルやバザーなどで1本売りやスライスしたものをよく見かけます。

ICED APRICOT FRUIT LOAF
アイシングがけしたアプリコットのフルーツローフ

1本分
赤または自然色素の
ドレンチェリー ………………… 75g
　　　　　　　（4等分したもの）
卵（L玉）………………………… 3個
セルフレイジングフラワー … 175g
バター … 115g（柔らかくしたもの）
ブラウンシュガー …………… 115g
ドライアプリコット …………… 115g
　　　　　　　（刻んだもの）
サルタナレーズン …………… 150g

＜アイシング用＞
粉糖 ……… 115g（ふるったもの）
アプリコットジャム ……… 大さじ1
水 ……………………………… 大さじ1
ドライアプリコット ……………… 2個
　　　　　　　（刻んだもの）

[日本で作る場合の注意]
※セルフレイジングフラワー
　小麦粉150gあたりベーキングパウダー
　小さじ2、塩少々を混ぜ合わせて使用

オーブンを160℃（コンベクションオーブン140℃/ガスオーブン マーク3）に予熱する。900gの食パン型に薄く油脂を塗り、底にベーキングペーパーを敷く。

———

ドレンチェリーをざるに入れて流水で洗う。水気をよく切り、キッチンペーパーで完全に乾かす。

———

大きなボウルに卵を割り入れ、チェリーを含む残りの材料を入れる。なめらかになるまでよく混ぜ合わせる。

———

あらかじめ準備しておいた型に流し入れ、表面を平らにする。予熱したオーブンで約1時間10分、またはローフが黄金色になり、しっかりとした感触になって、ケーキが縮んで型の側面から離れるまで焼く（中心部に串を刺しても何も付いてこなくなるまで）。そのまま10分冷まして型から出し、ベーキングペーパーをはがしてワイヤーラックの上にのせて冷ます。

———

アイシングを作る。粉糖をボウルに入れる。アプリコットジャムと水を一緒に加熱し、ジャムが溶けたら粉糖に注ぐ。滑らかになって塗ることができる固さにして、冷ましたローフの上に塗る。中央に刻んだアプリコットを散らしてを飾る。

"バラブリス"はウェールズ語で「斑点のあるパン」を意味します。
この伝統的なティーブレッドは地方によって呼び名が異なり、アイルランドではバームブラック（Barm Brack）、スコットランドではセルカークバノック（Selkirk Bannock）と呼ばれています。

BARA BRITH
バラブリス

1本分
カランツ ····························· 175g
サルタナレーズン ················ 175g
ブラウンシュガー ················ 225g
熱い紅茶液 ························ 300ml
セルフレイジングフラワー ··· 275g
卵（L玉）··········· 1個（溶いたもの）

[日本で作る場合の注意]
※**セルフレイジングフラワー**
　小麦粉150gあたりベーキングパウダー
　小さじ2、塩少々を混ぜ合わせて使用

フルーツと砂糖をボウルに入れ、熱い紅茶液を注ぎ、カバーをして一晩おく。
——

オーブンを150℃（コンベクションオーブン130℃/ガスオーブン マーク2）に予熱する。900gの食パン型に薄く油脂を塗り、底にベーキングペーパーを敷く。
——

フルーツを混ぜ合わせておいたものに粉と卵を入れ、しっかりと混ぜる。
——

あらかじめ準備しておいた型に流し入れ、表面を平らにする。予熱したオーブンで約1時間半、または、よく膨らみ、しっかりとした感触になるまで焼く（中心部に串を刺した時に何も付いてこなくなるまで）。そのまま10分冷まして型から出し、ベーキングペーパーをはがしてワイヤーラックの上で冷ます。
——

スライスしてバターを塗っていただく。

バターを塗る必要がないほどしっとりとしたローフで、冷凍保存に向いています。
バナナが残っていたらぜひ作ってみてください。熟したバナナほどおすすめです。

BANANA LOAF
バナナ・ローフ

1本分
バター … 115g（柔らかくしたもの）
グラニュー糖 ……………………… 175g
卵（L玉）……………………………… 2個
熟したバナナ …………………… 2本
　　　　　　　　　（つぶしたもの）
セルフレイジングフラワー … 225g
ベーキングパウダー ……… 小さじ1
牛乳 …………………………… 大さじ2

[日本で作る場合の注意]
※セルフレイジングフラワー
　小麦粉150gあたりベーキングパウダー
　小さじ2、塩少々を混ぜ合わせて使用

オーブンを180℃（コンベクションオーブン160℃/ガスオーブン マーク4）に予熱する。900gの食パン型に薄く油脂を塗り、底と側面にベーキングペーパーを敷く。

———

すべての材料をボウルに入れ、約2分間、よく混ぜ合わせる。

———

あらかじめ準備しておいた型に生地を入れ、表面を平らにする。予熱したオーブンで約1時間、よく膨らみ、きつね色になるまで焼く（中心部に串を刺しても何もついてこなくなるまで）。そのまま数分冷ましてから型から出し、ベーキングペーパーをはがしてワイヤーラックの上で冷ます。

———

厚めにスライスしていただく。

見た目の華やかさはありませんが、とても美味しくて人気の高いケーキです。
これに似たローフが町のマーケットで売られていたのを見かけたことがあります。

クランチー・オレンジシロップ・ローフ

2ローフ分

バター… 115g（柔らかくしたもの）
セルフレイジングフラワー…..175g
ベーキングパウダー ……… 小さじ1
グラニュー糖 ……………… 175g
卵（L玉）……………………… 2個
牛乳 …………………… 大さじ4
オレンジゼスト ……………… 1個分

＜トッピング用＞
オレンジジュース …………… 1個分
グラニュー糖 ………………… 115g

[日本で作る場合の注意]
※**セルフレイジングフラワー**
　小麦粉150gあたりベーキングパウダー
　小さじ2、塩少々を混ぜ合わせて使用

オーブンを180℃（コンベクションオーブン160℃/ガスオーブン マーク4）に予熱する。450gの食パン型2つに薄く油脂を塗り、それぞれの型の底にベーキングペーパーを敷く。

―

材料すべてを大きなボウルに入れ、約2分よく混ぜ合わせる。

―

生地を型に均等に分けて流し入れ、表面を平らにする。予熱したオーブンで約30分、または表面を軽く押さえたときに弾力があるくらいまで焼く。

―

ローフを焼いている間に、トッピングを作る。オレンジジュースと砂糖を小さなボウルに入れ、かき混ぜる。ローフが焼き上がったらまだ熱いうちにトッピングを塗り、型に入れたまま完全に冷ます。冷めたら型から出し、ベーキングペーパーをはがす。

このティーブレッドは中のくるみの食感がアクセントになっており、
バターを塗るととても美味しいです。これも冷凍保存に向いています。

WALNUT AND CRANBERRY TEABREAD
ウォールナッツ&クランベリー・ティーブレッド

1本分
グラニュー糖 ……………………… 115g
ゴールデンシロップ ………… 175g
牛乳 …………………………… 200ml
サルタナレーズン ……………… 55g
ドライクランベリー …………… 55g
セルフレイジングフラワー …225g
ベーキングパウダー ……… 小さじ1
クルミ ……… 55g（粗く刻んだもの）
卵（L玉） ………… 1個（溶いたもの）

[日本で作る場合の注意]
※**セルフレイジングフラワー**
　小麦粉150gあたりベーキングパウダー
　小さじ2、塩少々を混ぜ合わせて使用

オーブンを180℃（コンベクションオーブン160℃/ガスオーブン マーク4）に予熱する。900gの食パン型に薄く油脂を塗り、底にベーキングペーパーを敷く。

———

砂糖、シロップ、牛乳、サルタナレーズン、クランベリーを鍋に入れ、砂糖が溶けるまで弱火にかける。冷めるまで置いておく。

———

セルフレイジングフラワーとベーキングパウダーをボウルに入れ、粗く刻んだクルミを加える。冷ましたシロップミックスを溶き卵とともに粉類に加え、生地がなめらかになるまでよくかき混ぜる。

———

あらかじめ準備しておいた型に流し入れ、表面を平らにする。予熱したオーブンで1時間、触るとしっかりとした感触になり、中心に刺した串に何も付いてこなくなるまで焼く。途中、焼き色がつき過ぎるようならアルミホイルでカバーする。そのまま10分冷ましてから型から出し、ベーキングペーパーをはがしてワイヤーラックの上で冷ます。

———

バターを塗っていただく。

ヒント
クルミ、ビスケット、コーンフレークなどを砕く場合は、丈夫なビニール袋に入れ、めん棒で砕きます。

ズッキーニを使ったケーキ。通常はトップに砂糖衣がついています。
作ったら1本は冷蔵庫に、もう1本は冷凍庫に。
水分があまり出ないよう小ぶりなズッキーニを使うと良いでしょう。

COURGETTE LOAVES
ズッキーニ・ローフ

2本分

卵（L玉）	3個
ひまわり油	250ml
グラニュー糖	350g
小さめの細いズッキーニ	350g
	（おろしたもの）
薄力粉	165g
そば粉	165g
ベーキングパウダー	小さじ1
重曹	小さじ2
シナモンパウダー	大さじ1
レーズン	175g
クルミ	150g（刻んだもの）

オーブンを180℃（コンベクションオーブン160℃/ガスオーブン マーク4）に予熱する。900gの食パン型2個に油脂を塗り、それぞれの型の底にベーキングペーパーを敷く。

—

すべての材料を計りながら大きなボウルに入れ、よく混ぜて生地を作る。

—

あらかじめ準備しておいた型2本に流し入れる。予熱したオーブンで約1時間、またはローフがしっかりとした感触になり、中心に刺した串に何も付いてこなくなるまで焼く。そのまま10分冷まして型から出し、ベーキングペーパーをはがしてワイヤーラックの上で冷ます。

スライスしてバターを塗って、もしくはクリームチーズを塗っていただきます。冷蔵庫で3週間保存ができます。

しっとりとした食感が素晴らしいティーブレッドで、バターを塗っていただきます。
フルーツはひと晩紅茶に浸しておきます。大きく1本のティーブレッドを作る代わりに、
450gのものを2本作ることもできます。その場合は焼成時間を30〜40分に短縮してください。

BORROWDALE TEABREAD
ボロウデール・ティーブレッド

ローフ1本分または
450gのローフ日本分
サルタナレーズン ················ 115g
カランツ ························· 115g
レーズン ························· 115g
濃く淹れた紅茶液 ·········· 475ml
ブラウンシュガー ··············· 225g
卵（L玉）························· 2個
全粒粉の
セルフレイジングフラワー ··· 450g

[日本で作る場合の注意]
※セルフレイジングフラワー
　小麦粉150gあたりベーキングパウダー
　小さじ2、塩少々を混ぜ合わせて使用

ボウルにサルタナレーズン、カランツ、レーズンを濃く淹れた紅茶と一緒に入れ、カバーをしてひと晩浸す。

—

オーブンを180℃（コンベクションオーブン160℃/ガスオーブン マーク4）に予熱する。900gの食パン型に油脂を塗り、底にベーキングペーパーを敷く。

—

砂糖と卵を白く軽くなるまで混ぜ合わせる。そこに粉、そして浸したフルーツと残りの液体を加え、よく混ぜ合わせる。

—

あらかじめ準備しておいた食パン型に生地を流し入れ、表面を平らにする。予熱したオーブンで約1時間、または中心部に刺した串に何も付いてこなくなるまで焼く。型に入れたまま冷まし、冷めたら型から出してベーキングペーパーをはがす。

—

スライスしてバターを塗っていただく。

マーマレードを入れすぎると材料全体の砂糖の割合が変わり、
生地が緩くなって、フルーツが生地の底に沈んでしまうので注意してください。

MARMALADE LOAF
マーマレード・ローフ

1本分
赤または天然色素の
ドレンチェリー ………………… 40g
　　　　　　（4等分したもの）
バター … 115g（柔らかくしたもの）
グラニュー糖 ………………… 115g
サルタナレーズン …………… 115g
カランツ ……………………… 115g
卵（L玉）………………………… 2個
セルフレイジングフラワー … 175g
皮がしっかり入ったマーマレード
　………………… 大さじ山盛り1杯

<仕上げ用>
皮がしっかり入ったマーマレード
（大さじ1）、またはグラニュー糖
を振りかける

[日本で作る場合の注意]
※セルフレイジングフラワー
　小麦粉150gあたりベーキングパウダー
　小さじ2、塩少々を混ぜ合わせて使用

オーブンを160℃（コンベクションオーブン140℃/ガスオーブン マーク3）に
予熱する。900gの食パン型に油脂を塗り、底にベーキングペーパーを敷く。

―――

ドレンチェリーをざるに入れて流水で洗う。水気をよく切り、キッチンペーパー
で完全に乾かしてカットしておく。

―――

残りの材料をすべて大きなボウルに入れ、チェリーを加えよく混ぜる。

―――

あらかじめ準備しておいた型に流し入れ、表面を平らにする。予熱したオー
ブンで約1時間半、または、中心部に刺した串に何も付いてこなくなるまで
焼く。そのまま10分冷ましてから型から出し、ベーキングペーパーをはがし
てワイヤーラックの上で冷ます。

―――

仕上げに、マーマレードを小鍋で温め、ケーキの上に塗って固まるまで置い
ておく。または食べる前にグラニュー糖をふりかける。

ヒント
ドライフルーツは、しっかりラップをして冷凍庫で保存し、2年以内に使い切りましょう。

CHAPTER FOURTEEN

BUNS
AND
SCONES

バン＆スコーン

美味しいスコーンを作る秘訣、それは「必要以上に生地に触らず、柔らかめの生地を作ること」です。スコーンは焼きたてを食べるか、完全に冷めたら冷凍するかのどちらかです。冷凍したスコーンは自然解凍して、180℃くらいのオーブンに入れて温めます。

VERY BEST SCONES
ベリーベストスコーン

20個分
セルフレイジングフラワー … 450g
　　　　　　　　（打ち粉用は別）
ベーキングパウダー
　…………………… 小さじ山盛り2杯
バター …… 75g（柔らかくしたもの）
グラニュー糖 …………………… 55g
卵（L玉）………………………… 2個
牛乳 ………………………… 約225ml

[日本で作る場合の注意]
※**セルフレイジングフラワー**
　小麦粉150gあたりベーキングパウダー
　小さじ2、塩少々を混ぜ合わせて使用

ヒント
全粒粉のスコーンを作るには、普通のセルフレイジングフラワーの代わりに全粒粉のセルフレイジングフラワーを450g使います。生地を作るのに、もう少し牛乳を加える必要があるかもしれません（生地のまとまり具合で調整）。

9cmの抜き型を使えば、大きめのスコーンが8〜10個できます。

オーブンを220℃（コンベクションオーブン200℃/ガスオーブン マーク7）に予熱する。天板2枚に薄く油脂を塗る。

___

セルフレイジングフラワーとベーキングパウダーを大きなボウルに入れる。バターを加え、細かいパン粉のようになるまで指先ですり混ぜる。砂糖を入れてかき混ぜる。

___

卵を溶きほぐし、そこに牛乳を加えて300mlにする（後でスコーンに塗ってツヤを出すために、大さじ2杯ほどをカップに入れて別にしておく）。粉類に卵と牛乳を混ぜたものを少しずつ加えて混ぜ、柔らい生地を作る。生地は指にくっつくくらいの柔らかいほうがよく膨らむ。

___

軽く打ち粉をした作業台に生地をのせ、手またはめん棒で1〜2cmの厚さにのばす。直径5cmの菊型の抜き型を使って、垂直に生地を抜く（ひねらない）。こうすることでスコーンが均等に膨らみ、きれいな形を保つことができる。残りの生地はやさしくまとめ、軽くこねたら、再度を伸ばし、さらにスコーンを型抜きする。

___

あらかじめ準備しておいた天板に生地を並べ、残しておいた溶き卵をハケで上面に塗る。予熱したオーブンで約10〜15分、よく膨らみ、焼き色がつくまで焼く。ワイヤーラックの上に移し、水分を保つためにきれいなティータオルをかけて冷ます。

___

半分に切り、イチゴジャムをたっぷり塗る。好みでクロテッドクリームやホイップクリームをたっぷりのせる。

美味しいスコーンを作るには、生地を乾燥させたりこねすぎたりしないこと。
そこに気をつければ簡単です。焼けたら清潔なティータオルに包んで乾燥を防ぎます。

スペシャル・フルーツ・スコーン

14個分
セルフレイジングフラワー … 225g
　　　　　　　　　　（打ち粉用は別）
ベーキングパウダー ……… 小さじ1
バター ····· 55g（柔らかくしたもの）
グラニュー糖 ………………… 30g
サルタナレーズン ……………… 20g
ドライアプリコット ……………… 20g
　　（ハサミで小さくカットしたもの）
ドライクランベリー …………… 15g
　　　　　　　（粗く刻んだもの）
卵（L玉）………………………… 1個
牛乳 ……………………… 約100ml
牛乳 …………… 少々（仕上げ用）

[日本で作る場合の注意]
※セルフレイジングフラワー
　小麦粉150gあたりベーキングパウダー
　小さじ2、塩少々を混ぜ合わせて使用

オーブンを220℃（コンベクションオーブン200℃/ガスオーブン マーク7）に予熱する。天板2枚に薄く油脂を塗る。

———

セルフレイジングフラワーとベーキングパウダーを大きなボウルに入れ、バターを加え、指先で細かいパン粉のようになるまですり混ぜる。砂糖とドライフルーツを入れてかき混ぜる。

———

計量カップに卵を割り入れ、牛乳を加えて150mlにする。これを粉類に入れて、柔らかいけれどもべたつかない生地にする。

———

軽く打ち粉をした作業台の上にのせて軽くこね、1cmの厚さに伸ばす。直径5cmの抜き型（菊型）で型抜きし、あらかじめ準備しておいた天板に並べる。ハケで表面に少量の牛乳を塗る。

———

予熱したオーブンで約10分、または淡いきつね色になるまで焼く。スコーンをワイヤーラックの上にのせて冷ます。

———

できるだけ焼きたてをいただく。

焼いたら温かいうちにハムやサラミ、スープやチーズの盛り合わせなどと一緒にどうぞ。
もちろんバターも忘れずに。

CHEESE SCONE ROUND
チーズスコーン・ラウンド

6個分
セルフレイジングフラワー … 225g
　　　　　　　　　（打ち粉用は別）
塩 ………………………… 小さじ1/2
マスタードパウダー …… 小さじ1/2
カイエンペッパー ……… 小さじ1/4
ベーキングパウダー ……… 小さじ1
バター ……… 30g（柔らかくしたもの）
熟成チェダーチーズ ………… 150g
　　　　　　　　　（おろしたもの）
卵（L玉）…………………………… 1個
牛乳 ………………………… 約100ml
牛乳 …………… 少々（仕上げ用）

[日本で作る場合の注意]
※セルフレイジングフラワー
　小麦粉150gあたりベーキングパウダー
　小さじ2、塩少々を混ぜ合わせて使用

オーブンを220℃（コンベクションオーブン200℃/ガスオーブン マーク7）に
予熱する。天板に薄く油脂を塗る。

—

粉、塩、マスタードパウダー、カイエンペッパー、ベーキングパウダーを
大きなボウルに入れる。バターを加え、細かいパン粉状になるまで指先で
すり混ぜる。おろしたチーズ115gを入れてかき混ぜる。

—

計量カップに卵を割り入れ、牛乳を150mlになるまで入れる。これを粉類
に入れて、柔らかいけれどもべたつかない生地にする。

—

軽く打ち粉をした作業台にのせ、軽くこねる。15cmの円形に伸ばし、あら
かじめ準備しておいた天板に置く。

—

6等分に印をつけ、ハケで少量の牛乳を塗る。残りのおろしたチーズをふり
かけ、予熱しておいたオーブンで約15分、またはきつね色になって、触ると
しっかりした感触になるまで焼く。ワイヤーラックの上にのせて冷ます。

—

できるだけ焼きたてをいただく。

大きな型を使って作るスコーンは、
生地を伸ばして抜く作業がないので手早くできます。
トレイベイク型やロースト用の型がない場合は、長方形に整えて天板の上に置きましょう。

GRUYÈRE AND OLIVE SCONE BAKE
グリュイエールチーズ＆オリーブ・スコーンベイク

正方形12個分
セルフレイジングフラワー … 450g
　　　　　　　　　（打ち粉用は別）
ベーキングパウダー ……… 小さじ2
塩 ……………………………… 小さじ1
バター … 115g（柔らかくしたもの）
グリュイエールチーズ ………225g
　　　　　　　（粗くおろしたもの）
種を取ったブラックオリーブ
　　……… 115g（粗く刻んだもの）
卵（L玉） …………………… 2個
牛乳 …………………………… 200ml
牛乳（仕上げ用） …………… 少々

[日本で作る場合の注意]
※セルフレイジングフラワー
　小麦粉150gあたりベーキングパウダー
　小さじ2、塩少々を混ぜ合わせて使用

オーブンを230℃（コンベクションオーブン210℃/ガスオーブン マーク8）に予熱する。30×23cmのトレイベイク型またはロースト型に薄く油脂を塗る。

———

粉、ベーキングパウダー、塩を大きなボウルに入れる。バターを加え、細かいパン粉状になるまで指先ですり混ぜる。すりおろしたグリュイエールチーズ200gと荒く刻んだオリーブを入れて混ぜる。

———

計量カップに卵を割りほぐし、そこに牛乳を入れて300mlにする。それを粉類に加え、混ぜて柔らかい生地にする。

———

生地がなめらかになるまで素早く軽くこね、軽く打ち粉をした作業台の上で、型に入るように長方形に伸ばす。あらかじめ準備しておいた型に移し、12個の正方形になるよう生地に印をつけ、上面に牛乳を少量塗る。

———

予熱したオーブンで約15分焼く。上に残りのグリュイエールチーズをふりかけ、さらに5分、またはスコーンがよく膨らんで、表面に焼き色がつくまで焼く。型から出してワイヤーラックの上にのせて冷ます。

このスコーンはとてもしっとりしているので、1〜2日保存したい場合に向いています。
甘いスコーンにもセイボリースコーンにも使えるレシピですが、
セイボリーの場合は砂糖を入れずに、薄力粉に塩を小さじ1/2を加えます。

POTATO SCONES
ポテト・スコーン

6個分
セルフレイジングフラワー … 175g
　　　　　　　　（打ち粉用は別）
ベーキングパウダー ……… 小さじ2
バター ….. 55g（柔らかくしたもの）
グラニュー糖 …………………… 40g
新鮮なマッシュポテト ……… 115g
卵（L玉）………… 1個（溶いたもの）

[日本で作る場合の注意]
※セルフレイジングフラワー
　小麦粉150gあたりベーキングパウダー
　小さじ2、塩少々を混ぜ合わせて使用

オーブンを220℃（コンベクションオーブン200℃/ガスオーブン マーク7）に予熱する。天板2枚に薄く油脂を塗る。

———

粉とベーキングパウダーを大きなボウルに入れ、バターを加えて細かいパン粉のような状態になるまで指先ですり混ぜる。

———

砂糖とマッシュポテトを入れ、ポテトがダマにならないようにフォークで混ぜる。十分な量の卵を加え、柔らかいけれどもべたつかない生地を作る。

———

軽く打ち粉をした作業台に生地をのせ、軽くこねる。約2cmの厚さに伸ばし、7cmの菊型で型抜きする（セイボリースコーンには波型ではない丸い抜き型を使用）。

———

あらかじめ準備しておいた天板に移し、予熱したオーブンで12〜15分、またはよく膨らみ、きつね色になるまで焼く。

———

温かいうちにバターを塗っていただく。

別名"スコッチ・パンケーキ"とも呼ばれているスコーン。
昔は鉄板の上で焼かれていました。
現代では大きなテフロン加工のフライパンを使うのがいいでしょう。

DROP SCONES
ドロップ・スコーン

24枚分
セルフレイジングフラワー … 175g
ベーキングパウダー ……… 小さじ1
グラニュー糖 …………………… 40g
卵（L玉） ……………………… 1個
牛乳 ………………………… 約200ml

[日本で作る場合の注意]
※**セルフレイジングフラワー**
　小麦粉150gあたりベーキングパウダー
　小さじ2、塩少々を混ぜ合わせて使用

グリドルまたは厚手のフライパン（できればテフロン加工のもの）を用意し、油またはショートニングを塗って熱する。

粉、ベーキングパウダー、砂糖を大きなボウルに入れる。中央にくぼみを作り、卵と牛乳100mlを加える。混ぜ合わせて、滑らかで少し固めの生地にした後、さらに残りの牛乳を加えて濃い生クリームのような固さの生地にする。

熱したグリドルまたはフライパンに、大さじ1杯ずつの生地を、間隔をあけて落とす。表面に気泡が浮き上がってきたら、パレットナイフでひっくり返し、反対側をさらに30秒〜1分、黄金色になるまで焼く。ワイヤーラックの上にのせ、清潔なティータオルで覆っておく（柔らかさを保つため）。

残りの生地も同様に焼く。

温かいうちにバターを塗り、ゴールデンシロップをかけていただく。

作ったらすぐにバターを塗ってシロップをかけていただきます。
温め直す場合は、耐熱皿に重ねずに置き、アルミホイルでしっかりと覆って、
オーブンに入れて10分ほど温めます。

ORANGE DROP SCONES
オレンジ・ドロップスコーン

約24枚分

オレンジ ……………………… 2個
牛乳 ……………………………… 少々
セルフレイジングフラワー … 175g
ベーキングパウダー ……… 小さじ1
グラニュー糖 ………………… 40g
卵（L玉）……………………… 1個

[日本で作る場合の注意]
※セルフレイジングフラワー
　小麦粉150gあたりベーキングパウダー
　小さじ2、塩少々を混ぜ合わせて使用

オレンジの皮を細かくおろして、果汁を絞る。果汁を計量カップに入れ、牛乳を加えて200mlにする。

———

粉、ベーキングパウダー、砂糖、オレンジの皮を計りながらボウルに入れる。中央にくぼみを作り、卵、オレンジ果汁と牛乳を混ぜたものの半量を加える。よく混ぜ合わせて、滑らかで少し固めの生地にした後、残りのオレンジジュースと牛乳を加えて混ぜ合わせ、濃い生クリームくらいの固さの生地にする。

———

大きなテフロン加工のフライパンを中火で熱し、少量の油かショートニングを塗る。

———

熱したフライパンに、デザートスプーン1杯の生地を、間隔をあけて生地を落としていく。表面に気泡が浮き上がってきたら、パレットナイフでひっくり返し、反対側をさらに30秒〜1分、きつね色になるまで焼く。ワイヤーラックの上にのせ、清潔なティータオルで覆う。

———

残りの生地も同様に焼く。

———

温かいうちに、バター、ゴールデンシロップまたはメープルシロップをかけて、お好みでオレンジの皮を振ってどうぞ。

北イングランド・ノーサンバーランド地方のお菓子で、
鉄板の上で焼く時の音がまるで歌を歌っているように聞こえることからこの名前がつきました。
ヒニーとはこの地方のスラングで「ハニー」を意味し、子どもや若い女性の愛称でもあります。
伝統的には大きな丸い形のものをひとつ作りますが、小さなものをいくつか作っても良いでしょう。

SINGIN' HINNY
シンギング・ヒニー

4〜6人分
薄力粉 …… 350g(打ち粉用は別)
重曹 …………………… 小さじ1/2
クリームタータ …………… 小さじ1
ラードまたはショートニング … 75g
カランツ ……………………… 115g
牛乳 ……………………… 約200ml
バター ……………………… サーブ用

グリドルまたは大きな厚手のフライパン(できればテフロン加工のもの)を用意し、熱して油またはショートニングを薄く塗る。

———

薄力粉、重曹、クリームタータを計りながら大きなボウルに入れ、ラードまたはショートニングを加え、指先で細かいパン粉のようになるまですり混ぜる。カランツを入れて混ぜる。

———

牛乳を少しずつ加えながら混ぜ、柔らかいけれどもべたつかない生地にする。軽く打ち粉をした作業台の上に生地をのせる。軽くこね、厚さ5mmほどの大きな円形に伸ばす。

———

熱したグリドルの上に生地をのせ、弱火で片面を約5分焼き、慎重にひっくり返してもう片面をさらに5分、両面にきれいな焼き色がつくまで焼く。

———

ワイヤーラックの上にのせて少し冷ます。

———

半分に割ってバターを塗り、挟み、熱いうちにいただく。

このスコーンはぜひできたてにバターを塗ってお召し上がりください。
薄力粉か全粒粉を使って作りますが、全粒粉を使用する場合は牛乳が少し多めに必要です。

GRIDDLE SCONES
グリドル・スコーン

12個分

薄力粉 ······ 225g（打ち粉用は別）
重曹 ····························· 小さじ1
クリームタータ ················ 小さじ2
バター ······························· 30g
グラニュー糖 ······················ 30g
牛乳 ··························· 約150ml

※セルフレイジングフラワーを使用する場合は、重曹とクリームタータは使わず、ベーキングパウダー小さじ2杯を代わりに入れます。

グリドルまたは厚手のフライパン（できればテフロン加工のもの）を用意し、熱して薄く油かショートニングを塗る。

———

薄力粉、重曹、クリームタータを大きなボウルに入れる。バターを加え、指先で細かいパン粉のようになるまですり混ぜる。砂糖を入れて混ぜる。

———

牛乳を少しずつ加え、ドレッチなどを使って混ぜて、柔らかいけれどもべたつかない生地にする。

———

生地を半分に分割し、軽く打ち粉をした作業台の上でそれぞれの生地を軽くこねる。生地を厚さ1cmの円形にのばし、6等分する。熱したグリドルの上でまとめて6個ずつ、片面約5分ずつ、均等に焼き色がつくまで焼く。ワイヤーラックの上にのせて冷ます。

———

焼きたての熱々をどうぞ。

"スパ（温泉）の街"バースは、大粒の砂糖がトッピングされた"バース・バンズ"で有名です。18世紀に誕生したといわれています。

BATH BUNS
バース・バンズ

12個分
強力粉 ……… 450g（打ち粉用は別）
インスタントドライイースト
……………………………………… 7g
塩 ……………………………… 小さじ1
グラニュー糖 ……………………… 55g
バター ……………………………… 55g
　　　　（溶かして冷ましたもの）
卵（L玉）………… 2個（溶いたもの）
ぬるい牛乳 …………………… 150ml
サルタナレーズン …………… 175g
砂糖漬けのピール ……………… 55g
　　　　　　　　　　（刻んだもの）

＜仕上げ用＞
卵（L玉）…………………………… 1個
　　　　（溶いたもの／塗り玉用）
ワッフルシュガー
または粗く砕いた角砂糖 …… 少々

粉、イースト、塩、グラニュー糖を計りながら大きなボウルに入れ、よく混ぜる。

――

中央にくぼみを作り、溶かして冷ましたバター、卵、牛乳を流し入れる。サルタナレーズンと刻んだピールを加え、滑らかで柔らかい生地になるまで混ぜる。

――

軽く打ち粉をした作業台に生地をのせ、約5分、滑らかになって弾力が出るまでこねる。油脂を塗ったボウルに生地を入れ、油脂を塗ったラップでカバーするか、ボウルを大きなビニール袋に入れる。暖かい部屋で約2倍の大きさになるまで約1時間置いて発酵させる。

――

天板2枚に薄く油脂を塗る。

――

発酵が終わった生地をボウルから出し、生地が再び滑らかになり、弾力が出るまでよくこねる。12個に分割する。それぞれの生地を丸めて形を整え、あらかじめ準備しておいた天板に並べる。再び油脂を塗ったラップでカバーし、暖かい場所で約2倍の大きさになるまで約30分発酵させる。

――

オーブンを200℃（コンベクションオーブン180℃/ガスオーブン マーク6）に予熱する。

――

生地に溶き卵を塗り、ワッフルシュガーを振りかける。予熱したオーブンで約15分、またはきつね色になるまで焼く。底を叩くと空洞があるような乾いた音がするようになる。ワイヤーラックの上にのせて冷ます。

――

バターを塗ってどうぞ。

この甘いお菓子には菊型の抜き型を使うのが伝統的ですが、
生地の中にカランツが入っているので、丸い抜き型を使った方が抜きやすいかもしれません。

WELSH CAKES
ウェルシュ・ケーキ

10個分
セルフレイジングフラワー … 350g
　　　　　　　　（打ち粉用は別）
ベーキングパウダー ……… 小さじ2
バター ………………………… 175g
グラニュー糖 ………………… 115g
カランツ ……………………… 115g
ミックススパイスパウダー
　………………………… 小さじ3/4
卵（L玉）…………………… 1個
牛乳 ………………… 約大さじ2

＜仕上げ用＞
グラニュー糖 ……………… 少々

[日本で作る場合の注意]
※セルフレイジングフラワー
　小麦粉150gあたりベーキングパウダー
　小さじ2、塩少々を混ぜ合わせて使用

グリドルか厚手のフライパンを用意し、軽く油を塗る。

粉とベーキングパウダーを計りながら大きなボウルに入れ。バターを入れて、指先ですり混ぜ、細かいパン粉のようにする。砂糖、カランツとスパイスを加える。

そこに卵を牛乳で溶いたものを注ぎ入れる。必要であれば牛乳を少し足しながら、生地がまとまるように混ぜる。

軽く打ち粉をした作業台の上で生地を5mmの厚さに伸ばし、直径7.5cmの丸型で型抜きする。

熱したグリドルの上で、弱火で生地を片面約3分ずつ、またはきつね色になるまで焼く（あまり早く焼くと中心まで火が通らないので注意）。

ワイヤーラックの上で冷ましてからグラニュー糖を振りかける。

好みでバターを塗り、作ったその日にいただく。

伝統的なお菓子。多くのイギリス人にとって、学校で最初に習った最初にお菓子だと思います。
材料費もそれほどかからず、サイズも自由自在。それに特別な道具も要りません。
作ったその日に食べるのがベストです。

ROCK CAKES
ロック・ケーキ

12個分
セルフレイジングフラワー … 225g
ベーキングパウダー ………小さじ2
バター … 115g（柔らかくしたもの）
グラニュー糖 …………………… 55g
カランツ ……………………… 55g
サルタナレーズン ……………… 75g
アプリコット …… 52g（刻んだもの）
卵（L玉）………………………… 1個
牛乳 ………………………大さじ3
デメララシュガー
　………………… 少々（仕上げ用）

[日本で作る場合の注意]
※セルフレイジングフラワー
　小麦粉150gあたりベーキングパウダー
　小さじ2、塩少々を混ぜ合わせて使用

オーブンを200℃（コンベクションオーブン180℃/ガスオーブン マーク6）に予熱する。天板2枚に薄く油脂を塗る。

———

粉とベーキングパウダーを計りながら大きなボウルに入れる。バターを加え、細かいパン粉状になるまで指先ですり混ぜる。砂糖とドライフルーツを入れて混ぜる。

———

そこに卵と牛乳を混ぜて加える。生地が乾燥しているようなら牛乳を少し足す。

———

あらかじめ準備しておいた天板の上に約12個、ざっくりとした山型に生地を盛る（ティースプーン2本を使う）。トップにデメララシュガーをたっぷり振りかける。予熱したオーブンで約15分、または端が淡いきつね色になるまで焼く。ワイヤーラックの上で冷ます。

ヒント
お好みで全粒粉を使ってもよいですが、その場合は牛乳をもう少し多めに加えてください。

この"逆さま"パンは作ったその日に食べるのがベスト。
ミニブリオッシュの型を使うととても可愛らしい形に焼き上がります。
12穴のマフィン型を使ってもいいでしょう。

COBURG BUNS
コーブルク・バンズ

12個分
アーモンドスライス ………… 約55g
セルフレイジングフラワー … 150g
ベーキングパウダー ……… 小さじ1
ミックススパイスパウダー
　　　　　　　　……… 小さじ1/2
ジンジャーパウダー …… 小さじ1/2
シナモンパウダー ……… 小さじ1/2
バター … 55g（柔らかくしたもの）
グラニュー糖 …………………… 55g
卵（L玉）…………………………… 1個
ゴールデンシロップ ……… 大さじ1
牛乳 ………………………… 大さじ4

[日本で作る場合の注意]
※セルフレイジングフラワー
　小麦粉150gあたりベーキングパウダー
　小さじ2、塩少々を混ぜ合わせて使用

オーブンを180℃（コンベクションオーブン160℃/ガスオーブン マーク4）に予熱する。ミニブリオッシュ型12個、もしくは12個取りのマフィン型に薄く油脂を塗る。

──

それぞれの型の底にアーモンドスライスを数枚置く。

──

すべての材料を計量して大きなボウルに入れ、滑らかになるまで約2分混ぜ合わせる。

──

生地を型に分け入れ、予熱したオーブンで約15分、よく膨らみ、焼き色がついて触るとしっかりとした感触になるまで焼く。そのまま数分冷まして型から出し、アーモンドスライスが上になるようにして、ワイヤーラックの上で冷ます。

昔は大きなパンとして焼かれていましたが、現在では小さく焼いたものが一般的です。
パンの上の十字をはっきりさせるためには、練り込みパイ生地を55g分作り（薄力粉55g、バター
30g、水少々を使用）、細いひも状に切ってパンの上にのせてから焼きます。

HOT CROSS BUNS
ホット・クロス・バンズ

12個分
強力粉 ……… 450g（打ち粉用は別）
塩 …………………………… 小さじ1
ミックススパイスパウダー
……………………………… 小さじ1
シナモンパウダー ………… 小さじ1
おろしたナツメグ ……… 小さじ1/2
インスタントドライイースト
………………………………… 7g
グラニュー糖 …………………… 55g
バター ………………………… 55g
　　　　　　（溶かして冷ましたもの）
ぬるい牛乳 ………………… 150ml
ぬるま湯 …………………… 大さじ5
卵（L玉）……… 1個（溶いたもの）
カランツ …………………………… 75g
砂糖漬けのピール …………… 55g
　　　　　　　　　　（刻んだもの）

＜仕上げ用＞
薄力粉 ……………………………… 55g
グラニュー糖 ……………… 大さじ2

天板2枚に薄く油脂を塗る。

———

強力粉、塩、スパイス類、イースト、グラニュー糖を計りながら大きなボウルに入れて混ぜる。

———

中央にくぼみを作り、溶かして冷ましたバター、牛乳、水、卵を入れる。カランツと刻んだピールを加えて柔らかい生地を作る。

———

軽く打ち粉をした作業台に生地をのせ、滑らかで弾力のある生地になるまで約10分こねる。油脂を塗ったボウルに移し、油脂を塗ったラップでカバーし、暖かい部屋で約1時間半、生地が約2倍に膨らむまでおいて発酵させる。（リッチな生地なので普通の生地よりも発酵に時間がかかる）。

———

軽く打ち粉をした作業台の上に発酵した生地を再びのせ、2〜3分こねる。生地を12分割し、それぞれを丸めて成形する。あらかじめ準備しておいた天板に並べ、油脂を塗ったラップで覆う。暖かい場所で約2倍の大きさになるまで約30分置いて発酵させる。

———

オーブンを220℃（コンベクションオーブン200℃/ガスオーブン マーク7）に予熱する。

———

薄力粉に水大さじ4を混ぜてペースト状にし、生地の上に絞り出すか、または垂らして十字を描く。予熱したオーブンで約15分、焼き色がつき、底をたたくと空洞あるのような乾いた音がするようになるまで焼く。

———

パンを焼いている間に、グラニュー糖を大さじ2の水に溶かし、弱火にかける。バンズが焼き上がってオーブンから取り出したら、すぐにハケでシロップを塗ってツヤを出す。

CHAPTER FIFTEEN

HOT PUDDINGS AND PIES

温かいプディング＆パイ

私のお気に入りのデザートのひとつです。
甘いパイを作るときはいつもパイ生地でたくさんの"葉っぱ"を作って上に飾るようにしています。
そのほうがより美味しそうでしょう。

CLASSIC APPLE PIE
クラシック・アップルパイ

6人分
クッキングアップル ………… 675g
　　（皮をむいて芯を取り、
　　　　厚切りにする）
グラニュー糖 ……………………… 75g
クローブ …………………… 丸ごと4個
冷水 ………………………… 大さじ3

＜パイ生地用＞
薄力粉 …… 175g（打ち粉用は別）
バター ………………… 55g（角切り）
ショートニング ………………… 55g
牛乳 ………… 少々（ツヤ出し用）
グラニュー糖 ….. 少々（仕上げ用）

ヒント
焼けた後、完全に冷めたら冷凍保存できます。ほぼ完全に解凍してから、再加熱していただきます。焼く前の自家製ペイストリーを冷凍保存しておくと便利です。225gと450gで分けて包み、ラベルに詳細を明記します。冷蔵庫かキッチンで、伸ばして使えるくらいに柔らかくなるまで解凍して使用します。

900mlの浅いパイ皿を使用する。

スライスしたリンゴの半分を皿の底に並べる。グラニュー糖を振りかけ、リンゴの間に均等にクローブを並べる。その上に残りのリンゴを置いて、冷水を加える。

パイ生地を作る。粉、バター、ショートニングを計りながらフードプロセッサーに入れ、パン粉状になるまで回す。大さじ2杯の冷水を加え、固い生地になるまで再びフードプロセッサーにかける。打ち粉をした台の上にのせ、優しくこねて生地をまとめる。

軽く打ち粉をした作業台の上で、パイ皿の上部が隠れる大きさに生地を伸ばす。生地をパイ皿の上にのせ、端を落とす。好みで、残った生地は飾り用の形にカットし、生地に軽く押さえて付ける。冷蔵庫で30分冷やす。

オーブンを200℃（コンベクションオーブン180℃/ガスオーブン マーク6）に予熱する。

ハケでパイに少量の牛乳を塗り、グラニュー糖を振りかける。パイの中央に蒸気を逃がすための小さな切れ目を入れる。予熱したオーブンで約40〜45分、リンゴが柔らかくなり、パイ生地に淡い焼き色がついてパリッとするまで焼く。リンゴが柔らかくなる前に、パイに焼き色がつき始めてしまったら、焼き時間の最後の方でパイをアルミホイルでふんわりとカバーする。

温かいうちにクリームかカスタードを添えていただく。

週末のランチの後に食べるプディングとして大人気です。
ヘルシーにするために低脂肪乳を使ったり、またはさらにリッチな味わいにするには
食パンの代わりにブリオッシュを使うこともできます。
長方形のお皿を使うと、パンがきれいに収まります。

MY MOTHER 'S BREAD AND BUTTER PUDDING
母のブレッド＆バター・プディング

6〜8人分
バター ········· 115g（溶かしたもの）
カランツ、サルタナレーズン
·························· 250g
グラニュー糖 ····················· 75g
レモンゼスト ····················· 1個分
ミックススパイスパウダー
························ 小さじ1/2
食パン薄切りスライス ···· 8〜12枚
（耳を取り除き、3本の
細長い長方形に切る）
卵（L玉） ························· 3個
牛乳 ······························ 300ml
ダブルクリーム ················ 150ml
デメララシュガーまたはカソナード
··············· 大さじ2（仕上げ用）

[日本で作る場合の注意]
※ **ダブルクリーム**
　乳脂肪分48%以上の生クリームのこと
　（47%で代用可）

18×23cmの深めの耐熱皿に溶かしバターを少し塗る。ドライフルーツ、グラニュー糖、レモンゼスト、スパイスを計りながらボウルに入れてよく混ぜる。

―――

皿の底が隠れるくらいの枚数のパンの片面に溶かしバターを塗る。バターを塗った面を下にして皿に並べる。ドライフルーツの1/2量をふり入れる。次はバターを塗った面を上にしてパンを並べ、残りのドライフルーツを振りかける。最後の3層目のパンも、バターを塗った面を上にして並べる。

―――

卵、牛乳、クリームを混ぜ合わせる。プディングの上から注ぐ。デメララシュガーを振りかけて1時間ほど置く（時間があれば）。

―――

オーブンを180℃（コンベクションオーブン160℃/ガスオーブン マーク4）に予熱する。

―――

予熱したオーブンで約40分、または表面がきつね色にカリッと焼き上がり、プディングが少し膨らむようになるまで焼く。

―――

熱いうちに生クリームを添えていただく（冷たくても美味しいという方もいます）。

ヒント
このプディングは前もって準備し、焼く6時間前までカバーをして冷蔵庫に置いておくことができます。デメララシュガーを振りかけるのは焼く1時間前です。

昔ながらのイヴズ・プディング（Eve's pudding）に似ていますが、
クリーミーなレモンソースが特徴です。
レモンカードを購入する場合は、バター、砂糖、レモンが含まれているものを選んでください。

BAKED APPLE LEMON SPONGE
ベイクド・アップル・レモン・スポンジ

6〜8人分
＜ベース用＞
シングルクリーム ……………300ml
レモンカード ………………… 大さじ6
グラニュー糖 ………………… 大さじ2
薄力粉 ………………… 小さじ山盛り1
クッキングアップル ………… 750g
　　　　　　（皮をむいて芯を取り、
　　　　　　　極薄くスライスしたもの）

＜トッピング用＞
卵（L玉）………………………… 2個
セルフレイジングフラワー … 175g
グラニュー糖 ………………… 115g
バター … 115g（柔らかくしたもの）
ベーキングパウダー ……… 小さじ1
牛乳 …………………………… 大さじ2
デメララシュガーまたはカスナード
　　………………………… 大さじ1〜1.5

[日本で作る場合の注意]
※セルフレイジングフラワー
　小麦粉150gあたりベーキングパウダー
　小さじ2、塩少々を混ぜ合わせて使用

オーブンを160℃（コンベクションオーブン140℃/ガスオーブン マーク3）に予熱しておく。厚手の天板をオーブンで熱しておく。27×18cmの深めの耐熱皿を用意する。

—

ベースを作る。生クリーム、レモンカード、砂糖、粉を計りながらボウルに入れ、なめらかになるまで混ぜ合わせる。そこにスライスしたリンゴを入れて混ぜてから、スプーンですくって耐熱皿に入れて平らにする。

—

トッピングを作る。デメララシュガー以外の材料をすべてボウルに入れる。なめらかになるまで混ぜ合わせ、リンゴの入った耐熱皿の上にそっと注ぎ入れる。

—

デメララシュガーを振りかける。予熱したオーブンの熱したベーキングトレイの上で約30分、またはきれいなきつね色になるまで焼く。

—

アルミホイルでプディング全体をカバーし、さらに45分、またはスポンジの中央を指先で軽く押したときにスポンジに弾力が出るまで焼く。

—

温かいうちにクリームかクレーム・フレーシュを添えていただく。

ヒント

このプディングはあらかじめ準備しておき、冷蔵庫に入れて最長6時間保存できます。焼く際には室温に戻してから熱い天板の上にのせて焼きます。リンゴはハンドスライサーかフードプロセッサーのスライス機能を使うと便利です、。

寒い冬の日、家族でいただく最高のデザートです

トリークル・スポンジ

4個分
ゴールデンシロップ ………… 大さじ8
　　　　　　　　　（仕上げ用は別）
レモン汁 …………………… 大さじ1
レモンゼスト ………………… 1個分
バター … 115g（柔らかくしたもの）
グラニュー糖 ………………… 115g
卵（L玉）…………………… 2個
セルフレイジングフラワー … 115g
ベーキングパウダー ……… 小さじ1

[日本で作る場合の注意]
※セルフレイジングフラワー
　　小麦粉150gあたりベーキングパウダー
　　小さじ2、塩少々を混ぜ合わせて使用

ひとつ175mlのプディング型4つに油脂を塗り、それぞれの底に正方形にカットしたベーキングペーパーを敷く。

―――

ゴールデンシロップとレモン汁を混ぜてプディング型に分け入れる。

―――

残りの材料すべてを計りながらボウルに入れ、2分間、またはしっかり混ざるまで混ぜ合わせる。

―――

生地をプディング型に分け入れ、表面を平らにする。ひだをつけたベーキングペーパーで蓋をし、さらにアルミホイルでカバーする。

―――

蒸し器で蒸すか、もしくは大きな鍋にプディング型が半分浸かるくらいの沸騰したお湯を入れ、約45分蒸す（下記のヒント参照）。

―――

ひっくり返して型から出し、温かいゴールデンシロップをかけていただく。

ヒント
鍋の中の湯は常時沸騰させておき、少なくなったら足し湯をする。鍋底に皿を裏返しに置き、その上にプディング型を置いて、型の底が鍋底に直接触れないようにする。

我が家のお気に入りのプディングのひとつで、とても作りやすいレシピです。
いろいろなフルーツを使うことができますし、フレッシュなものでも缶詰でもどちらでもOK。
サンデーローストを焼いている時にオーブンの上の段で焼けば一石二鳥です！

STICKY APRICOT PUDDING
スティッキー・アプリコット・プディング

6〜8人分
セルフレイジングフラワー … 175g
ベーキングパウダー ……… 小さじ1
グラニュー糖 …………………… 55g
バター ……55g（柔らかくしたもの）
卵（L玉）…………………………… 1個
レモンゼスト ……………… 1個分
牛乳 ………………………………… 150ml
アプリコット缶
（または他のフルーツ缶）……410g
　　（水気を切る／半分にカット）

＜トッピング用＞
バター ………… 55g（溶かしたもの）
デメララシュガーまたはカスナード
………………………………………… 55g

[日本で作る場合の注意]
※セルフレイジングフラワー
　小麦粉150gあたりベーキングパウダー
　小さじ2、塩少々を混ぜ合わせて使用

オーブンを180℃（コンベクションオーブン160℃/ガスオーブン マーク8）に予熱する。28cmの浅い耐熱皿に油脂を塗る。

—

粉、ベーキングパウダー、砂糖、バター、卵、レモンゼスト、牛乳を大きなボウルに入れる。ケーキの生地のような固さになるまで混ぜ合わせる。

—

準備した耐熱皿に生地を広げ、アプリコットを切り口を下にしてその上に並べる。

—

溶かしバターをハケでアプリコットに塗るか、または上から垂らして、デメララシュガーを振りかける。

—

予熱したオーブンで約35分、または表面がカラメルに変わって濃いきつね色になるまで焼く。

—

プディングがまだ温かいうちに、クリーム・フレーシュ、ホイップクリーム、アイスクリーム、あるいは寒い冬の日には熱いカスタードを添えていただく。

ヒント
アプリコットの代わりに、手近にあるフルーツは何でも使うことができます。リンゴは甘いものでも酸味が効いたものでもOK。スライスしたリンゴをスポンジ生地の上に均等に並べます。他にルバーブやプラムなどを使っても良いでしょう。プラムは半分に切って種を取り除き、切り口を下にして並べます。

クリーミーに焼けたカスタードはとても贅沢な味わい。でも作るのは難しくありません。

浅い耐熱の大皿もしくは小さなラメキン皿を用意します。

加熱し過ぎて"す"が入らないように注意しましょう。

残った卵白はメレンゲを作るのに使いましょう（362〜368ページ参照）。

CRÈME BRÛLÉE
クレームブリュレ

6〜8人分
卵黄（L玉） ･･･････････････････ 4個分
グラニュー糖 ･･････････････････ 30g
バニラエッセンス ･･････････････ 数滴
シングルクリーム ･････････････ 300ml
ダブルクリーム ････････････････ 300ml
デメララシュガーまたはカスナード
････････････････････････････ 約55g

[日本で作る場合の注意]
※ダブルクリーム
　乳脂肪分48%以上の生クリームのこと
　（47%で代用可）

ヒント
グラニュー糖とバニラエッセンス
をバニラシュガーに置き換えるこ
ともできます。バニラのさやを何
本かグラニュー糖の瓶に入れて
おくだけです。約2週間後、砂糖
にバニラの香りが移っています。

オーブンを160℃（コンベクションオーブン140℃/ガスオーブン マーク3）に予熱する。900mlの浅い耐熱皿、または小さなラメキン皿6〜8個に油脂を塗る。

———

卵黄にグラニュー糖とバニラエッセンスを加えて混ぜ合わせる。

———

生クリームを熱し（指を入れるには熱すぎるくらい）、少し冷ましてから、卵黄に注ぎ入れながら混ぜる。

———

ブリュレ液を皿またはラメキン皿に注ぎ入れる。ロースト型に皿またはラメキン皿を置く。予熱したオーブンで1枚皿の場合45分、小さなラメキン皿の場合25〜30分、または固まるまで焼く。

———

オーブンから取り出し、冷ます。カバーをして冷蔵庫で一晩冷やす。冷蔵庫で2日間保存できる。

———

グリルを熱く予熱する。

———

カスタードの上にデメララシュガーを約5mmの厚さに振りかけ、グリルの下（高い段）に置き、砂糖が溶けて黄金色のカラメルになるまで3〜4分焼く。砂糖が焦げないように注意する。または調理用のガスバーナーを使って砂糖をカラメルにする。

———

冷ましてから、2〜3時間冷蔵庫で冷やしていただく。砂糖をカラメルにした後、もう一度冷やすことで、トッピングの硬さが少し和らぎ、割れやすく、盛り付けやすくなる。ただし長い時間放置してしまうとカラメルが溶けて柔らかくなってしまい、見た目も味も落ちてしまう。

トフィー、バナナ、そして生クリームという最高の組み合わせ。
とても人気のあるデザートのひとつです。
トフィーを作る時にはテフロン加工の鍋を使って、焦がさないように細心の注意を払いましょう。

BANOFFEE PIE
バノフィーパイ

6人分
＜ベース用＞
ダイジェスティブビスケット
　……………………………… 175g
バター ……………………………… 65g

＜トフィーフィリング用＞
バター ……………………………… 115g
ブラウンシュガー …………… 115g
コンデンスミルク …… 397g×2缶

＜トッピング用＞
バナナ ……… 3本（スライスする）
レモン汁 ……………………………… 少々
ダブルクリーム ……………… 300ml
ベルギー産ミルクチョコレート
またはダークチョコレート ….. 少々
　（削りおろす／仕上げ用）

[日本で作る場合の注意]
※ダブルクリーム
　乳脂肪分48%以上の生クリームのこと
　（47%で代用可）

直径23cmの深めの菊型のフラン型（底が外れるタイプ）を用意する。

—

ベースを作る。ビスケットをビニール袋に入れてめん棒で砕く。小鍋にバターを入れて溶かし、火から下ろして砕いたビスケットを入れてよく混ぜる。

—

生地をフラン型の中に入れ底と側面に広げる。金属製のスプーンの背で生地を押さえる。

—

トフィーフィリングを作る。バターと砂糖を計量してテフロン加工の大きな鍋に入れる。バターと砂糖が溶けるまで弱火にかける。コンデンスミルクを加え、平らな木べらでかき混ぜながら約5分、またはとろみがつき黄金色になるまで加熱する（すぐに焦げるので注意）。あらかじめ準備しておいたビスケットの中に入れ、冷まして固める。

—

トッピングを作る。バナナスライスをレモン汁にからめ、トフィーの上にきれいな層にして並べる。生クリームを柔らかい角が立つまで泡立て、バナナの上に均等にのせる。パイ全体に削りおろしたチョコレートを振りかける。

—

リングを外し、平らな皿に移す。

—

よく冷えたものをいただく。

ヒント
最近のコンデンスミルク缶はプルタブが付いているため、昔のような"熱い湯の入った鍋でコンデンスミルク缶を4時間煮てカラメル状にする"という方法はおすすめしません。

コーヒーにとてもよく合うアメリカの代表的なお菓子。
生クリームやアイスクリームを添えてデザートとして食べても美味しいです。

ピーカン・パイ

6人分
<リッチなタルト生地用>
薄力粉 …… 175g（打ち粉用は別）
粉糖 …………………………………… 15g
バター …………………… 75g（角切り）
卵黄（L玉） …………………… 1個分
冷水 ………………………… 約大さじ1

<フィリング用>
バター …… 30g（柔らかくしたもの）
ブラウンシュガー …………………… 175g
卵（L玉） ………………………… 3個
メープルシロップ ………… 200ml
バニラエッセンス ………… 小さじ1
ピーカンナッツ ………………… 150g
（半分にカット）

直径23cmの菊型のフラン型（底が外れるタイプ）を用意する。

―――

タルト生地を作る。粉、粉糖、バターを計量して、フードプロセッサーにかけて細かいパン粉状にする。卵黄と水を加え、生地がまとまるまでもう一度フードプロセッサーにかける。ラップで包み、冷蔵庫で約30分休ませる。

―――

オーブンを200℃（コンベクションオーブン180℃/ガスオーブン マーク6）に予熱する。

―――

軽く打ち粉をした作業台の上に生地を置き、めん棒で生地を伸ばし、フラン型に敷き込む。フォークで穴をあけピケをする。ベーキングペーパーかアルミホイルを敷き、タルトストーンを詰める。予熱したオーブンで約15分空焼きする。

―――

タルトストーンと紙を取り除き、タルトをオーブンに戻して5分、または淡い焼き色がついて乾くまで焼く。

―――

オーブンから取り出し、温度を180℃（コンベクションオーブン160℃/ガスオーブン マーク4）に下げる。

―――

フィリングを作る。バターを砂糖と一緒に混ぜ合わせてクリーム状にする。卵、メープルシロップ、バニラエッセンスを加えてよく混ぜ合わせる。

―――

天板にフラン型を置き、タルトの上に半分に切ったピーカンナッツを平らな方を下にして並べる。フィリングを流し入れる。温度を下げたオーブンで30〜35分、固まるまで焼く（フィリングは焼くとオーブンの中でいったん膨らむが、冷めると落ち着く）。オーブンから出して少し冷ます。

―――

温かいうちに生クリームやアイスクリームを添えていただく。

CHAPTER SIXTEEN

SOUFFLÉS
AND
MERINGUES

スフレ & メレンゲ

メレンゲはとても壊れやすいので間にキッチンペーパーなどを挟み、
しっかりとした密閉缶やプラスチック容器に入れて保存します。
ゴールデングラニュー糖を使うとメレンゲの色が濃くなりますが、美味しさは変わりません。

BASIC WHITE MERINGUES
ベーシック・ホワイト・メレンゲ

18個分
卵白(L玉) ························ 3個分
グラニュー糖 ····················· 175g

＜フィリング用＞
ダブルクリーム ················· 300ml
　　　　　　　　　　　(泡立てる)
粉糖 ················· 少々(仕上げ用)

[日本で作る場合の注意]
※**ダブルクリーム**
　乳脂肪分48%以上の生クリームのこと
　(47%で代用可)

オーブンを120℃(コンベクションオーブン100℃/ガスオーブン マーク1/2)に予熱する。天板2枚にベーキングペーパーを敷く。

卵白を大きなボウルに入れ、固くなるまで泡立てる(ただし表面のツヤがある状態)。砂糖を小さじ1杯ずつ加え、すべての砂糖を加えるまで泡立てる(砂糖を加えるたびによく泡立てる)。できたメレンゲは固く、ツヤがある状態。

大きな絞り袋に直径1cmの丸口金を付け、口金部分を下にして大きな計量カップに立てる。メレンゲを袋に入れる。袋の口をねじって持つ。あらかじめ準備しておいた天板に、メレンゲを直径5cmの丸い形に18個絞り出す。または、大きなスプーン2本を使ってメレンゲを天板に落として、18個のミニメレンゲを作る。

予熱したオーブンで約1〜1時間半、またはクリーム色になり、ベーキングペーパーからくっつかずに簡単に持ち上げられるようになるまで焼く。オーブンをオフにし、ドアを少し開けたまま、メレンゲが冷めるまで置いておく。

メレンゲの間に泡立てた生クリームをサンドして、お好みで粉糖をかけていただく。

ブラウンシュガーメレンゲを作るには、グラニュー糖175gの代わりに、ブラウンシュガーとグラニュー糖を半量ずつ使います。

幅広い年齢層に好まれるお菓子。
伝統的なメレンゲは内側がマシュマロのように柔らかく、外側はサクッと焼き上げた食感。
パヴロヴァに少しひびが入っても大丈夫。そこがこのお菓子の魅力です。

MANGO AND PASSION FRUIT PAVLOVA
マンゴー＆パッションフルーツ・パブロヴァ

8人分
卵白(L玉) ………………… 4個分
グラニュー糖 ………………… 225g
コーンスターチ …………… 小さじ2
ホワイトワインビネガー …· 小さじ2

＜フィリング用＞
レモンカード ………………… 大さじ4
マンゴー ……………………… 2個
　　　　　（薄く細切りにしたもの）
パッションフルーツ…………… 4個
（半分に切り、果肉と種をすくう）
ダブルクリーム ……………… 300ml
　　　　　　　　（泡立てたもの）

[日本で作る場合の注意]
※ダブルクリーム
　乳脂肪分48％以上の生クリームのこと
　（47％で代用可）

オーブンを160℃（コンベクションオーブン140℃/ガスオーブン マーク3）に予熱する。天板にベーキングペーパーを敷き、直径23cmの円形に印をつける。

―

卵白を大きなボウルに入れ、雲のように固くなるまで泡立てる。砂糖を小さじ1杯ずつ加え、すべての砂糖を加えるまで泡立てる（加えるたびによく泡立てる）。

―

コーンスターチとビネガーを混ぜ合わせ、メレンゲ生地に入れて泡立てる。

―

メレンゲをベーキングペーパーの上に書いた円形をカバーするように広げる（中心よりも周囲が高くなるように盛る）。オーブンに入れて、すぐに温度を150℃（コンベクションオーブン130℃/ガスオーブン マーク2）に下げる。触るとしっかりした感触になり、淡いベージュ色になるまで約1時間焼く。

―

パブロヴァをオーブンに入れたままオーブンのスイッチを切り、パブロヴァを冷ます。オーブンのドアを閉めておくと、内側がよりマシュマロ状のメレンゲになりやすい。

―

冷めたパブロヴァを天板とベーキングペーパーから剥がして、皿に移す。

―

生クリームを泡立てたものにレモンカードと半量のフルーツを入れてかき混ぜ、メレンゲの中央に広げる。残りのマンゴースライスとパッションフルーツをトッピングし、冷蔵庫で1時間冷やしてからいただく。

これはちょっと変わった形のメレンゲです。
ボリュームたっぷりでパーティーにぴったりのルーラードができます。
アルミホイルに包んで冷凍保存も可。8時間ほど解凍してからいただきます。

RASPBERRY MERINGUE ROULADE
ラズベリー・メレンゲ・ルーラード

8〜10人分
卵白（L玉） ········· 5個分
グラニュー糖 ········· 275g
アーモンドスライス ········· 55g

＜フィリング用＞
ダブルクリーム ········· 300ml
ラズベリー ········· 350g

[日本で作る場合の注意]
※ダブルクリーム
　乳脂肪分48%以上の生クリームのこと
　（47%で代用可）

オーブンを220℃（コンベクションオーブン200℃/ガスオーブン マーク7）に予熱する。33×23cmのロールケーキ型にベーキングペーパーを敷く。

卵白を大きなボウルに入れ、固くなるまで泡立てる。砂糖をティースプーン1杯ずつ加える（加えるたびによく泡立てる）。砂糖がすべてなくなりしっかりと固くなるまで泡立てる。

あらかじめ準備しておいた型にメレンゲを広げ、アーモンドスライスを散らす。予熱したオーブンの一番上に近いところに型を置き、淡い焼き色がつくまで約8分焼く。オーブン温度を160℃（コンベクションオーブン140℃/ガスオーブン マーク3）に下げ、さらに15分間、触るとしっかりした感触になるまで焼く。

オーブンからメレンゲを取り出し、アーモンドの面を下にして、ベーキングペーパーの上にのせる。焼きあがったメレンゲの土台から紙をはがし、約10分間冷ます。

その間に生クリームを泡立て、ラズベリーを混ぜる。それをメレンゲの上に均一な厚さに塗り広げる。

メレンゲを長いほうの端からしっかりと巻き始め、ロールケーキのように丸める。ベーキングペーパーで包み、冷やしてからいただく。

ヒント
残った卵黄は小さな容器に入れて冷蔵庫で保存します。大さじ1杯の冷水を上から注ぎ、ラップで覆って1週間以内に使ってください。

ラズベリーとヘーゼルナッツの組み合わせがとても良く、定番のお菓子になりました。
食べる約3時間前にフィリングを詰めれば、メレンゲが割れることなく切り分けられます。

HAZELNUT MERINGUE CAKE
ヘーゼルナッツ・メレンゲケーキ

6〜8人分
ヘーゼルナッツ ················ 125g
卵白（L玉） ···················· 4個分
グラニュー糖 ····················· 250g
バニラエッセンス ·············· 数滴
ホワイトワインビネガー
　·························· 小さじ1/2

＜フィリング用＞
ダブルクリーム ················ 300ml
ラズベリー ···························· 225g
粉糖 ················ 少々（仕上げ用）

[日本で作る場合の注意]
※ダブルクリーム
　乳脂肪分48％以上の生クリームのこと
　（47％で代用可）

ヒント
サンドイッチ型がない場合は、平らな天板2枚の上で、2つの円形に広げて焼くこともできます。見た目はそれほど整いませんが、味は同じです！ メレンゲのヘーゼルナッツの代わりにクルミを使うこともできます。旬のイチゴや熟した桃など、クルミの味を引き立てるフルーツを選んでください。

オーブンを190℃（コンベクションオーブン170℃/ガスオーブン マーク5）に予熱する。直径20cmのサンドイッチ型2つにハケで薄く油脂を塗り、それぞれの型の底にベーキングペーパーを敷く。

———

ヘーゼルナッツを天板に並べ、オーブンで約10分空焼きし、清潔なふきんの上に置き、ふきんと一緒によくこすって皮を取り除く（頑固な皮はもう一度オーブンに入れる。ただし最後のひと皮まできれいに剥く必要はない）。フードプロセッサーで挽く。

———

卵白を大きなボウルに入れ、固くなるまで泡立てる。砂糖をティースプーン1杯ずつ加える（加えるたびによく泡立てる）。砂糖がすべてなくなり、しっかりと固くなるまで泡立てる。

———

バニラエッセンスとワインビネガーを加えて泡立て、用意したヘーゼルナッツを包み込むようにして混ぜる。あらかじめ準備しておいた型に分け入れ、パレットナイフで表面を平らにする。

———

予熱したオーブンで30〜40分焼く（それ以上は焼かないこと）。メレンゲの表面はサクッと、中はマシュマロのように柔らかい状態。型から出して、ワイヤーラックの上で冷ます。

———

生クリームをほどよい固さに泡立て、2/3量をメレンゲにのせ、ラズベリーの2/3量をのせてメレンゲでサンドする。残りのクリームをトップに塗り、残りのラズベリーを散らし、粉糖をまぶす。

"メレンゲネスト"（鳥の巣の形をしたメレンゲ）は、普通のメレンゲ生地でも作れますが、
固さが足りず日持ちもしないので、"メレンゲ・キュイット"（スイスメレンゲ）を使うのが一般的です。
形も保たれ、より乾燥するので良いでしょう。季節によって中に入れるフルーツを変えましょう。

SUMMER FRUIT MERINGUE NESTS
サマーフルーツ・メレンゲネスト

6個分
＜メレンゲキュイット用＞
卵白（L玉）……………… 4個分
粉糖 …………………………… 225g
バニラエッセンス …………… 数滴
（好みで）

＜フィリング用＞
イチゴ ………………………… 115g
（大きい場合は半分に切る）
ラズベリー ………………… 115g
ブルーベリー ……………… 115g
レッドカランツゼリー ….. 約大さじ2

ヒント
絞り袋にメレンゲを詰めるには、
袋と口金をジャグ（ピッチャー）に
立て、袋の先端をピッチャーの上
に折り返します。そうすることで、
メレンゲ（またはクリームやアイシ
ング）を袋に入れるのが楽になり、
汚れずにすみます。

オーブンを140℃（コンベクションオーブン120℃/ガスオーブン マーク1）に
予熱する。天板にベーキングペーパーを敷く。

大きなボウルに卵白を入れてしっかり泡立てる。粉糖を目の細かいふるい
を使って卵白のボウルにふるい入れる。湯せんの鍋の上にボウルを持って
きて、卵白を50℃まで温めたら湯せんから外し、かなりとろみが付いて形
を保てるようになるまで泡立てる。バニラエッセンスを加えて再び泡立てる。
ボウルが熱くなりすぎると、メレンゲの周りが固くなってしまうので注意する。

大きな星口金をつけた絞り袋に入れる。用意した天板に、6つバスケットの
形に絞る（中心から絞り始め、最後に側面を作っていく）。

予熱したオーブンで約45分、カリっと乾燥するまで焼く。ワイヤーラックの
上で冷ます。

冷めた メレンゲにサマーフルーツのフィリングを入れる。

レッドカランツゼリーを小鍋で温め、スプーンを使ってフルーツの上からそっ
とかける。

ベビーメレンゲを作る。作り方は上記と同様。バスケット型、貝殻型、らせん状の長
方形、フィンガー型など、30個の小さな形に絞り出す。予熱したオーブンでカリッと乾
燥するまで焼いたら、ワイヤーラックにのせて冷ます。

さまざまなフィリングを作る。ダブルクリーム300mlにブランデーまたは好みのリキュー
ル大さじ1を加えて泡立てる。2つのボウルに分ける。片方のボウルに刻んだナッツ30g
を混ぜ、もう片方のクリームはそのままにする。らせん状の長方形や小さな貝殻型のメ
レンゲをナッツ入りクリームでサンドする。バスケットにはプレーンクリームを少量入れ、
フィンガー型にもプレーンクリームをサンドする。バスケットとサンドしたフィンガーの上
には、お好みで小さなフルーツをひとつのせる。これらはパーティーに最適。さまざま
な形やフィリングがデザートテーブルの主役になります。

レモンメレンゲパイは定番の人気デザートで、
サクサクのパイ生地の土台に酸味の効いたレモンフィリングが入っています。
トッピングのメレンゲが甘さと歯ごたえを添えてくれます。

LEMON MERINGUE PIE
レモン・メレンゲ・パイ

6〜8人分

＜パイ生地用＞
薄力粉 ⋯⋯ 175g（打ち粉用は別）
粉糖 ⋯⋯⋯⋯⋯⋯⋯⋯⋯⋯ 大さじ2
バター ⋯⋯⋯⋯⋯⋯⋯ 75g（角切り）
溶き卵（L玉）⋯⋯⋯⋯⋯⋯ 1個分

＜フィリング用＞
コーンスターチ ⋯⋯⋯⋯⋯⋯ 30g
レモンの皮＆果汁 ⋯⋯⋯⋯ 2個分
グラニュー糖 ⋯⋯⋯⋯⋯⋯⋯ 55g
卵黄（L玉）⋯⋯⋯⋯⋯⋯⋯ 3個分

＜トッピング用＞
卵白（L玉）⋯⋯⋯⋯⋯⋯⋯ 3個分
グラニュー糖 ⋯⋯⋯⋯⋯⋯ 175g

ヒント
レモンフィリングの簡単な作り方：
コンデンスミルク缶（397g）を開
けてボウルに入れ、卵黄（L）3個
分とレモンゼスト3個分と果汁を
加えて混ぜ合わせるだけで、簡
単バージョンのレモンフィリング
が作れます。しばらく置いておくと、
どろっとして固くなったように見え
ますが、かき混ぜるとすぐにまた
ゆるくなります。これはコンデンス
ミルクとレモン汁の組み合わせに
よるもので、心配する必要はあり
ません。ビスケットを敷いたお皿
に混ぜ合わせたものを流し入れ
ます。

直径23cmの菊型の深めのフラン皿を用意する。

パイ生地を作る。薄力粉と粉糖を計量してフードプロセッサーに入れる。バ
ターを加え、細かいパン粉状になるまでフードプロセッサーにかける。卵を
加え、しっかりとした生地を作る。

軽く打ち粉をした作業台の上で生地を伸ばし、皿の底と側面に敷き込む。
フォークで生地全体を刺してピケをし、冷蔵庫で30分冷やす。

オーブンを200℃（コンベクションオーブン180℃/ガスオーブン マーク6）に
予熱する。パイ生地にベーキングペーパーを敷き、タルトストーンを入れて、
予熱したオーブンで約15分空焼きする。タルトストーンとベーキングペーパー
を取り除き、オーブンに戻して、生地に軽く焼き色がつくまでさらに5分焼く。
冷ましておく。

オーブンの温度を150℃（コンベクションオーブン130℃/ガスオーブン マー
ク1）に下げる。

コーンスターチと水200mlを計量して鍋に入れ、泡立て器で混ぜる。レモ
ンゼストと果汁を加え、鍋を中火にかける。沸騰してとろみがつくまで泡だ
て器で混ぜ続ける。火から下ろし、グラニュー糖と卵黄を加え、再び泡だ
て器で混ぜる。焼いておいたパイに流し入れる。

トッピングを作る。卵白を大きなボウルに入れ、固くなるまで泡立てる。砂
糖を小さじ1杯ずつ加え、ツヤが出るまで泡立てる（砂糖を入れるたびによ
く泡立てる）。絞り袋に入れ、丸く絞り出すか、大きなスプーンを2本使って
落としていく。予熱したオーブンで約35〜40分焼き、表面に淡い焼き色が
つき、手で触るとしっかりした感触になるまで焼く。約15分冷ましてから型
から取り出す。

ほんのり温かいうちに生クリームを添えていただく。

ヴァシュラン・メレンゲ（仏）は、メレンゲを渦巻き状に絞り出して焼いたものを重ねて作る、
大きなサイズのメレンゲ菓子です。

GINGER AND PEAR VACHERIN

ジンジャー＆洋梨のヴァシュラン

6〜8人分

卵白（L玉） ······················· 4個分
グラニュー糖 ····················· 225g

＜フィリング用＞
ダブルクリーム ················· 450ml
洋梨缶（410g） ······················ 1缶
　（水気を切り、薄く細長く切る）
ステムジンジャー ············· 6片分
　（細かく刻んだもの）
ダークチョコレート ················ 55g
　（溶かす）
粉糖 ················· 少々（仕上げ用）

[日本で作る場合の注意]
※**ダブルクリーム**
　乳脂肪分48%以上の生クリームのこと
　（47%で代用可）

オーブンを150℃（コンベクションオーブン130℃/ガスオーブン マーク2）に
予熱する。天板3枚にベーキングペーパーを敷き、それぞれに直径20cm
の円形の印をつける。

———

卵白を大きなボウルに入れ、固くなるまで泡立てる。砂糖は小さじ1杯ずつ、
加えるたびによく泡立てる。しっかりと固く、角が立って、すべての砂糖が
なくなるまで泡立てる。

———

1cmの丸口金をつけた大きな絞り袋にメレンゲを入れ、ベーキングペーパー
の円形部分を埋めるように、中心から外側に向かって渦巻き状に絞り出し
ていく。

———

予熱したオーブンで約1〜1時間15分、またはメレンゲがカリッとなって乾燥
し軽く色づくまで焼く。オーブンの中で冷まし、ベーキングペーパーをはがす。

———

大きなボウルに生クリームを入れて軽く泡立てる。小さなボウルにスプーン
で1/3量を入れておく（トップレイヤー用）。残りのクリームの半分を1枚目の
メレンゲに塗り、洋梨の半分とジンジャーをのせる。この上に2枚目のメレ
ンゲをのせ、残りのクリームを塗る。残りの洋梨とジンジャーをのせる。そ
の上に最後のメレンゲをのせて軽く押さえる。残しておいたクリームを塗り、
渦を巻くように。

———

溶かしたチョコレートを垂らし、粉糖を振りかけていただく。

ヒント
メレンゲは前日に作っておくことができますが、いったんフィリングを入れたケーキはあ
まり長く保存しない方がいいでしょう。

インパクトのある見た目のスイーツですが、驚くほど簡単に作れます。

BAKED ALASKA WITH ITALIAN MERINGUE

イタリアンメレンゲのベイクドアラスカ

6〜8人分

＜スポンジ用＞
卵（L玉）…………………… 2個
グラニュー糖………………… 75g
セルフレイジングフラワー…… 55g

＜フィリング用＞
シェリー酒……… 大さじ1（好みで）
イチゴ……………………… 225g
ストロベリーアイスクリーム …… 1ℓ

＜イタリアンメレンゲ用＞
グラニュー糖……………… 225g
卵白（L玉）……………… 4個分
アーモンドスライス…………… 55g
　　　　　　　　　（ふりかけ用）
粉糖……………… 少々（仕上げ用）

[日本で作る場合の注意]
※セルフレイジングフラワー
　小麦粉150gあたりベーキングパウダー
　小さじ2、塩少々を混ぜ合わせて使用

オーブンを190℃（コンベクションオーブンオーブン170℃/ガスオーブン マーク5）に予熱する。直径23cmのサンドイッチ型に薄く油脂を塗り、底にベーキングペーパーを敷く。

——

スポンジを作る。卵と砂糖を計量して大きなボウルに入れ、電動ミキサーで、生地がクリーム色になり、泡立て器を持ち上げたときに跡が残る程度になるまで混ぜ合わせる。粉を振り入れ、包み込むようにそっと混ぜる。あらかじめ準備しておいた型に流し入れ、型を傾けて生地が均等に行き渡るようにする。予熱したオーブンで約20〜25分、または触ると跳ね返り、ケーキが縮んで型の側面から離れ始めるまで焼く。型から出し、ワイヤーラックの上で冷ます。

——

冷めたスポンジを耐熱皿にのせ、シェリー酒を振りかけ（好み）、縁に少し隙間を空けてイチゴを散らす。アイスクリームをスライスし、いちごの上にドーム状になるように置く。冷凍庫に入れておく。

——

オーブンを230℃（コンベクションオーブンオーブン210℃/ガスオーブン マーク8）に予熱する。

——

イタリアンメレンゲを作る。砂糖を計量してステンレスの鍋に入れる。大さじ6杯の水を加え、砂糖が溶けるまで弱火でかき混ぜる。火を強め、シロップが120℃になるまで沸騰させる。火から下ろしておいておく。卵白を卓上型ミキサーに入れ、全速力で固くなるまで泡立てる。泡立てながらシロップをゆっくりと注ぎ、つやが出るまで泡立てる。

——

冷凍庫からケーキを取り出し、上部と側面にメレンゲを塗っていく（アイスクリームのすべてが覆われているかを確認する）。アーモンドスライスを散らし、予熱したオーブンで3〜4分、またはしっかりと焼き色がつくまで焼く。好みで粉糖を振り、すぐにいただく。

スフレを作るのはそう難しくありませんが、タイミングを計るのがポイントです。

HOT CHOCOLATE SOUFFLÉS
ホットチョコレート・スフレ

4人分
砕いたダークチョコレート …… 115g
牛乳 …………………………… 300ml
バター ………………………… 40g
薄力粉 ………………………… 40g
バニラエッセンス ……… 小さじ1/4
卵（L玉） …………………… 4個
　　　　（卵白と卵黄を分けておく）
グラニュー糖 …………………… 55g
　　　　　　　（ふるっておく）
粉糖 …………… 少々（仕上げ用）

ヒント
ディナーパーティにスフレを出す場合は、卵黄と香料を加えるのも含め、前もってソースのベースを作っておく。焼く40分前に泡立てた卵白を包み込むようにして混ぜ合わせる。

オレンジのスフレ を作るには、チョコレートと水を省き、オレンジゼスト（小2個分）と果汁（1/2個分）を生地に加えます。また、バニラエッセンスも省き、グラニュー糖を75gに増やします。

コーヒースフレ を作るには、チョコレートと水を省き、牛乳にコーヒー液大さじ2を加えたものを追加し、バニラエッセンスも省きます。

オーブンを190℃（コンベクションオーブン170℃/ガスオーブン マーク5）に予熱し、天板を中に入れて加熱する。225mlのスフレ皿4つ、または1.2リットルのスフレ皿に油を塗る。

―

鍋にチョコレートと水大さじ2、牛乳大さじ2を入れる。チョコレートが溶けるまで弱火でかき混ぜる。

―

残りの牛乳を加え、沸騰させる。鍋を火から下ろす。

―

小鍋にバターを溶かし、薄力粉を入れて弱火にかけ、絶えずかき混ぜながら2分間加熱する（焦がさないように）。火からおろし、ホットチョコレートミルクを入れてかき混ぜる。再び火にかけ沸騰させ、どろっとするまでかき混ぜる。バニラエッセンスを加え、冷ましておく。

―

冷ましたチョコレートソースに卵黄を1個ずつ入れて混ぜ合わせ、砂糖を振り入れる。

―

卵白を大きなボウルに入れ、固くなるまで泡立てる（ただし表面のつやがまだある状態）。大さじ1杯を生地に入れてかき混ぜ、残りは注意深く包み込むようにして混ぜる。

―

個々のスフレ皿または大きなスフレ皿に生地を流し入れ、小さじまたは指で縁をなぞるようにして、生地が縁にひっかからないようにして膨らむのを促す。予熱したオーブンで熱した天板の上で、小さなスフレなら10分、大きなスフレなら約40分焼く。

―

粉糖をまぶし、ホイップクリームを添えて焼きたてをいただく。

レモン・プディングのなかでも特にお気に入りのレシピです。
プディングの上の層はスポンジのようなムース、底は酸味の効いたレモンソースになっています。
水を張ったロースト型に焼いておいたプディングを入れてオーブンで30分間温め直してみましたが、
とても美味しかったです。

ホット・レモン・スフレ・プディング

4〜6人分
バター ······ 75g（柔らかくしたもの）
グラニュー糖 ······················· 250g
卵（L玉）································· 3個
　　（卵白と卵黄を分けておく）
セルフレイジングフラワー ····· 75g
レモンの皮&果汁 ············· 2個分
牛乳 ································ 450ml

[日本で作る場合の注意]
※**セルフレイジングフラワー**
　小麦粉150gあたりベーキングパウダー
　小さじ2、塩少々を混ぜ合わせて使用

オーブンを190℃（コンベクションオーブン170℃/ガスオーブン マーク5）に予熱する。1.5リットルの浅い耐熱皿に油脂を塗る。

———

バターとグラニュー糖を計量してボウルに入れる。卵黄と粉を加え、なめらかになるまで混ぜ合わせる。レモンの皮、果汁、牛乳をゆっくりと加える。この段階で生地が分離したように見えても大丈夫。

———

卵白を大きなボウルに入れ、泡立て器で柔らかな角が立つまで泡立てる。卵白の泡をつぶさないようにレモンの生地に包み込むようにして混ぜる。

———

あらかじめ準備しておいた耐熱皿に生地を流し入れ、それよりも大きな型に入れる。沸騰したお湯を皿の半分まで来るように注ぎ、予熱したオーブンで約30分、または上部が淡い黄金色になるまで焼く。

ヒント
レモンは皮が薄く、見た目よりも重たいものを選びましょう。果汁を最大限に絞るには、果実を温めるか、室温においておくこと。皮をおろす前に果実を洗ってよく乾かします。皮はおろし金の穴の小さいほうでおろし、おろした後はおろし金の裏側からすべてそぎ落とすのを忘れないようにしてください。はけを使うと良いでしょう。

CHAPTER SEVENTEEN

CHEESECAKES

チーズケーキ

このチーズケーキは8〜10人分の大きさですが、かなり甘くてリッチなので
1人前は小さめにカットすると良いでしょう。冷やしている段階でひび割れすることもあります。

アメリカン・チョコレート・リップル・チーズケーキ

8〜10人分
<ベース用>
チョコレートダイジェスティブ
ビスケット ……………………… 150g
バター ………………………………… 55g

<チーズケーキ用>
ダークチョコレート …………… 150g
　　　　　　　（細かく砕いたもの）
クリームチーズ ………………… 700g
グラニュー糖 …………………… 115g
バニラエッセンス ……… 小さじ1/2
卵（L玉）………………………………… 1個

オーブンを160℃（コンベクションオーブン140℃/ガスオーブン マーク3）
に予熱する。直径20cmの底が外れるタイプのケーキ型またはバネ式の
型に薄く油脂を塗る。

———

ベースを作る。ダイジェスティブビスケットをビニール袋に入れ、めん棒で
砕く。中くらいの大きさの鍋にバターを溶かす。鍋を火からおろし、砕いた
ビスケットを入れて混ぜる。あらかじめ準備しておいた型に敷き詰めて、固
まるまで置いておく。

———

チョコレートを入れたボウルを湯せんの鍋の上に持ってきて、弱火で時々
かき混ぜながら溶かす（ボウルの底がお湯に触れないようにする）。少し冷
ます。

———

クリームチーズを計って大きなボウルに入れ、柔らかくなるまで混ぜる。砂
糖を加え、よく混ぜ合わせる。バニラエッセンス、それから卵を加えて混
ぜ合わせる。

———

クリームチーズ生地の半量をビスケット生地のところどころに置いていく。残
りの生地に溶かしたチョコレートを加え、よくかき混ぜる。このチョコレート
生地をプレーン生地の間を埋めるようにのせていく。マーブル模様になるよ
うに、ナイフで渦巻きにする。

———

予熱したオーブンで約1時間、またはチーズケーキの縁が膨らむまで焼く（た
だし中心はまだとてもやわらかい状態のまま）。オーブンのスイッチはオフに
て、チーズケーキをそのままオーブンの中で冷ます。よく冷めたら小さなパレッ
トナイフを使い、ケーキを型から出す。

———

よく冷えたものをいただく。

洗練されたチーズケーキです。好みでフィリングにもう少しブランデーを加えてもよいでしょう。
ジンジャー風味がお好きならジンジャーの量を増やしてもいいでしょう。

CHOCOLATE, BRANDY AND GINGER CHEESECAKE
チョコレート,ブランデー&ジンジャー・チーズケーキ

8人分

＜ベース用＞
ジンジャービスケット ………… 115g
バター …………………………… 55g
デメララシュガーまたはカスナード
……………………………………… 30g

＜チーズケーキ用＞
ダークチョコレート …………… 115g
　　　　　　（細かく砕いたもの）
板ゼラチン………………………… 3枚
卵（L玉）………………………… 2個
　　（卵白と卵黄を分けておく）
グラニュー糖 …………………… 55g
クリームチーズ ………………… 115g
サワークリーム ………………… 150ml
ブランデー ……………………… 大さじ4

＜デコレーション用＞
ダブルクリーム ………………… 150ml
　　　　（泡立てたもの／好みで）
チョコレートカール …………… 適量
　　　　　　　　（402ページ参照）
ステムジンジャー ……………… 2片分
　　　　　　　　（薄くスライスする）

[日本で作る場合の注意]
※ダブルクリーム
　乳脂肪分48%以上の生クリームのこと
　（47%で代用可）

ヒント
リーフゼラチンには2つのサイズ
があります。ここでは1枚11gのも
のを使っています。

直径20cmの底が外れるタイプのケーキ型またはバネ式の型に薄く油脂を塗る。

—

ジンジャービスケットをビニール袋に入れ、めん棒で砕く。中くらいの鍋でバターを溶かす。鍋を火からおろし、砕いたビスケットと砂糖を入れてかき混ぜる。あらかじめ準備しておいた型に敷き詰め、固まるまで置いておく。

—

チョコレートを入れたボウルを湯せんの鍋の上に持ってきて、弱火で時々かき混ぜながら溶かす（ボウルの底がお湯に触れないようにする）。少し冷ます。

—

冷水を入れた小さなボウルに板ゼラチンを入れ、浸しておく。

—

大きなボウルに卵黄、砂糖、クリームチーズを入れて混ぜ合わせる。サワークリームと冷ましたチョコレートを加える。

—

大きなボウルに卵白を入れ、ふわふわになるまで泡立てる。これをチーズの生地に包み込むようにして混ぜる。

—

ブランデーを小鍋に入れて弱火で温める。ゼラチンの水分を切り、ブランデーに加え、かき混ぜて溶かす。チーズの生地に包み込むようにして混ぜる。

—

ビスケットの土台に流し入れ、冷蔵庫で冷やし固める。

—

チーズケーキが固まったら、慎重に型からはずす。チョコレートカール、ステムジンジャーのスライス、好みでホイップクリームを飾る。

手早く作れる絶品チーズケーキは我が家で人気のケーキです。
上に飾るフルーツは旬のものを使って季節感を出すのが良いでしょう。

EASY LEMON CHEESECAKE
簡単レモン・チーズケーキ

8人分
＜ベース用＞
ダイジェスティブビスケット
················· 175g
バター ······························· 75g
デメララシュガーまたはカスナード
····················· 30g

＜チーズケーキ用＞
コンデンスミルク ······ 1缶(397g)
マスカルポーネチーズ ········ 250g
レモンゼスト＆果汁 ········ 大3個分

＜トッピング用＞
ダブルクリーム ················· 150ml
（泡立てる）
イチゴ ···························· 適量

[日本で作る場合の注意]
※**ダブルクリーム**
乳脂肪分48％以上の生クリームのこと
（47％で代用可）

直径23cmの底が外れるタイプのタルト型を用意する。

———

ビスケットをビニール袋に入れ、めん棒で砕く。中くらいの鍋でバターを溶かす。鍋を火からおろし、砕いたビスケットと砂糖を入れてかき混ぜる。あらかじめ準備しておいた型の底と側面に均等に敷き詰め、固まるまで置いておく。

———

チーズケーキのフィリングを作る。コンデンスミルク、マスカルポーネ、レモンゼストを混ぜる。そこにレモン汁を少しずつ加え、とろみがつくまで混ぜる。

———

ビスケットのベースに生地を流し入れ、冷蔵庫で3〜4時間またはひと晩冷やす。

———

チーズケーキを型から慎重に取り出し、ホイップクリームで渦巻きを描き、いちごを飾る。

とても手早く簡単にできるチーズケーキです。
ヨーグルトを入れることでフレッシュな風味になり、とても美味しく仕上がります。

QUICK CHILLED CHEESECAKE
クイックチルド・チーズケーキ

6〜8人分

<ベース用>
ダイジェスティブビスケット
　　　　　　……………………… 175g
バター ………………………………… 75g
デメララシュガーまたはカスナード
　　　　　　………………………… 40g

<チーズケーキ用>
クリームチーズ ………………… 225g
グラニュー糖 …………………… 30g
ダブルクリーム …………… 150ml
ギリシャヨーグルト ………… 150ml
レモン汁 …………………… 1/2個分

<トッピング用>
ラズベリーなど ……………… 175g
　（他の柔らかいフルーツでも可）
レッドカランツゼリー
　　　　　　………………… 大さじ1〜2

[日本で作る場合の注意]
※**ダブルクリーム**
　乳脂肪分48%以上の生クリームのこと
　（47%で代用可）

直径20cmの底が外れるタイプのケーキ型を用意する。

———

ダイジェスティブビスケットをビニール袋に入れ、めん棒で砕く。中くらいの鍋でバターを溶かす。鍋を火からおろし、砕いたビスケットと砂糖を入れてかき混ぜる。あらかじめ準備しておいた型の底と側面に敷き詰め、固まるまで置いておく。

———

クリームチーズと砂糖を大きなボウルかフードプロセッサーに入れ、よく混ぜる。生クリームとヨーグルトを加えて再び混ぜる。レモン汁を少しずつ加えながら混ぜ合わせる。ビスケット生地の上に流し入れ、冷蔵庫でひと晩冷やし固める。

———

型の側面にナイフを入れてぐるりと一周させ、型の底を外してケーキを取り出し、皿にのせる。

———

チーズケーキの上をフルーツで飾る。レッドカランツのゼリーを小鍋に入れて溶かし、はけを使ってフルーツに塗る。固まるまで置く。冷やしたものをいただく。

スポンジをあらかじめ焼いて冷凍しておくことができるので、パーティーにぴったりです。
このケーキはゼラチンを使っていないので、暖かい部屋ではすぐに柔らかくなってしまいます。
作ったら冷蔵庫で保存してください。

ANGEL SPONGE CHEESECAKE
エンジェル・スポンジ・チーズケーキ

8人分
＜スポンジ用＞
卵（L玉） ………………………… 2個
グラニュー糖 …………………… 75g
セルフレイジングフラワー ····· 55g

＜チーズケーキ用＞
バター … 115g（柔らかくしたもの）
グラニュー糖 ………………… 150g
卵（L玉） ………………………… 3個
　（卵白と卵黄を分けておく）
オレンジゼスト&果汁 ……… 2個分
クリームチーズ ……………… 200g
ダブルクリーム ……………… 300ml
　（軽く泡立てたもの）

＜デコレーション用＞
粉糖 ……………………………… 適量
オレンジの実の部分 ………… 適量
ミントの葉 ……………………… 適量

[日本で作る場合の注意]
※**セルフレイジングフラワー**
　小麦粉150gあたりベーキングパウダー
　小さじ2、塩少々を混ぜ合わせて使用
※**ダブルクリーム**
　乳脂肪分48%以上の生クリームのこと
　（47%で代用可）

オーブンを180℃（コンベクションオーブン160℃/ガスオーブン マーク4）に予熱する。直径23cmの底が外れるタイプのケーキ型またはバネ式の型に薄く油脂を塗り、底にベーキングペーパーを敷く。

───

卵と砂糖を大きなボウルに入れ、泡立て器を使って、白っぽくフワフワで持ち上げたときに跡がつくようになるまで泡立てる。

───

泡立てた生地に粉をふるい入れ、軽く包み込むように混ぜる。

───

あらかじめ準備しておいた型に生地を流し入れ、型を傾むけて側面にまんべんなく生地が行き渡るようにする（型の大きさに対してスポンジが少ないように見えても気にしない）。予熱したオーブンで20〜25分、またはスポンジを指で軽く押すと跳ね返り、側面が縮んで型から少し離れるまで焼く。数分冷まして型から出し、ベーキングペーパーをはがしてワイヤーラックの上で冷ます。

───

型は洗って乾かし、底と側面にベーキングペーパーを敷く。スポンジが完全に冷めたら、波刃かパンナイフで横半分にスライスする。準備した型に切った面を上にして1枚入れる。

───

チーズケーキフィリングを作る。バターを計量して大きなボウルに入れ、柔らかくなるまで混ぜる。砂糖を加え、クリーム上になるまで混ぜ合わせる。

───

卵黄、オレンジの皮、オレンジジュース、クリームチーズを加え、なめらかになって、完全に混ざるまでよく混ぜ合わせる。そこにホイップした生クリームを包み込むようにして混ぜる。

———

卵白を大きなボウルに入れ、固くなるまで泡立てる（ただし表面のつやがあり、ボソボソしていない状態）。生地に包み込むようにして混ぜる。

———

チーズケーキ生地を型の中のスポンジの上に流し、表面を平らにする。残りのスポンジを、切り口を下にして静かにのせる。ラップでカバーし、冷蔵庫で約4時間、またはチーズケーキの部分が固まるまで冷やす。

———

型の側面を注意深く外し、ベーキングペーパーをはがす。パレットナイフかフライ返しを使って、チーズケーキをそっと皿に移す。上に粉糖をまぶし、ナイフの背で分け目をつける。オレンジの実とミントの葉でデコレーションする。

アプリコットとオレンジは相性の良い組み合わせ。よく冷やしてどうぞ。

APRICOT AND ORANGE CHEESECAKE
アプリコット＆オレンジ・チーズケーキ

10人分
＜ベース用＞
ダイジェスティブビスケット
またはオートミールビスケット
　　　　　　　　　　　　115g
バター ························· 55g

＜チーズケーキ用＞
板ゼラチン ·················· 4枚
ドライアプリコット ·············· 175g
絞りたてのオレンジジュース
　　　　　　　　　　　　200ml
明るい色のハチミツ ········ 大さじ3
オレンジゼスト ·············· 1/2個分
クリームチーズ ·················· 225g
サワークリーム ················· 150ml
卵(L玉) ······················· 2個
　（卵白と卵黄を分けておく）
グラニュー糖 ··············· 115g

＜トッピング用＞
ダブルクリーム ··············· 100ml
　　　　　　　　（泡立てる）
アマレッティ(小) ·················· 5枚
　　　　　　　　（砕いておく）
オレンジの皮 ··················· 1個分

[日本で作る場合の注意]
※ダブルクリーム
　乳脂肪分48%以上の生クリームのこと
　（47%で代用可）

直径23cmの底が外れるタイプの菊型を用意する。

ビスケットをビニール袋に入れ、めん棒で砕く。中くらいの鍋でバターを溶かす。鍋を火からおろし、砕いたビスケットを入れてかき混ぜる。型に敷き詰め、固まるまで置いておく。

—

小さなボウルに水を入れ、ゼラチンシートを加える。5分間浸す。

—

アプリコットをオレンジジュースと一緒に鍋に入れ、約10分沸騰させ、または柔らかくなるまで弱火で煮る。アプリコットと煮汁を一緒にフードプロセッサーにかけて滑らかにする。ハチミツ、オレンジの皮、クリームチーズ、サワークリーム、卵黄を加え、再びフードプロセッサーにかける。

—

ゼラチンの水気を切り、余分な水分を絞る。ボウルに戻し、湯せんの鍋の上に持ってきて溶かす。アプリコットの生地に混ぜる。

—

卵白を大きなボウルに入れ、しっかりと泡立てる。グラニュー糖を少しずつ加える（加えるたびによく泡立てる）。すべての砂糖を加え、かなり固くなるまで泡立てる。

—

アプリコットミックスをメレンゲに入れ、包み込むようにしてよく混ぜる。ビスケット生地に流し入れ、冷蔵庫で冷やし固める。

—

チーズケーキの縁を型から外し、底を押し上げる。皿に滑らせるようにしてのせる。ケーキの表面に10等分にする印をつけ、ホイップクリーム、アマレッティビスケットを砕いたものとオレンジの皮をのせて飾る。

伝統的なベイクドタイプのチーズケーキです。
このレシピは大きなサイズのケーキができるのでパーティーに最適。
冷やすと中央が少しくぼむので、フルーツを入れるのにぴったりです。

CONTINENTAL CHEESECAKE
コンチネンタル・チーズケーキ

12人分

＜ベース用＞
ダイジェスティブビスケット
………………………… 175g
バター …………………………… 75g
デメララシュガーまたはカスナード
………………………… 55g

＜チーズケーキ用＞
バター ……65g（柔らかくしたもの）
グラニュー糖 ………………… 225g
カードチーズ（リコッタチーズ）
………………………… 550g
薄力粉 ……………………… 40g
レモンゼスト＆果汁 ………… 2個分
卵（L玉） ……………………… 4個
　（卵白と卵黄に分けておく）
ダブルクリーム ……………… 200ml
　　　　　　　（軽く泡立てる）

＜トッピング用＞
ベリーミックス ………………… 450g
　（レッドカランツ、ブラックカランツ、
　ブラックベリー、ラズベリー、ストロ
　ベリーなど）
グラニュー糖 ………………… 適量
葛粉 ………………………… 小さじ1
ダブルクリーム ……………… 150ml
　　　　　　　　　　（泡立てる）

[日本で作る場合の注意]
※**ダブルクリーム**
　乳脂肪分48％以上の生クリームのこと
　（47％で代用可）

ヒント
生のフルーツの代わりに冷凍ミックスベリーもOK。レシピに載っているフルーツをすべて使う必要はありません。

オーブンを160℃（コンベクションオーブン140℃/ガスオーブン マーク3）に予熱する。直径25cmの底が外れるタイプのケーキ型またはバネ式の型に薄く油脂を塗り、底と側面にベーキングペーパーを敷く。

——

ビスケットをビニール袋に入れ、めん棒で砕く。中くらいの鍋でバターを溶かす。鍋を火からおろし、砕いたビスケットと砂糖を入れてかき混ぜる。用意しておいた型に敷き詰め、固まるまで置いておく。

——

チーズケーキのフィリングを作る。バター、砂糖、カードチーズまたはリコッタチーズ、薄力粉、レモンゼストと果汁、卵黄を大きなボウルに入れる。なめらかになるまで混ぜ合わせる。軽く泡立てた生クリームを包み込むようにして混ぜ入れる。

——

大きなボウルに卵白を入れ、固くなるまで泡立てる。卵白をチーズの生地に包み込むようにして混ぜる。ビスケット生地に流し入れ、予熱したオーブンで約1時間半、または固まるまで焼く。オーブンのスイッチを切り、チーズケーキはそのままオーブンに入れて1時間冷ます。

——

型の縁にナイフを入れて型から外し、底も外す。ベーキングペーパーを取り除く。

——

トッピングを作る。鍋でベリー類を大さじ2の水で煮て、好みで砂糖を加える。ベリー類が柔らかくなり、果汁が出てきたら火から下ろす。

——

葛粉に大さじ2杯の冷水を加えて混ぜ、煮たフルーツと鍋の汁を加える。鍋に戻し、とろみをつけて冷めるまで置いておく。ラズベリーとイチゴ（使う場合）を他のフルーツと混ぜ合わせ、チーズケーキの上に均等な高さになるようにのせる。チーズケーキの縁に、ホイップクリームを絞りだすか、またはスプーンですくってのせて飾る。

とても優しい味のベイクドチーズケーキです。

BUTTERMILK AND HONEY CHEESECAKE
バターミルク＆ハチミツ・チーズケーキ

8人分
<ベース用>
ダイジェスティブビスケット
　　……………………………… 115g
バター ……………………………… 55g

<チーズケーキ用>
クリームチーズ ……………… 225g
卵（L玉）…………………………… 3個
　（卵白と卵黄を分けておく）
透明度の高いハチミツ
　……………………… 大さじ山盛り2
　　　　（仕上げ用は別）
アーモンドプードル …………… 55g
薄力粉 …………………………… 40g
バターミルク ………………… 300ml
グラニュー糖 …………………… 75g
アーモンドスライス ……ひとつかみ

オーブンを160℃（コンベクションオーブン140℃/ガスオーブン マーク3）に予熱する。直径20cmの底が外れるタイプのケーキ型またはバネ式の型に薄く油脂を塗る。

———

ベースを作る。ビスケットをビニール袋に入れ、めん棒で砕く。中くらいの鍋でバターを溶かす。鍋を火からおろし、砕いたビスケットを入れてかき混ぜる。用意しておいた型に敷き詰め、固まるまで置いておく。

———

クリームチーズを大きなボウルに入れ、やわらかくなるまで混ぜる。卵黄、ハチミツ、アーモンドプードル、薄力粉、バターミルク、砂糖30gを加えて混ぜ合わせる。

———

卵白を別のボウルに入れ、固くなるまで泡立てる。残りの砂糖45gを加えて泡立てる。

———

卵白に砂糖を混ぜたものをチーズの生地に包み込むようにして混ぜる。

———

ビスケットベースの中に生地を流し込み、表面にアーモンドスライスを散らす。予熱したオーブンで約1時間15分、または固くなるまで焼く（ただし、触るとまだスポンジのような感触が残っている状態）。オーブンのスイッチをオフにし、ドアを開けて、チーズケーキが冷めるまでそのまま中に置いておく。

———

チーズケーキの側面にパレットナイフを入れて外し、型の底からスライドさせるようにして皿にのせる。

———

蜂蜜を小鍋に入れて弱火にかけ、チーズケーキの上に塗ってつやを出す。

しっかりと厚みのあるチーズケーキです。しっとりしているので生クリームは不要です。

AUSTRIAN CURD CHEESECAKE
オーストリアン・カードチーズケーキ

10人分
バター … 150g（柔らかくしたもの）
グラニュー糖 ………………… 275g
カードチーズ（リコッタチーズ）
………………………………… 550g
卵（L玉）………………………… 4個
　　（卵白と卵黄を分けておく）
アーモンドプードル ………… 115g
サルタナレーズン …………… 115g
セモリナ粉 ……………………… 55g
レモンの皮＆絞り汁 ……… 2個分
粉糖 ……………… 適量（仕上げ用）

オーブンを190℃（コンベクションオーブン170℃/ガスオーブン マーク5）に予熱する。直径23cmの底が外れるタイプのケーキ型またはバネ式の型に薄く油脂を塗り、底にベーキングペーパーを敷く。

—

大きなボウルに柔らかくしたバターを入れ、砂糖とカードチーズまたはリコッタチーズを加える。クリーム状になるまでよく混ぜ合わせる。

—

混ぜ合わせたものに、卵黄をひとつずつ加えて混ぜ合わせ、アーモンドプードル、サルタナレーズン、セモリナ粉、レモンの皮と絞り汁を入れて混ぜる。そのまま10分ほど放置する（こうすることでとろみがつき、焼いたときにサルタナレーズンがケーキの底に沈まないようになる）。

—

別のボウルで卵白を固くなるまで泡立て（表面のつやがあり、ボソボソしていない状態）、生地に包み込むようにして混ぜ合わせる。

—

あらかじめ準備しておいた型に生地を入れる。予熱したオーブンで約1時間、または触るとしっかりした感触になるまで焼く。チーズケーキの表面に焼き色が付き過ぎないように、焼き時間の半分ほどでアルミホイルをゆるくかぶせる。オーブンをオフにして、チーズケーキを中に入れたまま約1時間冷ます。

—

チーズケーキの側面にパレットナイフを入れて型から外し、チーズケーキをひっくり返して型の底と紙を取り除き、元に戻す。ふるった粉糖を振りかけていただく。

フロリダ半島・キーズ諸島（Keys）の名物デザート。珊瑚礁の島々ではライムが育ちます。
オリジナルのレシピを、素早く作れて美味しいレシピにアレンジしました。

キー・ライムパイ

8人分

＜ベース用＞
ジンジャービスケット ………… 150g
バター ……………………………… 65g
デメララシュガーまたはカスナード
……………………………………… 30g

＜フィリング用＞
すりおろしたライムの皮
………………………………… 大1個分
ライムの果汁 ……………… 大4個分
コンデンスミルク …… 397g（1缶）
ダブルクリーム ……………… 450ml

[日本で作る場合の注意]
※**ダブルクリーム**
　乳脂肪分48％以上の生クリームのこと
　（47％で代用可）

直径20cmの底が外れるタイプのサンドイッチ型を用意する。

ビスケットをビニール袋に入れ、めん棒で砕く。中くらいの鍋でバターを溶かす。鍋を火からおろし、砕いたビスケットと砂糖を入れてかき混ぜる。用意しておいた型の底と側面に敷き詰め、固まるまで置いておく。

ライム果汁、コンデンスミルク、ダブルクリーム300mlをボウルに入れ、よく混ぜ合わせる。準備しておいたビスケット生地に流し入れ、表面をそっと平らにする。固まるまで冷蔵庫で数時間冷やす。

型からチーズケーキを取り出す。

残りの生クリームを大きなボウルに入れ、柔らかい角が立つまで泡立てる。パイの上にクリームを塗り、仕上げにライムの皮のすりおろしを散らす。よく冷やしていただく。

CAKE DECORATIONS

ケーキ・デコレーションの
基礎知識

ALMOND PASTE
アーモンドペースト

アーモンドペーストは、既製品で良い品質のものもありますが、手作りの場合はこちらの基本レシピを使ってください（出きあがり量675g）。

アーモンドプードル……………………………………225g
グラニュー糖……………………………………………225g
粉糖（ふるったもの）……………………………………225g
卵黄または全卵（L玉）………4個分（卵黄）、2個分（全卵）
アーモンドエッセンス……………………………………6滴

アーモンドプードルと砂糖を大きなボウルに入れて混ぜる。卵黄または全卵とアーモンドエッセンスを加え、固めのペースト状になるようにこねる。こねすぎると油っぽくなるので注意する。ベーキングペーパーかクッキングペーパーで包み、冷蔵庫に入れて1時間してから使用（3日間は保存OK）。

アーモンドペーストでケーキをカバーする方法
アーモンドペーストでケーキを覆うには、2つの方法があります。どちらを採用するかは、使用するアイシングの種類によります。フォンダンアイシング（または既製品のロールアイシング）を使う場合は丸く仕上げる1番目の方法が適しています。ロイヤルアイシングを使う場合は、ケーキの角がシャープに仕上がるように2番目の方法でカバーするのがベストでしょう。いずれの方法でも。ケーキの直径よりも5cm大きいケーキボードの上にケーキをのせて準備します。

カバーする方法1
アプリコットジャムを温めて漉したものをはけでケーキ全体に塗る。作業台に軽く粉糖を振り、めん棒を使ってアーモンドペーストをケーキの直径より5cmほど大きく伸ばす。

—

めん棒を使ってアーモンドペーストを持ち上げケーキの上まで移動する。めん棒でトップをやさしく平らにして滑らかにする。次にケーキの側面に沿わせるようにつける。

—

側面上部の余分なアーモンドペーストはきれいに取り除く。残った分はヒイラギの葉や実を作るのに使用。すぐに使わない場合はラップに包んでおく。

カバーする方法 2

温めて漉したアプリコットジャムをはけでケーキ全体に塗る。作業台にふるった粉糖を薄く振り、アーモンドペーストの3分の1をケーキの上面より少し大きめの円形に伸ばす。ケーキ型の底を使って、アーモンドペーストを正確な大きさにカットする。

———

めん棒を使ってアーモンドペーストを持ち上げ、ケーキの上まで移動させ、押さえて滑らかにする。縁をきれいに整える。

———

アーモンドペーストでガイドを作る。まずはケーキの高さ（トップのアーモンドペーストの部分を含む）の長さのひもを1本。次に長いひもを作り、ケーキの周囲を計る。残りのアーモンドペーストを大きく伸ばし、上記2つのガイドを参考に帯状のものを作り、ゆるく巻いておく。

———

ケーキの側面にアーモンドペーストを沿わせるようにぴったりと貼っていく。小さなパレットナイフを使い、アーモンドペーストのつなぎめをスムーズにする。

———

400ページに各サイズのケーキを覆うのに必要なアーモンドペーストをまとめた表を作成しました。

ROYAL ICING
ロイヤル・アイシング

市販のロイヤル・アイシングもありますが、手作りの場合はこちらをどうぞ。直径20〜23cmの丸いケーキをカバーするのに十分な量です。

卵白(L玉) ………………………………………… 2個分
粉糖 ………………………………… 500g（ふるったもの）
レモン汁 ……………………………………… 約小さじ4

卵白を大きなボウルに入れ、フォークを使って表面に泡が立ち始めるまで軽く泡立てる。

———

粉糖の約半分量とレモン汁を加え、木べらで約10分間混ぜる（きれいな白色になるまで）。

———

残りの粉糖を少しずつ加えながら適当な固さになるまでかき混ぜる。

———

できたアイシングは、乾燥しないよう、濡れ布巾などでカバーし、できるだけ早く使用する。

HOMEMADE FONDANT ICING
自家製フォンダン・アイシング

市販のフォンダンやアイシングもありますが、手作りの場合はこちらのレシピで（できあがり量550g）。

粉糖 ·· 500g
液状グルコース ························· 大さじ1 大
卵白（L玉）···································· 1個分

大きなボウルに粉糖をふるい入れ、中央にくぼみを作り、液状グルコースと卵白を加える。

柔らかいボール状になるまでこねる。軽く粉糖を振った作業台の上に広げ、なめらかで、きれいな白色になるまで約10分こねる。

少しベトつくようなら、ふるった粉糖を加える。できあがったらラップで包み、必要な時まで冷蔵庫で保存する。

フォンダンアイシングを使って
ケーキをカバーする場合
アーモンドペーストにハケで少量のシェリー酒、ラム酒、またはキルシュを塗る（殺菌効果があり、またアイシングがくっつきやすくなる）。

粉糖を振るった作業台の上で、めん棒を使ってアイシングを伸ばす（ケーキの直径より5cm大きく伸ばす）。

めん棒でアイシングを支えながらケーキの上に持ってくる。手で上面を均等になめらかにし、側面にもそっと沿わせるようにする。

ケーキ側面下部の余分なアイシングを取り除き、プラスチックのケーキスムーサーを使うか、手を使って全体をなめらかにする。デコレーションする前に室温に約1週間置いて乾燥させる。

必要なアイシングの量

型のサイズ	アーモンドペースト	フォンダンアイシング
15cm 丸型 13cm 角型	350g	350g
18cm 丸型 15cm 角型	450g	450g
20cm 丸型 18cm 角型	675g	675g
23cm 丸型 20cm 角型	750g	750g
25cm 丸型 23cm 角型	900g	1kg
28cm 丸型 25cm 角型	1kg	1.2kg
30cm 丸型 28cm 角型	1.1kg	1.5kg
33cm 丸型 30cm 角型	1.5kg	1.6kg

AMERICAN FROSTING
アメリカン・
フロスティング

市販のフロスティングもありますが、キャンディ用温度計があればこの「正統派」フロスティングをお試しください。

グラニュー糖 ·································· 450g
卵白(L玉) ·································· 2個分

卵白を大きな深めのボウルに入れ、ハンドミキサーを使い固くなるまで泡立てる。

―

厚手の大きな鍋に砂糖と水135mlを入れ、砂糖が溶けるまで弱火にかけて沸騰させる。糖度計で115℃まで加熱する。

―

熱々のシロップを卵白の中に少しずつ注ぎ入れながら泡立て続ける。シロップが全部入った後も、全体が冷めてもったりし、角がしっかりと立つまで泡立て続ける。

―

本書の56ページで紹介した"フロステッド・ウォルナッツレイヤーケーキ"のように、ケーキの上に飾ったり間にサンドしたりするのに使います。すぐに固くなるので使う時はパレットナイフを用い、作業は手早く。常温の涼しいところに置き、固めます（冷蔵庫には入れないこと）。

CRYSTALLISED FLOWERS
クリスタルフラワー
（生花の砂糖漬け）

特別な日のケーキにもは砂糖で結晶化させた花（(136ページ)）を飾るのもよいでしょう。とても簡単で素敵な仕上がりになります。

エディブルフラワー ·································· 適量
　（スミレ、パンジー、ツバキ、カンゾウ、サクラソウ、
　小さなバラ、ポリアンサス）
卵白（溶いたもの）·································· 少量
グラニュー糖 ·································· 少量（仕上げ用）

エディブルフラワーに少量の溶き卵白をハケで塗る。

両面にグラニュー糖をまぶし、ワイヤーラックにのせてから風通しのいい場所に置き、しっかりと乾燥させる（数時間かかる）。

チョコレート・デコレーション

チョコレートを使ったデコレーションや仕上げにはいろいろあります。チョコレートワークは楽しいですし、なにより仕上がりが華やかになります。

チョコレート・コポー

きれいな天板を冷凍庫で15分間冷やす。その間にチョコレートをボウルに入れ、湯せんの鍋の上で溶かす。溶かしたチョコレートを裏返した天板の上に注ぎ、薄く広げる。そのまま固まるまで置く。必要であれば天板を再度冷凍庫に数分間戻す（固まり過ぎてしまうとちょこれーとがボロボロになってしまうので注意）。シャープなナイフをチョコレートに45度の角度で当て、手前に引くか、向こう側に向けて削るかしてカールさせる。角度と圧力を調節することで、カールの巻きを小さくしたり大きくしたりできる。何度かやっているうちにコツがつかめるでしょう。

チョコレート・シェイプ

上記のチョコレートコポーを同様に、チョコレートを準備する。シャープなナイフや抜き型を使い、正方形や三角形に切ることで簡単に作ることができます。最初にナイフや抜き型を少し温めておくとよい。クッキー用の丸や菊型の抜き型を使って型抜きする。

チョコレート・リーフ

鉛筆を使い、溶かしたチョコレートを、洗った葉の裏側に均一な厚さにきれいに塗る。乾いて固まったら葉をチョコレートから剥がす。

チョコレートのテンパリング方法

チョコレートのテンパリングとは、チョコレートを加熱・冷却し、再度加熱することで、ココアバター中の脂肪の結晶を安定させ、光沢があり固さのあるチョコレートにすることです。一度テンパリングしたチョコレートは光沢があり、ツヤを保ちます。ケーキをカバーしたり、チョコレート製品に使用できます。テンパリングは難しいと言われますが、温度計さえあれば家庭でも十分にできます。

テンパリングの2つの方法

1) 伝統的な方法：
溶かしたチョコレートを大理石の板の上に流し、パレットナイフを使って広げながら温度を下げる。
2) シーディング（seeding）メソッド：
使用するチョコレートの2/3量を溶かし、残りの1/3量のチョコレートを加えて混ぜながら温度を下げて調整する。

テンパリングの温度

使用するチョコレートの種類が異なっても、テンパリングの手順は同様です。ただし種類ごとに温度が異なるので注意が必要です（下記の表参照）。

	溶解温度	下降温度	調整温度
ダークチョコレート	45-50℃	28-29℃	31-32℃
ミルクチョコレート	40-45℃	27-28℃	30-31℃
ホワイトチョコレート	40℃	24-25℃	27-28℃

シーディング・メソッド（湯せん）

作り方（475g）
チョコレート（ダーク、ミルク、ホワイト）・・・・・・・・・・・・・・・・・・・475g

＜必要なもの＞
耐熱ガラスボウル・・・・・・・・・・・・・・・・・・・・・・・・・・・・・・・・・・・・・・・1個
鍋・・1つ
料理用の温度計・・・・・・・・・・・・・・・・・・・・・・・・・・・・・・・・・・・・・・・1個
ゴムベラ・・1本

鍋にそこから約3cmの水を入れ、中火〜弱火にかける。煮立ったら弱火にする。

—

板チョコを使う場合は、ナイフで細かく刻むか、フードプロセッサーで細かくする。

—

チョコレートの2/3量を耐熱ボウルに入れ、湯が入った鍋の上に置く。ボウルの底が鍋の中のお湯に直接触れないように注意する（高温になるとチョコレートが変質し焦げてツヤや舌触りが悪くなる）。

—

ゴムベラを使って、チョコレートが溶ける温度（温度表参照）になるまでかき混ぜ続ける。温度が上がりすぎないように注意する。

—

ボウルを湯せんから外し、残りの1/3量のチョコレートを少しずつ加えながら、適切な温度（温度表参照）になるまでゆっくりとかき混ぜる。

—

チョコレートが適切な温度に達したら、湯せんの鍋の上にボウルを戻し、チョコレートを再加熱（温度表を参照）する。

—

チョコレートのボウルを湯せんから外し、スプーンの先にチョコレートを付ける。チョコレートが正しくテンパリングされていれば5分以内に、ツヤがあり均一な状態に固まる。

失敗を防ぐためのヒント

チョコレートのテンパリングがうまくいかない場合は、溶かし直して最初からやり直すことができます。

—

テンパリングしたチョコレートは、適度な温度が保たれている間に手早く作業する。

—

テンパリングしたチョコレートは室温の涼しい場所において固めます。冷蔵庫に入れて固めるとブルーム現象が起こり、表面が白くなって、ツヤもなくなります。

—

テンパリングができたかを確認するもう一つの方法は、ベーキングペーパーの上にチョコレートを薄く広げ、5分間待ちます。その後、チョコレートをペーパーから剥がした時にきれいに剥がれて、ペーパーにシミがなければ、テンパリングされています。

—

常に正確な温度計を使用し、温度に気をつけること。

—

チョコレートチップタイプのものは、粒が小さくて大きさが均一なので溶かしやすく、刻む必要がないので便利です。

INDEX
索引

THANK YOUS
あとがきにかえて

約33年前、Lucy Youngが私のアシスタントに加わりました。私たちの最初の仕事のひとつが、BBCのテレビシリーズ『Ultimate Cakes』でした。当時、私たちはこのシリーズに伴って本を出版しました。それから約15年後、さらに多くのケーキを追加し、レシピを更新して『Baking Bible』を出版しました。それを現代風にアレンジし、最新のケーキもいくつか追加したのが本書です。

私の傍でこの本のために尽力してくれたLuce、そしてテストキッチンでケーキを試食してくれたLucinda McCord、写真用のケーキやその他のお菓子をすべて作ってくれたIsla Murray、そして素晴らしい写真を撮ってくれたAnt Duncanに感謝の意を評します。

そして、再びこの本を支援してくれることに賛同してくれたLizzy Grayと、私たちと同じように各レシピを熟知してくれている最高の編集者Jo Roberts Millerにも深く感謝しています。

BBC BooksのNell Warner、Smith & GilmourのEmmaとAlex。書籍販売のFelicity Bryan AgencyのCaroline Woodにもあらためてお礼を言います。彼らが本書の担当になってくれたことを幸運に思っています。

そして最後になりましたが、大切な読者の皆さんにもお礼を申し上げます。本書を楽しんでいただければ幸いです。

Mary Berry

MARY BERRY'S BAKING BIBLE
by Mary Berry

First published in 2023 as MARY BERRY'S BAKING BIBLE by BBC Books, an
imprint of Ebury Publishing. Ebury Publishing is part of the Penguin Random House
group of companies.

Mary Berry has asserted her right to be identified as the author of this Work in
accordance with the Copyright, Designs and Patents Act 1988.

No part of this book may be used or reproduced in any manner for the purpose of
training artificial intelligence technologies or systems.

Copyright © Mary Berry 2023

Japanese translation rights arranged with The Random House Group Limited
through Japan UNI Agency, Inc., Tokyo

Photography by Ant Duncan
Front cover and photograph on page 9 by Georgia Glynn Smith

Project Editor and Copyeditor: Jo Roberts-Miller
Food Stylist: Isla Murray
Prop Stylist: Hannah Wilkinson
Design: Smith & Gilmour
Colour origination by Altaimage, London

メアリー・ベリー
ベーキング・バイブル（日本語版）
2024年12月25日 初版発行

著者：メアリー・ベリー
翻訳：一ノ木理恵
翻訳協力：クリステンセンみどり
デザイン：辻みか

発行：株式会社ブリティッシュ・プライド
104-0031 東京都中央区京橋1-5-8 三栄ビル
Tel. 03-6225-2414
www.british-pride.net

発売：丸善出版株式会社
101-0051 東京都千代田区神田神保町2-17
Tel.03-3512-3256　　Fax.03-3512-3270

印刷・製本：シナノ印刷株式会社

ISBN978-4-909778-04-8

MARY BERRY'S BAKING BIBLE

メアリー・ベリー
ベーキング
バイブル